拆穿数据胡扯

[美]卡尔·伯格斯特龙　[美]杰文·韦斯特　著
（Carl T. Bergstrom）　（Jevin D.West）

胡小锐　译

CALLING BULLSHIT

THE ART OF SKEPTICISM
IN A DATA-DRIVEN WORLD

中信出版集团｜北京

图书在版编目（CIP）数据

拆穿数据胡扯 /（美）卡尔·伯格斯特龙，（美）杰文·韦斯特著；胡小锐译. —北京：中信出版社，2022.3（2022.6重印）
书名原文：Calling Bullshit
ISBN 978–7–5217–3879–7

I. ①拆⋯ II. ①卡⋯ ②杰⋯ ③胡⋯ III. ①经济统计学 – 通俗读物 IV. ① F222–49

中国版本图书馆 CIP 数据核字（2021）第 277601 号

Copyright © 2020 by Carl T. Bergstrom and Jevin D. West.
Simplified Chinese translation copyright © 2022 by CITIC Press Corporation
All Rights Reserved

拆穿数据胡扯
著者：　　[美] 卡尔·伯格斯特龙　　[美] 杰文·韦斯特
译者：　　胡小锐
出版发行：中信出版集团股份有限公司
（北京市朝阳区惠新东街甲 4 号富盛大厦 2 座　邮编 100029）
承印者：　宝蕾元仁浩（天津）印刷有限公司

开本：787mm×1092mm 1/16　　印张：25　　字数：350 千字
版次：2022 年 3 月第 1 版　　　　印次：2022 年 6 月第 3 次印刷
京权图字：01–2020–5211　　　　　书号：ISBN 978–7–5217–3879–7
定价：79.00 元

版权所有·侵权必究
如有印刷、装订问题，本公司负责调换。
服务热线：400–600–8099
投稿邮箱：author@citicpub.com

献给我们的妻子，霍莉和希瑟
在我们需要时，她们会当面指斥我们胡扯
更重要的是，在其他时候她们从不对我们妄加评论

推荐语

"现在,我们每个人都被骗术淹没,欺诈如此普遍,以至于我们不再意识到它的存在。在如何发现它、抵制它,以及阻止它成功方面,这本书堪比一门大师课。"

——保罗·罗默(2018年诺贝尔经济学奖得主,美国经济学家,新增长理论的主要建立者之一。现任纽约大学经济学教授,斯坦福大学经济学教授,胡佛研究所高级研究员;曾任世界银行首席经济学家)

"如果你想读一本肯定会成为经典的书,那就买这本书吧。它解决了我们这个时代最重要的问题:对真理的尊重正在下降。它也是一部文学性很棒的佳作。每一页——确切地说,每一段——都增添了新的乐趣。"

——乔治·阿克尔洛夫(2001年诺贝尔经济学奖得主,美国著名经济学家,美国加州大学伯克利分校经济学教授)

"读到伯格斯特龙和韦斯特关于'胡扯'的精彩例子,我笑出了眼泪。这是一本扣人心弦的读物,任何人都关心我们如何被愚弄(或如何不被愚弄),以及与数学和科学的联系。但这也很有趣。这是我们这个时代的一本必读书。"

—— 萨尔·波尔马特(2011年诺贝尔物理学奖得主,天体物理学家,加州大学伯克利分校物理学教授,美国国家科学院院士)

"信息领域充斥着用定量描述来误导人的冒牌货;如果你想知道哪里是雷区,就读读这本书。"

—— 乔丹·艾伦伯格(美国威斯康星大学数学系教授,畅销书作者,著有《魔鬼数学:大数据时代,数学思维的力量》)

"如果我能让这本重要手册的内容成为每个高中生的必修课程(从而取代三角学),我愿意这样做。我强烈建议当面指斥我们这个充斥着错误信息的时代的胡扯,唯一遗憾的是我没有为自己的书想出这个书名。"

—— 凯西·奥尼尔(数据科学家,著有《算法霸权:数学杀伤性武器的威胁》)

目 录

推荐序1　科学地对抗科学的胡扯　/ V
推荐序2　拨开胡扯的迷雾　/ IX
推荐序3　闲得没事也别胡扯　/ XIII
前　言　/ XVII

第1章　**胡扯无处不在**

　　惯于欺骗的甲壳类动物和狡猾的乌鸦　/ 003
　　狡辩之词和律师的语言　/ 008
　　谎言传千里，真相难出门　/ 012

第2章　**媒体、信息和错误信息**

　　印刷厂就是妓院　/ 022
　　不加渲染的事实宛若凤毛麟角　/ 025
　　偏见性、个人化和对立　/ 029
　　错误信息和虚假信息　/ 033
　　新型造假者　/ 037

第3章 **胡扯的本质**

　　胡扯与黑箱　/ 048
　　刑事机器学习　/ 051

第4章 **因果关系**

　　夜晚天空红艳艳，水手脸上笑容现　/ 060
　　关于因果关系的思考　/ 064
　　相关性不会增加报纸销量　/ 068
　　延迟享乐与共同原因　/ 076
　　伪相关性　/ 078
　　吸烟不会导致死亡？　/ 083
　　如果其他方法都行不通，那就人为操控吧　/ 084

第5章 **数字与胡扯**

　　提取数字　/ 095
　　有害的百分比　/ 098
　　古德哈特定律　/ 106
　　数学滥用　/ 110
　　僵尸统计数据　/ 115

第6章 **选择偏倚**

　　你看到什么取决于你看的是哪儿　/ 126
　　隐藏在墨菲定律背后的原因　/ 129
　　帅哥和顶级程序员　/ 137

音乐才华的致命危险　/ 143

消除选择偏倚　/ 148

第 7 章　**数据可视化**

数据可视化的发端　/ 158

鸭子！　/ 162

水晶鞋和丑陋的继姐　/ 166

邪恶的轴　/ 177

比例油墨原理　/ 192

第 8 章　**大数据与胡扯**

机器是怎么看到东西的　/ 213

废料进，废品出　/ 219

同性恋雷达和胡扯的结论　/ 221

机器是怎么思考的　/ 226

机器为什么失败　/ 230

第 9 章　**科学的易感性**

检察官谬误　/ 242

p 值操纵和发表偏倚　/ 251

点击诱饵科学　/ 260

胡扯科学的市场　/ 265

科学为什么有用　/ 271

第10章　辨别胡扯

1. 质疑信息来源　/ 278
2. 小心不公平的比较　/ 281
3. 如果好得或糟糕得不像是真的……　/ 284
4. 从数量级考虑　/ 287
5. 避免证真偏差　/ 292
6. 考虑多个假设　/ 295

辨别网上的胡扯　/ 296

第11章　驳斥胡扯

使用归谬法　/ 306

要让人难以忘记　/ 308

寻找反例　/ 311

使用类比　/ 312

重新绘制图表　/ 314

使用零模型　/ 316

揭穿者心理　/ 319

致　谢　/ 329

注　释　/ 333

参考文献　/ 349

科学地对抗科学的胡扯

胡翌霖　清华大学科学史系副教授

这本书英文原名叫"Calling Bullshit",直译过来就是"对抗胡扯"。中译本书名用了《拆穿数据胡扯》,提示出本书的主题——本书所讨论的并不是一般的"空话"或"谎言",而是那些被用来包装谎言的东西,特别是那些看似"科学"的包装——作者称之为"新派胡扯"。

老派胡扯属于"文科",靠的是花哨的修辞和华丽的词藻,而新派胡扯属于"理科","使用数学、科学和统计语言来制造严谨准确的印象。它们利用数字、统计数据和数据图表粉饰那些可疑的论断,给它们披上了一层合理的外衣(见前言)"。

作者开篇就告诉我们,胡扯无处不在,从螳螂虾到人类,只要存在"交流"的地方,就存在欺瞒。遗憾的是,人类拥有更复杂的认知能力和语言体系,所以人类能够制造出更丰富的胡扯。

《三体》小说里有一个情节,说三体人花了几秒钟破译了地球人的语言,但他们无法理解欺骗和隐瞒。这个设定在我看来就很胡扯。且不论三体人的语言是什么样的,至少就我对地球语言的了解来看,欺骗和隐瞒简直就是任何语言的本质要素。

赫拉利在《人类简史》中提出,让人类这个物种脱颖而出的就是"讲故事"的能力,说直白些,其实就是"编造"的能力。语言的诞生就是一把"双刃剑",它同时强化了人类传达信息的能力和编造信息的能力。很难想象一个有语言体系且有自由意志(从而能任性地选择如何使用语言)的智慧生物是不懂胡扯的,无论它是什么物种,也无论它处于怎样的科技水平。

科技水平的提升并不能自动清除胡扯,相反,"技术并没有消除胡扯问题,而是让问题变得更糟"。科学研究也无助于此,一方面许多科学研究者本身在有意或无意地生产胡扯,另一方面各种欺骗或谣言也能够拿起科学的包装来强化自己的传播。数据和图表比华丽的词藻更加有用,可以让胡扯如虎添翼。

在第1章作者总结了几条"原理"以解释胡扯的泛滥:"(1)制造胡扯的工作量比清除胡扯的工作量小;(2)制造胡扯对智慧的要求比清除胡扯的要求低;(3)胡扯的传播速度比清除工作的速度快。"科学、技术、数据、图表等,也都是"双刃剑",它们既可以助力于清除胡扯,也可以助力于制造和散播胡扯,而借助同样的科技水平,强化胡扯往往比清除胡扯更容易。

所以我们不能奢望随着科技进步,胡扯的传播越来越少,相反,从近些年社交媒体上能观察到的趋势来看,我们发现胡扯的泛滥简直愈演愈烈。

作者假设,在移动互联网时代之前的人们,可能把胡扯流行归因于信息闭塞,他们会想象,如果人手一台机器,随手就能够连接到丰富和权威的数据源对任何问题进行查证,那么胡扯还能有生存空间吗？答案是令人遗憾的，神奇机器的幻想已经实现了，这个机器就叫智能手机，但在移动互联网时代，这台机器恰恰是更多胡扯的载体。

所以我们不能寄希望于科技，而是得自己多长心眼，如原书副标题所说："用怀疑的眼光看数据驱动的世界"。如何学会辨别和反抗胡扯的技巧，这就是本书的主体内容。而辨别胡扯，重点就是要扒开让它显得煞有其事的外衣——各种貌似科学的论调、看似严谨的数据和仿佛明晰的图表。

总之，这本书给我们提供了"科普"，涉及统计学和心理学等领域，帮助我们辨别那些看似可靠的"科学的胡扯"。

但这种"科学地对抗科学的胡扯"本身，或许也是一个"胡扯"。正如作者偶尔的自嘲那样，作者提供的东西，或许也有不少"胡扯"。

本书提供的方法真的管用吗？一方面，顶尖的科学家和顶级科研杂志的编审者们都很难做到火眼金睛（第9章提到大量经典实验难以复现的现象），我们这些普通读者只是读了几本科普书，能获得多高的辨识力呢？另一方面，一些辨别胡扯的"技巧"或许也是双刃剑，例如作者提到的第一个技巧是"质疑信息来源"，主张要多去追究信源的来路和动机，思考他们要"兜售"什么。但是同样是"动机论"，也经常会被大众用来抵制那些可靠的信息——比如宣称基站辐射无害的人肯定就是为了兜售基站嘛，宣称疫情严重的人肯定就是为了兜售疫苗嘛……对"兜售者"的怀疑眼光既可能妨碍谣言的传播，同时也有可能妨碍谣言的澄清。

最后作者给出一条箴言，教人们在使用社交媒体时要"多思考，少分享"。但这一建议能起到好的效果吗？因为耐心读完了整本书的人，多少应该比一般人更善于甄别胡扯，但是如果他们变得更加谨慎，更少转发，那么结果恐怕是那些毫不谨慎也不懂甄别的大众继续转发大量胡扯，而有辨别力的声音越来越少。

或许作者的最后一章才是真正重要的事情："驳斥胡扯"。作者鼓励我们，在辨清胡扯时不要默不作声，而是可以勇敢地站起来驳斥（当然要以得体的方式）。

当然，无论能不能改变世界，在这个充满胡扯的世界中，我们至少该学会独善其身，本书可以作为胡扯世界的生存指南。

拨开胡扯的迷雾

姚利芬　中国科普研究所创作研究室副研究员

哲学家哈里·法兰克福在其著作《论胡扯》中称：在我们的文化里，有太多的人在"胡扯"(bullshit)。在某种意义上，"胡扯"比"说谎"对我们的危害性更大。说谎的人知道何者为真，讲的却是假话。胡扯的人既不关心何者为真，也不关心何者为假，只在乎自身利益。然而，什么是胡扯？胡扯的存在形式是什么？如何发现胡扯？这些问题一直困扰着我们。这些问题犹如问我们什么是时间一样，"如果没有人问我，我是明白的；如果我想给问我的人解释，那我就不明白了"。

幸运的是，这本书对此给出了试探性的回答。

很多人认为自己很容易发现胡扯，因为胡扯常以花哨的语言形式出现。然而，本书重点并非研究这种老派胡扯，而是研究新派胡扯。新派胡扯试图用数学和统计语言来营造严谨性、准确性，试图给胡扯披上"科学"的外衣。为什么新派胡扯总是利用数字、统计数据和数据图表粉饰那些可疑的论断，给它们披上了一层合理的外衣呢？本书作者没有对此进行研究。在我看来，这是近代以来对自然的数学化造成的。自然的数学化的本质并非是使用数学的语言描绘大自然和人类社会，而是把整个世界看成是使用数学的。在西方，这种传统由来已久，起源于毕达哥拉斯-柏拉图传统，他们认为数学或者理念是世界的本质。在近代，伽利略宣称大自然这本书是用数学写成的。因此，哪个学科越能用数学的语言进行描述，哪个学科就越"科学"，也就越不容置疑。这就解释了本书作者发现的一个现象："在人文和社会科学领域，学生们被教导要让相互冲突的观点相互碰撞，要与不一致的观点做斗争；但在 STEM 领域，学生们解决悖论、调和相互矛盾的证据、批判错误论断的机会非常少。"无论如何，新派胡扯不那么容易被人发现，我们经常被种种数学化的形式所"忽悠"。不过，阅读此书会帮助我们快速而准确地辨别出这些新派胡扯。

这本书逻辑清晰、语言优美，很多地方论述得十分精彩。印象最深的是第4章，即因果关系，这也是揭示新派胡扯十分关键的一步。虽然书中没有明确提出，但我认为作者是通过以下几个方面论述因果关系中的胡扯的。

首先，把相关性当成因果关系。毫无疑问，因果关系是某种关联，但并非有关联的两个事物都存在因果关系。暴风雪来临之前，气压计读数会产生变化，但我们不认为气压计的读数的变化导致了暴风雪的来临。虽然两者看似有先行后续的联系，但这种联系并非因果关系。其实，气压的变化导致了气压计读数的变化，也导致暴风雪的来临。也就是说，暴风雪和气压计读数的变化有一个共同原因，它们之间却没有因果关系。新派胡扯经常把联系说成存在因果关系，以达到胡扯者的其他目的。在作者看来，虽然结婚率与自杀率有关，但这并不意味着婚姻会导致自杀。因此，我们不要看到数据显示相关性，就草率地认为存在因果关系。

其次，因果倒置。我们通常用旗杆的长度解释旗杆的影长，这是因为旗杆是产生旗杆影长的原因。反之，那简直就是胡扯。本书中也提到了这种因果倒置的胡扯形式。伟大的统计学家之一罗纳德·费希尔试图证明，吸烟不会导致肺癌，而是肺癌导致吸烟。他的理由是，肺癌导致患者不适，而吸烟可以缓解这种不适。

再次，凭借错误的假设推导出因果关系。本书中给我们提供了如下例子。据心理学家斯科特·盖勒和同事研究，买扎啤的学生喝的啤酒数量大约是买杯装和瓶装啤酒的学生的2~4倍。但是，随着时间推移，这一论断也发生了变化。"如果喝扎啤，就会喝得更多"被理解为"人们喝得更多是因为他们喝的是扎啤"。因此，"我们应该禁售扎啤，这样学生们就会少喝酒"。毫无疑问，这也是一种胡扯。

最后，在一些伪相关性中寻找因果关系。作者说，有的关联性无关紧要，甚至不值一提，在这些关联性中寻找因果关系简直是一种胡扯。例如，在美国小姐的年龄与被水蒸气、热蒸气等高温物体谋杀的人数关联中寻找因果关系，简直就是不折不扣的胡扯。

如何解决涉及因果关系的胡扯呢？作者给出的方法是人为操控。虽然作者没有明确指出，但从这里也可以看出作者想利用因果关系的操控理论来解决此问题。因果关系的操控理论种类繁多，不过哲学家詹姆斯·伍德沃德提出的理论能被大多数人所接受。虽然新派胡扯总是利用数字、统计数据和数据图表等形式，但本书没有或许会让读者眼花缭乱的方程式，通篇充溢着幽默感，读起来轻松愉悦。在这种阅读气氛中，读者不知不觉学会了如何发现和拆穿胡扯、驳斥谎言的策略。

闲得没事也别胡扯

王大鹏　中国科普研究所副研究员，中国科普作家协会理事

非常荣幸，作为第一批读者，提前通读了《拆穿数据胡扯》一书。读完之后，掩卷深思，顿感这是一本迟来的好书，一来因为我们已经对很多"噪声"习以为常，而且深受其害，如果我们能早些明白这些"噪声"的来龙去脉，那么也许就可能"看开"很多世事；二来呢，对于一个专门研究科普的人来说，这本书也让我受益良多，如果我们能把书中提到的一些方法用到科普实践之中，那么我们可以少走一些弯路，也能早些传授给目标受众一些科学方法。

如果你仔细阅读全书，就会发现它谈论的实际上是我们每天都在遇到甚至是从事的一种行为，那就是"胡扯"。我相信即便你没有阅读全书，哪怕只是浏览一下章节目录，你也会得出这样的结论。

确实如此，这本书就是关于"胡扯"的，虽然我没有去统计，但是我敢说"胡扯"这个词是书中出现频率最高的一个名词，有时候也是动词。当然，这本书虽然是有关"胡扯"的，但是它没有胡

扯，而是去辨别胡扯，那么为什么不用这个直截了当的名字（辨别胡扯）作为书名呢？两位作者指出，"是因为要解决当前胡扯泛滥的问题，需要的不仅仅是看清它的本质，还要照亮所有角落，让胡扯无所遁形，增加胡扯传播的难度。"那么他们是如何一步步地做到这一点的呢？我个人的体会如下。

首先，作者们追根溯源，主张"胡扯"无处不在，它起源于更广泛意义上的欺骗。有一句很多人耳熟能详的话——"科技让生活更美好"。不过，两位作者认为技术的进步并没有消除"胡扯"的问题，而是使现状恶化了。比如在社交媒体大行其道的时代，"标题党"也是某种意义上的"胡扯"，它是一种"空热量"，因为有研究发现，最成功的标题都没有阐述事实，而是承诺给你一种情感体验。而如果缺乏这种情感体验，估计很多人都不会去阅读"吸睛"标题背后的内容。算法是很多平台赖以获取用户黏性的利器，但是在"算法丛林"中，它们并不是为了帮我们了解更多信息，而是让我们在平台上保持活跃度，否则我们就有可能会跑到它的竞品平台上去。这实际上就会导致"过滤器泡泡"和"回音壁效应"，本身也是一种"胡扯"的表现。错误信息和虚假信息也会借助技术的发展而不断地迭代，你有时候并不知道网络那一端和你互动的到底是人还是机器。就此而言，"胡扯在点击驱动的大规模网络化社交媒体世界中比在以前的任何社会环境中更容易传播"。

通过上述分析，两位作者总结说，"胡扯就是全然不顾事实、逻辑连贯性或实际传递的信息，而是利用语言、统计数字、数据图表和其他表现形式，通过分散注意力、震慑或恐吓等方法，达到说服或打动听话人的目的"。因为"胡扯的目的根本不是表述事实，而是利用某种修辞手段来掩盖事实"。

当然，读者们可能会说，我们可以用数据说话，但是两位作者以机器学习的例子说明"数字成了胡扯者的撒手锏"。因为机器学习算法的好坏取决于它的训练数据,而这些训练数据从根本上来说可能是有问题的。

其次,科学也会牵涉到"胡扯"的问题。在这个问题上,我个人的感觉是,两位作者的着墨最多。无论是因果关系、选择偏倚、数据可视化,还是大数据问题,以及科学的易感性,本书中间部分的第4—9章几乎都可以归于这方面的讨论。

把相关性呈现为因果性往往是"胡扯"的一种表现,也是一种"胡扯"的做法。比如,在大众媒体的报道中,往往会基于相关性就认为存在因果关系,而我们在上面读到的很多权威性推荐意见依据的都是关联性,没有证据证明存在因果关系(在此之后,因此之故)。

作者们之所以主张"数字成了胡扯者的撒手锏",是因为仅仅数字正确是不够的,还需要将它们放在合适的上下文中,以便读者或听众能够正确地理解它们。否则,这些数字就有可能会成为某种意义上的"胡扯"。在这方面,两位作者给出了大量的案例来支撑自己的主张,他们还认为并非所有的东西都可以用数学公式来表示,将其界定为"数学滥用"。与此类似的是,在数据可视化方面,两位作者也通过各种各样出现在我们身边的可视化图形阐释了这可能导致的"胡扯"现象。

在科学的易感性问题上,两位作者着重探讨了 p 值及其操纵的问题。科学研究领域很少或者说不发表负面(用科学术语来说是,阴性的)研究结果,实际上也是某种 p 值操纵,这会导致发表的偏倚。而媒体报道又进一步放大了这些偏倚,因为新闻来源往往不明确说明他们所报道的只是初步的研究结果,更糟糕的是,他们几乎不会报道之前报道过的研究后来没有成功的消息,"难怪公众会被那些不能确定红酒到底是好是坏的科学家搅得晕头转向,也难怪他们很快就对所有媒体产生了怀疑"。更甚的是，还存在着"胡扯科学"的市场，也就是那些掠夺性期刊。当然，两位作者在这一章的最后重申，科学依然是重要的，我们需要相信科学。

最后，经过本书前面大部分的铺垫之后，两位作者给出了如何辨别胡扯的一些小"妙招"，包括但不限于，我们要学会"质疑信息来源"，"小心不公平的比较"，牢记"如果好得或者糟糕得不像是真的……"那它很可能就不是真的，我们要知道"从数量级考虑"，我们要去"避免证真偏差"（也就是人们会注意、相信和分享与我们已有信念相一致的信息），以及我们需要"考虑多个假设"，等等。当然，掌握了辨别"胡扯"的方法，我们可以使自己免受其害，如果我们还能够驳斥"胡扯"，那就更好了，因为这样就可以让我们周围的人免受其害。两位作者也提供了一些方法。

如果你还不知道什么是"胡扯"，或者想学会辨别"胡扯"的方法，又或者想约束自己减少"胡扯"，避免分享"胡扯"，这本书都是你的不二之选。

从个人的专业角度而言，我更是强烈建议科普从业者认真阅读一下这本书，因为它会让你掌握一些必要的科普方法。

总之，强烈推荐！

前言

当今社会胡扯现象随处可见，令人不胜其烦。政治家无视事实信口开河，科研人员把发新闻稿视为科学研究，硅谷的初创公司将胡扯发展到了艺术的高度，大学奖励的是胡扯而不是分析思维，大多数管理活动似乎只不过是一个对胡扯进行编排组合的复杂过程。心怀不轨的广告商朝我们眨眨眼，诱导我们和他们一起把胡扯进行到底，而我们也眨眨眼表示回应——与此同时，我们就会放松警惕，对他们奉送的修饰过的胡扯信以为真。胡扯在具体问题上误导我们，破坏我们对一般信息的信任，因此会污染我们这个社会。尽管能力有限，但我们希望可以通过本书，对这一现象给予回击。

哲学家哈里·法兰克福认为，胡扯现象无处不在是我们这个时代的一个典型特征。他在他的大作《论胡扯》的开头指出：

> 我们文化的一大特点就是胡扯太多。人人都知道，而且人人都有份，但我们往往会把这种情况视为理所当然。（不过，）我们不清楚胡扯是什么，为什么如此之多，也不知道它有什么作用。我们没有认真探讨胡扯的真正含义。换句话说，我们没有形成理论。

要彻底消灭胡扯，就需要准确地了解它是什么。这就有点儿棘手了。

首先，"胡扯"（bullshit）既是名词也是动词。我不仅听腻了你的胡扯（名词），也可以反过来跟你胡扯（动词）。这很好懂。简单地说，胡扯作为动词就是指说一些胡扯的话。

但是，"胡扯"这个名词到底指的是什么呢？和许多人试图用哲学概念匹配日常语言的努力一样，试图为它制定一个泾渭分明的定义的努力也必然徒劳无功。因此，我们将从例子着手，描述一些可以称之为胡扯的东西。

大多数人都认为自己擅长发现胡扯。当胡扯以修辞或花哨的语言形式出现（我们称之为老派胡扯）时，他们这样想也许没有错。例如：

- 我们的共同使命是发挥双方解决方案的作用，使未充分利用的人力资源组合机会得到充分利用。（换句话说，我们是短期工中介公司。）
- 我们存在的意义在于传播。要开始这个神话，就要成为它的一部分。（我们可以把这称为新时代的老派胡扯。）
- 我们像先辈一样，怀着坚定的思想和满腔的热忱，眼光掠过伟大祖国的无垠疆土，重新点燃我们共同命运的火花。（算了吧，你还是说说如何让我们这个地区重新得到更多的就业机会吧。）

老派胡扯似乎并没有消失，但随着新派胡扯的兴起，它似乎没有那么引人注目了。新派胡扯使用数学、科学和统计语言来制造严谨准确的印象。它们利用数字、统计数据和数据图表粉饰那些可疑的论断，给它们披上了一层合理的外衣。新派胡扯可能会采用下面这些形式：

- 根据货币汇率加以调整后，我们表现最好的全球基金在过去9年中有7年跑赢了市场。

    （回报率到底是如何调整的？该公司有多少基金未能跑赢市场，相差多少？就这个问题而言，是某一只基金在9年中有7年跑赢了市场，还是在这7年中每年都有一只不同的基金跑赢了市场？）

- 虽然没有统计意义（$p = 0.13$），但我们取得的结果突出表明了我们靶向治疗肿瘤的临床意义（5年生存率比为1.3），并对当前的治疗范式提出了挑战。

    （如果一个结果没有统计意义，那么讨论它的临床意义又有什么意义呢？5年生存率是这种特定癌症的相关指标，还是说大多数患者在3年内死亡？为什么我们要认为这"对当前的治疗范式提出了挑战"？）

- 该团队的卷积神经网络算法可以从一个由人类代谢组、转录组和蛋白质组构成的多层网络中提取底层控制逻辑。

    （什么是多层网络？这些不同的"组"之间的连接有什么重要意义？如何测量？作者所说的"控制逻辑"是什么意思？我们如何知道这些系统真的是通过一个底层控制逻辑连接到一起的？我们如何确证这种方法可以提取这个底层控制逻辑呢？）

- 我们的系统筛查显示，34%的有行为障碍的二年级学生承认在过去一年里至少闻过一次神奇马克笔。

    （这个数据很重要吗？如果真的很重要，那么闻马克笔这个行为是"行为障碍"的原因还是结果？有多少没有行为障碍的二年级学生承认闻过马克笔？也许这个比例更高！）

新派胡扯之所以特别有效，是因为我们中的许多人觉得没有资格质疑以数量形式呈现的信息。这让那些新派胡扯者们正中下怀。要反击，就必须学会在合适的时机，以合适的方式质疑这些言论。

<　◇　>

在教学中，我们一直在教导学生如何对数据进行逻辑和定量思考。本书源于我们在华盛顿大学教授的一门叫作"Calling Bullshit"的课程，目的是说明一个事实：即使你不是一名专业的统计学家、计量经济学家或数据科学家，你也能批判性地思考那些定量论证；无须大量数据和数周时间，也能看穿胡扯。只要有基本的逻辑推理，在需要的时候，再辅以通过搜索引擎轻松获取的信息，通常就足以解决问题了。

作为公民，我们肯定希望可以帮助人们发现并驳斥胡扯。这不是左翼或右翼意识形态的问题；这两个阵营的成员都证明了自己善于制造和传播错误信息。相反（尽管有夸大其词的危险），我们认为拥有足够的辨别胡扯的能力对民主的存续来说至关重要。民主一直依赖于选民的批判性思维，但在当今这个时代，社交媒体的传播导致选举过程深受假新闻和国际干预的影响，这同时也赋予了批判性思维前所未有的重要地位。在2016年12月的《纽约时报》专栏文章中，马克·加莱奥蒂总结了应对这种信息战的最有效防御措施：

美国政府不应该试图直接打击每一次泄密，而是应该教育公众，让他们知道自己什么时候被操纵了。通过学校、非政府组织和公共服务活动，美国人应该掌握成为精明的媒体消费者所必需的基本技能，包括核实新闻的真实性、识别说谎图片的能力。

本书两名作者都是拥有数十年数据科学、统计学和相关学科教学经验的公立大学教师，对于如何教授这种思维并不陌生。我们认为，批判性思维并不要求我们在政治上偏向某一方。你可能在多个问题上（例如联邦政府的最佳规模，政府介入我们私人生活的可接受程度，或者国家在世界舞台上应该如何表现自己）与我们的观点不一致，但没有关系，我们只是想帮助持各种政治观点的人当面指斥胡扯。因为我们认为，当选民能够看穿来自各个方面的胡扯时，民主才是最健康的。

我们不是在建立一个平台，让我们可以就不喜欢的事情胡扯。因此，本书中的例子很少是我们所知道的最恶劣的例子，更不可能是那些让我们愤怒不已的例子。相反，我们选择的例子都是为了达到教学目的，找出特定的陷阱，突出适当的应对策略。我们希望你通过阅读和思考，学会当面指斥胡扯。

<　◇　>

一个多世纪前，哲学家约翰·亚历山大·史密斯在对牛津大学新生发表演讲时说：

> 你在学校学到的东西对你（将来的生活）几乎毫无用处，但它有一个好处：只要你认真学习，方法得当，那么在别人胡

说八道的时候你会有所察觉。我认为，这即使不是教育的唯一目的，也是它的一个主要目的。

尽管取得了一些成功，但我们认为从这个角度看，高等学校STEM学科（科学、技术、工程和数学教育）的教学存在一些问题。一般而言，我们在操作方法教学，也就是在引导学生学习如何操作矩阵、转染细胞、运行基因组扫描和运用机器学习算法这些方面做得很好。但这种关注事实和技能的做法是以牺牲批判性思维艺术的训练和实践为代价的。在人文和社会科学领域，学生们被教导要让相互冲突的观点相互碰撞，要与不一致的观点做斗争；但在STEM领域，学生们解决悖论、调和相互矛盾的证据、批判错误论断的机会非常少。因此，大学毕业生往往精于质疑言语论证过程、识别逻辑谬误，但令人惊讶的是，在面对通过数据提出的论断时他们往往会默然接受。当然，中学教育也是如此。现在的学生可以坦然拒绝政治、伦理、艺术和哲学论断中的胡扯，但如果STEM教育采用在人文学科中已经习以为常的质询式教学方式，培养出来的学生就能以同样驾轻就熟的方式，拒绝统计报表和人工智能分析中的胡扯。

出于若干原因，我们在接下来的章节中大量引用了科学和医学研究中的例子。我们热爱科学，这也是我们的专长所在。科学依赖于我们在这本书中提到的定量论证。在人类创立的所有体系中，科学似乎最不应该受到胡扯的影响——但事实并非如此。我们认为，公众对科学的理解受到了诸多因素的妨碍，而理解正确与否，对于选民能否做出明智的决定具有至关重要的意义。本书的目的就是找出症结所在。

但我们必须着重指出，我们绝不否认科学是理解物理世界的一个成功的标准手段。不管我们抱怨什么，不管我们发现了什么偏见，不管我们遇到什么问题，不管我们说了什么废话，科学最终还是会成功的。有了科学的支持，我们才能乘坐飞机环游世界，通过视频电话交谈，移植器官，根除传染病，理解大爆炸后的早期阶段、生命的分子基础等现象。

新的信息技术已经改变了我们的科学和社会交流方式。随着信息获取途径得到改善，信息超载的现象愈演愈烈。我们希望本书能帮助你面对冲击，将事实与虚构区分开来。

第 1 章

胡扯无处不在

这是一本关于胡扯的书。它将告诉我们，面对无处不在的胡扯，我们如何看穿它，如何对它进行反击。不过，事情得一步一步地做。首先，我们需要了解什么是胡扯，它从何而来，为什么会泛滥成灾。为了回答这些问题，我们需要将目光投向遥远的过去，了解一下这一现象的起源。

胡扯不是现代发明。在《柏拉图全集》(*Euthydemus*)记载的一次与苏格拉底的对话中，柏拉图抱怨那些被称为诡辩家的哲学家对事实漠不关心，只对赢得辩论感兴趣。换句话说，他们是胡扯艺术家。但如果追溯胡扯的起源，就会追溯到比任何人类文明更久远的年代。胡扯起源于更广泛意义上的欺骗，而动物之间已经互相欺骗了上亿年。

惯于欺骗的甲壳类动物和狡猾的乌鸦

海洋里到处都是凶残而奇妙的生物，但很少有像螳螂虾那么喜欢寻衅滋事的。在更专业的圈子里，这种海洋甲壳类动物被称作口足类动物。有些螳螂虾专门吃有坚硬厚壳保护的海螺。为了打破这些方解石保护层，螳螂虾的前肢进化出一种弹簧加载机制，并因此掌握了重击这一技能。它们的锤状爪子在攻击时可以达到每小时50英里[①]的速度。重击威力巨大，在水下可以产生一种叫作空化气泡的现象，有点儿像蝙蝠侠打斗时带着一声巨响和一道亮光的"卡波！"。有时，水族馆里的螳螂虾甚至可以击穿厚厚的玻璃墙。

图1-1

这种打击能力还有另一个用途。螳螂虾生活在浅海礁上，很容易受到海鳗、章鱼、鲨鱼和其他食肉动物的攻击。为了安全起见，它们大部分时间都躲在暗礁中的洞穴里，只露出有力的前爪。但是合适的洞穴非常少，有时打斗就因此而起。当入侵者来临时，洞穴主人如果体型比对方小，通常就会逃跑。如果洞穴主人的体型足够大，它就会恶狠狠地挥舞着爪子，展示自己的体型并向对方发起挑战。

不过，和其他超级英雄一样，螳螂虾也有一个致命的弱点。它们锤状爪子的坚硬外壳需要更换——你可以想象，螳螂虾用起这对前

---

① 1英里≈1.6千米。——编者注

爪来绝不会吝惜。在脱壳后的两三天里，螳螂虾非常脆弱。它既不能攻击，也失去了平时用来抵御食肉动物的坚硬外壳。几乎所有的暗礁生物都以其他生物为食，而此时的螳螂虾基本上就是美味的龙虾仁，只不过前面有爪子。

所以，如果你是一只躲在岩缝中脱壳的螳螂虾，你肯定不愿意从岩缝中逃跑，让自己暴露在周围的危险中。这时候就要使用骗术了。在身体状况正常的时候，大螳螂虾会挥舞它们的爪子——这是一个货真价实的威胁，而小螳螂虾则会逃跑。但在脱壳时，螳螂虾无论大小都会表现出恶狠狠的样子，尽管在当前的状态下，它们的攻击力惨不忍睹，恶狠狠的样子纯粹是在虚张声势，但是离开洞穴比陷入战斗更加危险。入侵者知道有可能受到螳螂虾的重击，所以通常不会戳穿对方的虚张声势。

螳螂虾可能特别善于虚张声势，而且虚张声势确实与胡扯非常相像，但这还不是非常复杂的胡扯。首先，这种行为并不是这些生物想出来并决定去执行的。这只是一种进化后的本能反应。

老练的胡扯者需要心理推测能力（*theory of mind*），即需要把自己放在目标位置上，思考周围的人知道什么、不知道什么，还需要想象什么样的胡扯会给对方留下什么样的印象，并据此做出选择。

如此先进的认知能力在动物界是罕见的。我们人类有这种能力，我们最近的灵长类亲戚（比如黑猩猩和大猩猩）可能也有这种能力，但其他类人猿和猴子似乎就没有了。不过，有一类非常不同的动物——鸦科，也有这种能力。

我们知道，鸦类（例如渡鸦、乌鸦和松鸦）是非常聪明的鸟。它们可以制造非人类物种中最复杂的工具，还可以利用周围环境中的物体来解决各种各样的难题。《伊索寓言》中乌鸦把卵石放进水罐里以提高水位，可能就是基于真实的观察。圈养的乌鸦可以想出这类办

第 1 章 胡扯无处不在　　005

法。渡鸦会提前计划未来，选择日后可能用得上的物体。乌鸦能认出人的脸，并对那些威胁或虐待它们的人心怀怨恨，甚至会把这些怨恨传递给它们的同伴。

我们不知道为什么鸦科动物如此聪明，但它们的生活方式确实有利于提升智力。它们寿命长，高度群居，并且会创造性地探索周围环境，寻找任何可能食用的东西。尤其是渡鸦，它们可能是与狼以及我们人类这样的群体捕猎物种一起进化而来的，非常擅长骗取哺乳动物的食物。

由于食物有时充足，有时稀缺，因此大多数鸦科动物都会把食物储存在一个安全的地方，以便以后取回。但是，如果被别的动物发现了，储藏食物就是一种失败的做法。如果一只鸟看到另一只鸟藏了一块食物，通常会把这块食物偷走。因此，鸦科动物在储藏食物时，如果看到有其他鸟类，就会非常小心。在受到监视时，渡鸦储藏食物的动作会非常快，或者它们会在隐藏食物之前先跑到对方的视线之外。它们还会"假装储藏食物"——假装把食物藏在某个地方，但实际上是把食物安全地藏在它们的嘴中或嗉囊里，等到适当的时候再储藏起来。

所以，当一只渡鸦假装储藏了一份食物，但实际上只是在欺骗时，这算是胡扯吗？在我们看来，这取决于渡鸦为什么要欺骗，以及它是否考虑到它的欺骗会给旁观者留下什么印象。极致的胡扯是为了分散注意力、迷惑或者误导，这意味着胡扯者需要有一个心理模型来了解他的行为对旁观者的影响。鸦科动物有心理推测能力吗？它们知道其他鸟类可以看到它们正在储藏食物并且有可能偷走食物吗？还是说它们只是遵循一些简单的经验法则，比如"只有在周围没有其他渡鸦的时候才储藏食物"，而不知道它们为什么要这么做？研究动物行为的研究人员很难证明非人类动物有心理推测能力。但最近的研究表明，渡鸦可能是个例外。在储藏食物时，它们确实会考虑其他渡鸦知道什么。渡鸦不仅会欺骗它们面前的其他渡鸦，还知道可能有它们没有看到的其他渡鸦，而且这些渡鸦也可能上当受骗。[1]这和我们在互联网上的胡扯非常相似。我们没有看到任何人，但我们希望并预料会有人听到我们说的话。

渡鸦确实非常狡猾，但人类的胡扯水平更高。像渡鸦一样，我们也有心理推测能力。我们能事先考虑到别人会如何解读我们的行为，并利用这一技能为自己服务。与渡鸦不同的是，我们还有丰富的语言。人类的语言极具表现力，可以用多种方式组合词语来表达不同的意思。语言和心理推测能力让我们能够传达各种各样的信息，并在我们的头脑中模拟这些信息会对听到它们的人产生什么影响。这项技能对于有效交流十分有用，在利用交流操纵另一个人的信念或行动时同样十分有用。

这就是交流，它是一把双刃剑。通过交流，我们可以建立不同寻常的合作方式。但只要你关注交流，就会为别人操纵你的行为创造便利条件。如果动物只掌握了有限的交流系统（比如几种不同的报警信号），操纵它们的便利条件就不会太多。卷尾猴用叫声互相警告，这挽救了很多卷尾猴的生命。但是，这也给那些地位低下的卷尾猴带来可乘之机。它们只需要在没有危险的情况下发出欺骗性的警报，就可以吓跑处于统治地位的卷尾猴，使对方远离珍贵的食物。不过，卷尾猴能发出的叫声并不多，因此它们彼此欺骗的方式并不多。如果卷尾猴叫我逃跑，即使逃跑对我没有好处，我也有可能相信它。但如果它告诉我它在加拿大有女朋友，只不过我从来没见过她，那么我绝对不会相信。如果它毫无来由地说一个矿业大亨的遗孀让我把1万美元打到她的银行账户上，以帮她把财产换成美元，我就更加不会相信了。

胡扯为什么无处不在呢？一个原因是，每个个体——无论是螳螂虾、渡鸦还是我们人类同胞，都在试图向你兜售某些东西。第二个原因是，人类拥有认知工具，知道哪些胡扯有效。第三个原因是，我们复杂的语言使我们能够制造出无数种胡扯。

狡辩之词和律师的语言

我们对说谎者实施严厉的社会制裁。如果你的弥天大谎被识破，你就有可能失去一个朋友，鼻子可能会挨上一拳，还有可能因为被起诉而站到法庭上。最糟糕的是，你的欺骗行为可能会成为朋友和熟人的八卦话题。你可能再也得不到朋友、爱人和生意伙伴的信赖。

考虑到所有这些潜在的惩罚，你可能会想最好还是误导他们，而不要直接撒谎。这种做法叫作含糊其词。如果我故意说一些严格说来并非谎言的话，引导你得出错误的结论，那我就是在含糊其词。最经典的一个例子或许就是比尔·克林顿在《新闻一小时》节目中对吉姆·莱勒所说的"没有（与莫妮卡·莱温斯基）发生性关系"［there is no sexual relationship (with Monica Lewinsky)］。在更多的细节曝光后，克林顿辩解说他没有撒谎：动词"is"是现在时态，表示两人没有继续发生关系。当然，他们曾经发生过性关系，但他最初的声明并没有就这个问题表态。

含糊其词为看似合理的推诿否认提供了可能——至少事后可以否认。含糊其词被人发现可能会损害你的名声，但大多数人认为这种过错没有公然撒谎那么严重。当含糊其词被发现时，我们通常不需要像比尔·克林顿那样，用"这取决于'是'（is）这个词是什么意思"这类律师经常使用的荒谬之词为自己辩解。

语言的使用方式为含糊其词创造了条件。很多时候，人们要表达的并不是字面上的意思。假设你问我对大卫·林奇在《双峰》25周年之际重启这部电视剧有什么看法，我会说："没那么糟糕。"你会很自然地理解为"也没有那么好"，尽管我没有这么说。或者假设在谈论同事的娱乐习惯时，我说："约翰在工作时不会注射毒品。"从字面上理解，这只意味着约翰在工作时不会注射海洛因，你也没有理由怀疑他在下班后会注射海洛因。但这句话隐含的意思截然不同，它暗示约翰是一个有节制的海洛因使用者。

在语言学中，隐含意义的概念属于语用学的范畴。语言哲学家H. P. 格莱斯创造了"implicature"（含义）这个术语，表示句子表达的意思不同于它的字面意思。含义有助于有效交流。如果你问我在哪里可以喝杯咖啡，而我说"街区那边有个餐馆"，你就会把我说的这句话理解为是对你的问题的回答。你会认为那家餐馆正在营业，而且提供咖啡，等等。我不需要明确地说所有这些意思。

但是，含义也为我们含糊其词提供了方便。"约翰在工作时不会注射毒品"这句话的含义是他在其他时候会注射毒品。否则，我为什么不直接说约翰不吸毒呢？

含义为人们提供了巨大的回旋余地，使他们可以说一些误导人的话，然后又声称自己是清白的。如果约翰因为我说他在工作时不会注射毒品就以诽谤的名义把我告上法庭，那他怎么可能打赢这场官司呢？我的那句话是正确的，他不会提出任何异议。人们经常利用字面意义和含义之间的巨大差异来胡扯。如果我说"在我认识的人中，他不是最负责任的父亲"，这句话没错，因为我认识一个比他更负责任的父亲，但是你会认为我的本意是说他是一个糟糕的父亲。"如果你提醒他，他会还钱的。"这句话没错，因为他是一个正直的人，不需要敦促就会迅速还清债务，但是你会认为我的本意是说他是一个吝啬鬼。"我打橄榄球，得过奖学金。"这句话是真的，尽管我是通过美国

第 1 章　胡扯无处不在　　009

优秀学生奖学金竞赛获得奖学金的,而且我只是在周日上午和朋友们一起玩触身式橄榄球,但你会认为我是大学里的明星运动员。

狡辩之词是胡扯的一个重要类型,它利用字面意思和含义之间的差异来避免承担责任。这似乎是许多专业领域的一项重要技能。广告商利用狡辩之词暗示好处,而不必兑现他们的承诺。如果你宣称你的牙膏能减少"最多可达"50%的牙菌斑,那么只有在牙膏的功效太好时,这句话才有可能是错误的。如果一个政客模棱两可地说"有人说"他的对手与有组织犯罪有联系,就可以避免诽谤诉讼。有了"出了一些错误"这个经典的理由,经理只需要敷衍了事地道个歉,就不需要追究任何人的责任了。

霍默·辛普森深谙此道。为了保护他的儿子巴特,他恳求道:"玛姬,不要阻止孩子,推脱是必须学习的重要技能,它将我们与动物区分开来……除了黄鼠狼。"

抛开霍默的玩笑不谈,公司的狡辩之词在委婉语和被动语态的掩护下摊薄了责任。2019年美国全国广播公司(NBC)的新闻报道称,许多全球制造商可能在使用马达加斯加童工生产的材料。菲亚特汽车公司的一位发言人说:他们公司"与跨行业和价值链的全球利益相关者开展合作行动,以促进和发展我们的原材料供应链"。合作行动?价值链?全球利益相关者?我们说的是4岁的孩子正在处理从原矿中提取的云母。全家人在烈日下劳作,整夜睡在外面,一天只挣40美分。这绝对是胡扯,是用让人困惑不解的公司行话掩盖触目惊心的死亡人数。

有的胡扯者会主动去欺骗,不让听者了解真相;还有一些胡扯者则对真相漠不关心。为了说清这个问题,我们从狡辩回到本章开头讨论的动物发信号的故事。当动物交流时,它们通常会发出涉己信号(self-regarding signal)。涉己信号与发出信号者自己有关,不与外界事物有关。例如,"我饿了""我生气了""我很性感""我是有毒的""我是这个群体的成员"这些都是与己有关的信号,因为它们传达了与发出信号者有关的一些信息。

涉他信号(other-regarding signal)指与世界上超出发出信号者本身的其他事物有关。这类信号在动物信号中并不常见,但报警信号明显例外。大多数非人类的动物根本没有办法指代外部事物。人类是不同的。人类语言的一个新奇或近乎新奇的特点是,人类语言的词汇和语法不仅可以谈论我们自己,还可以谈论其他人和世界上的其他外部物体。

但即使是人们表面上在交流外部世界的事物时,谈得更多的也有可能是他们自己。在聚会或其他社交活动中第一次见到某人并开始交谈时,你为什么要讲你的故事?你讲这些故事的初衷到底是什么?你的故事不仅会告诉对方关于我们这个世界的方方面面的信息,还会传达关于你是谁的信息,或者至少是关于你想成为谁的信息。也许你希望表现得勇敢、乐于冒险,或者是敏感、不安;也许你反对偶像崇拜,也许你喜欢自嘲式幽默。我们讲故事是为了给别人留下某种印象。

这种冲动导致了大量的胡扯。当你谈论自己在亚洲背包旅行中经历的疯狂冒险时,你的故事并不一定要真实才能给人留下你想要的印象。你通常也不在乎故事是否真实。你的故事只要有趣、能打动人或吸引人就行了。只要和朋友坐在一起喝啤酒,就能亲耳听到这些胡扯。在所谓的注意力经济中,这种胡扯已经成为一种艺术形式。想想那些在社交媒体上疯传的故事:孩子们说的有趣的话,糟糕的初次约会,宠物遇到的麻烦。这些可能是真的,也可能是假的。对大多数看到这些故事的人来说,真假并不重要。

人们有胡扯的能力,但这并不意味着他们就一定会胡扯,也不意味着胡扯面对真相时不会迅速灰飞烟灭。那么，为什么胡扯会无处不在呢？

谎言传千里，真相难出门

也许胡扯研究中最重要的原理就是意大利软件工程师阿尔贝托·布兰多利尼2014年提出的布兰多利尼原理：

"驳斥胡扯所需的精力要比制造胡扯所需的精力大一个数量级。"

制造胡扯的工作量远小于清除胡扯的工作量，而且难度低，成本小。早在布兰多利尼提出这条原则的几年前，意大利人乌列尔·法内利就在博客中提到这个问题，原文大意是"一个白痴可以制造出你无法驳斥的胡扯"。阴谋论者、电台名人亚历克斯·琼斯算不上邪恶的天才，但他照样让他的那些无稽之谈（比如他认为桑迪胡克惨案是骗局的言论和他的"比萨门"事件报道）做到世人皆知。他可能是一个邪恶的白痴，甚至是一个误入歧途的白痴。

在医学领域内，关于疫苗会导致孤独症（又称自闭症）的恶毒谎言证明了布兰多利尼原理的正确性。20多年的科学研究没有提供证据表明疫苗会导致孤独症；事实上，有压倒性的证据表明这是一个谎言。但是关于疫苗的错误信息仍然存在，这在很大程度上是由于1998年英国医生安德鲁·韦克菲尔德及其同事在《柳叶刀》上发表的一项极其糟糕的研究。在那篇文章以及随后的多次新闻发布会上，韦克菲尔德的研究团队指出，一种经常与炎症性肠病同时发生的孤独症相关综合征可能与麻疹—腮腺炎—风疹三联疫苗（MMR疫苗）有关。[2]

韦克菲尔德的论文在那时就激起了"反疫苗"运动，引发了人们对疫苗经久不衰的恐惧，并促使麻疹在世界各地死灰复燃。但是，这项研究遭到了人们的怀疑，而且怀疑程度之甚在科学史上没有几项研究可以与之相比。人们投入了数以百万计的美元和无数的研究时间，反复核查它的可靠性。毫无疑问，它彻底地丧失了信誉。[3]

随着反对MMR疫苗导致孤独症假说的证据越积越多，以及韦克菲尔德的利益冲突暴露出来，他的大多数联合作者对他们的研究逐渐失去了信心。2004年，其中10人正式撤回了1998年论文中的"阐释"部分。韦克菲尔德没有签署撤回声明。2010年，《柳叶刀》彻底撤回了这篇论文。

同年，韦克菲尔德被英国综合医学委员会裁定严重渎职。他因在1998年论文上的违规行为、让病人接受不必要的侵入性医疗程序（包括结肠镜检查和腰椎穿刺），以及没有披露经济利益冲突而受到警告。[4]在举行听证会后，韦克菲尔德在英国的行医执照被吊销。2011年，《英国医学杂志》主编菲奥娜·戈德李正式宣布韦克菲尔德最初的研究是一项骗局，并声称其中肯定存在欺骗意图，单独用能力不足这一条理由并不能解释这篇论文的诸多问题。

这些违反道德的行为并不是推翻韦克菲尔德提出的孤独症与疫苗相关性的最强有力的证据。尽管韦克菲尔德的证据可能不足以证明他的结论，他对数据的处理可能很草率，他违背职业道德的行为可能非常恶劣，这篇研究论文总体而言可能确实是一个充斥着利益冲突和捏造结果的"精心设计的骗局"，但理论上韦克菲尔德的说法仍有可能是正确的。事实上，他确实错了。我们知道这一点，是因为我们认真地进行了大规模的科学研究。证明孤独症和疫苗之间没有联系的并不是韦克菲尔德论文的那些缺点，而是随后的大量科学证据。

需要澄清的是，研究孤独症和疫苗接种之间是否存在联系，并没有什么不妥之处。问题是，最初的研究就算往好了说也是不负责任的，而当其可怕的结论被彻底否定后，反疫苗者编造了一个制药公司大阴谋的故事来掩盖真相。最终，韦克菲尔德执导了一部名为《疫苗黑幕》的纪录片，并在其中声称美国疾病控制与预防中心（CDC）掩盖了疫苗的安全问题。这部影片得到了媒体的大量关注，并重新引发了对疫苗的恐慌。尽管所有的研究结果都与韦克菲尔德的假说相悖，也有大量的证据证明他的假说不成立，但韦克菲尔德在部分公众中仍然保持着可信度，而且仍然有人毫无根据地担心疫苗和孤独症之间存在某种联系。

<　◇　>

20年后，韦克菲尔德的骗局给公众健康带来了灾难性的后果。疫苗接种率在韦克菲尔德的论文发表后不久就降到了最低点，尽管现在已经开始上升，但仍低于20世纪90年代初的水平。这是非常危险的。2018年前6个月，欧洲报告了4.1万例麻疹病例，创了纪录。在曾经几乎彻底消灭了麻疹的美国，现在每年都会大规模地暴发麻疹疫情。其他疾病，比如流行性腮腺炎和百日咳，正在卷土重来。特别是在富裕的沿海城市，有许多美国人怀疑疫苗的安全性。最近的趋势表明，父母们开始尝试延迟接种疫苗。这一做法没有科学依据，并且会让儿童在很长一段时间内容易受到儿童疾病的侵扰。免疫系统受损的儿童尤其危险，他们中的许多人无法接种疫苗，因此他们的安全依赖于"群体免疫"，即周围人群接种疫苗后产生的免疫力。

综上所述，这个假说经受了科学文献中最严格的彻底质疑，并且对公众健康造成了严重危害，但是它不会消失。为什么揭穿疫苗和孤独症有关的谣言如此困难？这就是布兰多利尼原理在起作用。研究人员要拆穿韦克菲尔德的观点，就必须投入比他当初提出这些论点时多得多的时间。

这个错误观点有许多特点，使得它比许多错误信念更持久。孤独症对父母来说非常可怕，而且我们还不知道是什么引起的。就像那些最成功的都市传说一样，韦克菲尔德论文的描述部分既简单又扣人心弦："一根针扎入孩子脆弱的身体，然后注入一种异物。在几天甚至几周内，孩子看起来都很好，然后就会突然发生严重的、通常不可逆转的行为退化。"这个故事触及了我们最深层的恐惧——对卫生和污染的恐惧，以及对我们孩子健康和安全的担忧。这个故事迎合了我们对追根溯源的渴望，也迎合了我们看到两个事件连续发生时就认为其中存在因果关系的特点。它还暗示我们可以通过某种方式实现自我保护。成功驳倒这样一个观点，无异于赢得一场艰苦的战斗。

胡扯不仅容易制造，也很容易传播。讽刺作家乔纳森·斯威夫特在1710年写道："谎言传千里，真相难出门。"[5]这句话有很多不同的版本，但我们最喜欢的是富兰克林·D. 罗斯福的国务卿科德尔·赫尔说的那个版本："真相还没来得及穿好裤子，谎言就已经跑过半个地球了。"我们可以想象一下：倒霉的真相一边费劲地把裤子从脚踝那儿拉起来，一边跌跌撞撞地沿着走廊跑过来，绝望地追赶早已跑得无影无踪的谎言。

结合布兰多利尼原理、法内利原理和斯威夫特的观点，我们可以总结出以下三条：（1）制造胡扯的工作量比清除胡扯的工作量小；（2）制造胡扯对智慧的要求比清除胡扯的要求低；（3）胡扯的传播速度比清除工作的速度快。当然，它们只是一些箴言，听起来很有道理，给人一种"真理"的感觉，但实际上可能只是制造出了更多的胡扯。为了测量胡扯的传播速度，我们需要一个环境来搜集、存储和打包胡扯，以便进行大规模分析。脸书、推特等社交媒体平台提供了这样的环境。在这些平台上发送的许多消息都是众口相传的谣言。谣言和胡扯并不完全一样,但它们都是有意欺骗的产物。

追溯谣言的传播路径主要是看哪些人分享了什么内容、是以什么样的先后次序分享的。只要有足够的系统访问权,所有的信息都很容易查到。有关危机的推文尤其重要。危机事件通常会吸引大量的注意力,这既是招致错误信息的激励因素,也是需要驳斥错误信息的重要原因。

2013年波士顿马拉松赛恐怖袭击就是一个类似的危机事件。袭击发生后不久,推特上就出现了一则悲惨的故事,称一名8岁女孩在这次爆炸中丧生。这个小女孩是桑迪胡克小学的学生,她参加马拉松比赛是为了纪念几个月前在可怕的枪击案中遇难的同学。她从桑迪胡克小学枪击案中幸存下来,却死于波士顿马拉松赛爆炸案,这一可怕又具有讽刺意味的命运促使她的故事像野火一样在推特上迅速传播开来。照片上的小姑娘身着荧光粉色衬衫,挂着1035号的号码牌,马尾辫在身后飘动。看到照片后,成千上万悲伤怜悯的读者纷纷回应。

但也有一些读者提出了质疑。一些人指出,波士顿马拉松比赛不允许孩子参加比赛。其他人从她身上的号码牌认出她参加的是另一场比赛——乔·卡塞拉5公里赛。谣言追踪网站Snopes和其他事实核查组织很快就揭穿了这个谣言。那个女孩并没有死于爆炸案,她甚至没有参加那次比赛。推特用户试图纠正这一记录,有2 000多条推文驳斥了这一谣言。但这些努力都是徒劳的,超过92 000人分享了这个女孩的虚假故事。一些主要新闻机构也报道了这件事。尽管人们多次试图纠正,但谣言仍在继续传播。布兰多利尼又一次说对了。

脸书的研究人员也在他们的平台上观察到了类似的现象。研究人员在追踪Snopes网站调查的谣言后发现,即使在谣言被Snopes网站揭穿之后,虚假传言的传播范围也比真实传言的传播范围大。散布虚假传言的帖子在谣言被揭穿之后大多被删除，但删除的速度不够快，不足以阻止虚假信息的传播。

另外一些研究人员研究了导致谣言大量涌现的原因。他们将阴谋论帖子与其他帖子进行了比较，发现阴谋论的影响范围要大得多。这个特点导致更正错误信息的难度特别大。乔纳森·斯威夫特对胡扯的直觉得到了充分证实。相比于那些散布胡扯的人，清理胡扯的人面临着更加不利的局面。

说真话的人还面临一个不利条件：我们获取和分享信息的方式正在迅速改变。75年来，报纸换成了新闻推送，电视新闻换成了脸书信息，炉边聊天换成了凌晨4点发推特，这些变化为令人分心的事情、错误信息、胡扯和假新闻的迅速传播提供了便利。在下一章中，我们将讨论这是如何发生的，以及为什么会发生。

第 2 章

媒体、信息和错误信息

如果你在1990年告诉我们，到了2020年，地球上将近1/2的人都会携带一台钱包大小的机器——"智能手机"，通过它可以立即查询全球范围内的任何事实，我们可能就会预言到那时胡扯将彻底"寿终正寝"。如果人们无须任何代价，就能轻松、即时地验证你说的话，胡扯还会有立足之地吗？

显然，人们既没有时间，也不会利用智能手机的这个用途。相反，智能手机已经沦为胡扯的又一个传播工具。从积极的方面来说，你可以在晚餐时侃侃而谈，而不用接受30次的信息核实。从消极的方面来说，胡扯基本上不会受到质疑。

技术并没有消除胡扯问题，而是让问题变得更糟。在本章中，我们将探讨这是如何发生的。简言之，互联网的兴起改变了信息的种类、信息共享的方式以及我们寻找所需信息的方式。虽然互联网革命带来了很多好处，但它也有一些重大缺点。浮华空洞之物取代了严肃、深入、有思想的内容，新闻报道日益偏颇，错误信息、虚假信息和假新闻比比皆是。我们将一一讨论这些问题。

印刷厂就是妓院

那些希望阻止信息技术革命的人真的令人同情。牧师、抄写员菲利波·德斯特拉塔就经历过这样一场革命。1474年，他对印刷机发明造成的损害大加指责："以微不足道的价格印刷出可能会让爱冲动的年轻人热血澎湃的内容，而真正的作家却死于饥饿。唉，真是无耻之尤……"印刷机可以大幅降低书籍的生产成本，因此必然会降低文本的价值和权威性。当每本书都必须手写时，只有皇室和神职人员才能委托像德斯特拉塔这样受过良好训练的抄写员来抄写。雇用抄写员的高昂费用起到了过滤信息的作用。人们对仅仅作为消遣的书籍的需求并不大，大多数新书都是《圣经》和其他重要文献的手抄本。但是印刷机的出现就像一条泄洪道，不是很严肃的内容也可以通过它涌入市场。菲利波·德斯特拉塔在公开场合声称，他担心"印刷厂这个妓院"会把读者引向廉价的色情娱乐——甚至是奥维德的作品。私下里，他更关心的可能还是他自己的工作保障问题。

另外一些人则担心，不实信息的扩散会掩盖重要信息。一些目录学先驱（如16世纪的康拉德·格斯纳和17世纪的阿德里安·拜耶）警告说，印刷机会使学术停滞，因为可供选择的读物过多会让读者无所适从。他们错了。几百年过去了，从现代人的角度来看，古腾堡的革命带来的好处明显远大于坏处。印刷机（加上后来的公共图书馆）使书面文字得以普及。1500年，德国作家塞巴斯蒂安·布兰特描述了这一变化：

> 在我们这个时代……书籍大量涌现。曾经只属于富人所有——不对，应该是只属于国王所有的书，现在在普通家庭里也能看到……现在，没有什么是我们的孩子无法知道的。

尽管如此，菲利波·德斯特拉塔认为当共享信息的成本急剧下降时，我们就会看到信息的性质以及人们与信息互动的方式都发生变化，这种观点是正确的。[1]

在菲利波·德斯特拉塔提醒人们警惕印刷机约500年后，社会学家尼尔·波兹曼回应了他的观点：

> 各种各样的新的交流方式的发明为许多人提供了发言的机会和听众，否则不会有人去征求他们的意见，事实上，他们除了"口头粪便"之外，对公共问题几乎没有任何贡献。

如果用这些话来谴责博客、网络论坛和社会媒体平台，效果会非常好。但波兹曼指的并不是社交媒体，甚至不是互联网。这些话是他50年前说的。在1969年的一次演讲中，他哀叹电视上播放的都是粗俗的节目，报纸杂志上刊登的都是空洞的文章，大众媒体传播的都是废话。他认为，这种娱乐信息会分散消费者对真正重要的信息的注意力，而导致人分心的信息本身可能是一种虚假信息。如果说宗教是大众的鸦片，真人秀节目《泽西海岸》和《诱惑岛》就是大众喷洒金属漆的喷雾器。

在波兹曼发表这次演讲之后，我们经历了另一场革命。互联网改变了我们生产、分享和消费信息的方式，改变了我们从事研究、了解时事、与同伴互动以及娱乐甚至思考的方式。但与此同时，互联网还引发了一场前所未有的胡扯大流行，这是为什么呢？

我们先看看出版物。整个20世纪80年代，出版都是有成本的，而且成本非常高。排版费用昂贵，印刷需要大量的开销，分发环节需要把纸质印刷品送到读者手中。今天，任何人只要有一台个人电脑和互联网连接，就可以制作出看起来很专业的文档，并免费将它们分发到世界各地。他们甚至可以穿着睡衣完成这些工作。

让无数新的声音加入全世界的对话，这是互联网民主化的承诺。边缘群体的成员以前可能缺乏金融和社会资本，因此无法发表和宣传他们的成果，但是现在他们也能让别人听到他们的声音了。与此同时，新技术抓住了利益的长尾巴，即使是围绕最为少见的兴趣爱好，也能建立起网络社区。想亲手做一个汽笛风琴吗？想从批判理论的角度探索史酷比狗漫画吗？想学会《坎特伯雷故事集》里主角玩的那些复杂的骰子游戏吗？互联网都能满足你。

这种民主化也有不好的一面。借助社交媒体的病毒式传播，业余作家可以接触到和专业记者一样多的受众，但作品质量可能有天壤之别。普通互联网用户没接受过新闻培训，更不用说准确把握新闻报道的动机了。我们可以获得比以往更多的信息，但这些信息不那么可靠。

在互联网出现之前，大众媒体让我们的客厅充斥着从遥远的地方传来的声音，但这些声音对我们来说很熟悉。我们听爱德华·默罗的演讲，阅读熟悉的报纸专栏作家的文章，观看"全美最受信任的人"沃尔特·克朗凯特的节目，徜徉在著名作家创造的世界里。而在当今的社交媒体世界里，我们的朋友们会对着我们夸夸其谈，要么是甜蜜地谈论他们最新的灵魂伴侣，要么是介绍他们在吃本地有机早午餐时拍摄的方框快照，要么是不厌其烦地炫耀他们的孩子在体育、艺术或学习方面取得的成绩。我们的家中也会充斥着朋友们认为适合分享的陌生人的声音——通常是不知名的陌生人。我们不认识这些人。他们所写的东西很少像商业媒体那样注重准确性，其中一些"作者"是收取费用的人或电脑程序，代表公司利益或外国势力传播一些虚假信息。

当消息还只是涓涓细流时，我们或许可以有效地对这些信息进行分类。但今天我们面临的消息就像滔天洪流。在写这一章的时候，我们两个人都打开了多个浏览器窗口。每个窗口大约有10个打开的标签,每个标签都有一篇新闻报道、期刊文章、博客文章或其他信息源,都是我们打算再次阅读但再也不会阅读的信息。另外,社交媒体还在不断推送更多的新闻和花絮,滚动速度极快,即使我们别的什么都不干,也看不完这些内容。看到如此之多未经过滤的信息汇集成滔天洪流,以日益迅猛的势头向我们袭来,我们就像不堪重负、精疲力竭的魔法师学徒一样,再也生不出一丝一毫与之抗争的念头。

不加渲染的事实宛若凤毛麟角

菲利波·德斯特拉塔担心奥维德的作品会挤占《圣经》的地位,而我们担心社交媒体上泛滥的无脑列表、小测验、表情包和名人八卦会让你无暇阅读《纽约时报》和《华尔街日报》上的那些有思想的分析。每一代人都觉得后一代人懒于思考的习惯会导致文化和智力的衰退。几千年来,一代又一代人先后发出了这样的哀叹,现在轮到我们了,我们不会错过这个发牢骚的机会。

在互联网出现之前,报纸和杂志通过订阅来赚钱。[2]订阅一本期刊,就意味着你与它建立了一种长期的关系。作为信息来源,你关心它所提供信息的质量、准确性以及它与你日常生活的相关性。为了吸引并留住订阅者,出版商既要保证信息的新颖性,还会严格审查这些信息。

互联网新闻经济的决定因素是点击率。当你通过点击链接查看一个网站时,你的点击就会给网站所有者带来广告收入。网站的设计不一定是为了维持一种长期的关系,而是为了让你一看到就去点击它。信息的质量和准确性不再像闪光点那样重要。链接需要吸引你的眼球，让你无法拒绝。互联网出版商需要的并不是伍德沃德和伯恩斯坦，而是"7只长得像迪士尼公主的猫""你的私人教练不想让你知道的8个神奇营养秘密""在退休人员的阁楼上发现的9张从未公开过的猫王照片"，以及"专家识别定量胡扯的10种方法"等。

出版商青睐这些无聊的内容，是因为我们会点击它。我们可能一心希望光顾一些能提供细致分析的高质量新闻来源。但是，精神垃圾食品通常会取得胜利，让我们忍不住点击那些"空热量"信息。

从新闻标题就可以看出这种内容流于肤浅的趋势。标题通常会吸引我们的注意力，而在社交媒体环境中，许多人往往不会深入阅读，因此标题是非常重要的信息来源。曾经有一家讽刺网站在标题中宣称"70%的脸书用户在看完科学新闻的标题后，就会直接发表评论"。文章一开始就指出，大多数人在社交媒体上分享这些文章之前，也不会阅读全文。在几句话之后，文章就开始了大段大段标准意义上的乱数假文（lorem ipsum）。这条微博在社交媒体上被转发了数万次，我们不知道其中有多少人是为了参与这个玩笑而转发的。

由编辑而不是记者撰写的新闻标题，总是与他们声称的内容多少有些不一致。但是，同一期报纸（例如《纽约时报》）刊登的文章不会为了吸引你的注意力而相互竞争，而是通过一系列报道的合力，提供尽可能多的价值。另一方面，被点击率驱动的媒体会在新闻标题这个方面发起军备竞赛。在社交媒体网站和新闻推送中，来自竞争媒体的标题是并排呈现的。读者很少会来者不拒——因为可供阅读的内容太多了，相反，他们会点击他们认为最诱人或最刺激的标题。

如何写出让人欲罢不能的标题，赢得这场竞赛呢？答案就是追求轰动效应。小报长期以来一直使用耸人听闻的标题来吸引报摊购买者的注意力，但订阅量较大的报纸大多会避免这种做法。不过，追求轰动效应并不是唯一的方法。为了确定文章标题常用语，企业家史蒂夫·雷森查阅了2017年发表的1亿篇文章。他们得出的结果肯定会让你大吃一惊——除非在过去几年里你是网络常客。

这项研究发现，最成功的标题都没有阐述事实，而是承诺给你一种情感体验。在成功的脸书信息标题中，最常见的短语是"会让你……"，例如："会让你心碎"，"会让你坠入爱河"，"会让你看了一遍再看一遍"，或者"会让你惊讶不已"。这类短语出现在近20%的脸书标题中，在推特上也非常成功。其他热门短语还包括"让你哭"、"让你起鸡皮疙瘩"和"让你的心融化"。智力体验是无法与之匹敌的。大家别急着往下读，先想想这代表着什么东西发生了巨大的转变。想象一下，如果《纽约时报》或当地报纸的标题告诉你每条新闻会让你产生什么样的感受，却不告诉你这条新闻到底包含什么内容，会怎么样呢？

短语	平均次数
会让你	8 961
这是……的原因	4 099
我们能猜到……吗	3 199
只占……	2 398
原因是……	1 610
……令人震惊	1 560
X张令人惊讶的照片	1 425
喜悦的泪花	1 388
……就会发生	1 337
让你流泪	1 287
让你起鸡皮疙瘩	1 278
说到这件事	1 265
……太酷了	1 261
看到……令人震惊	1 257
让你的心融化	1 233

脸书信息标题中出现的平均次数

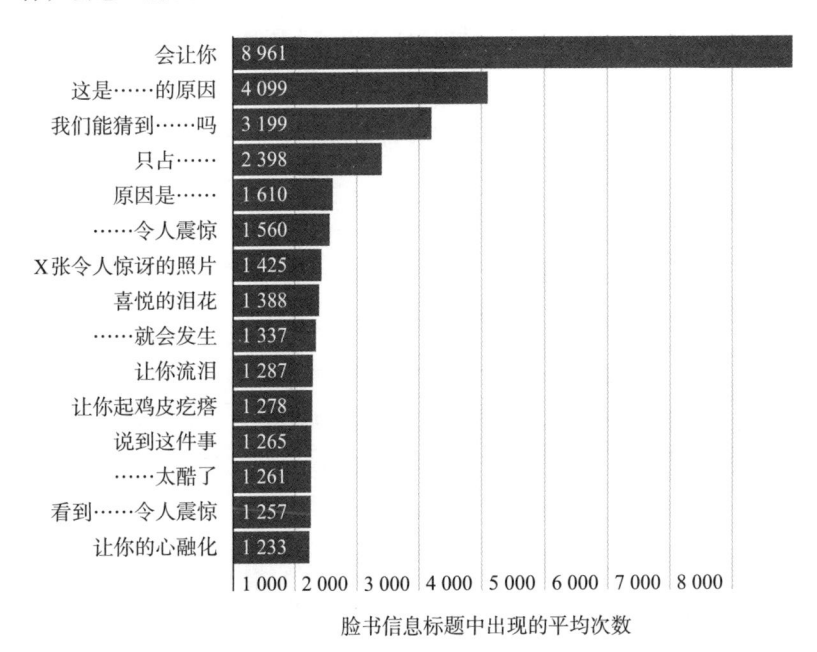

图 2-1　标题常用表达

第 2 章　媒体、信息和错误信息　　027

新闻标题一度以高度概括报道内容为上，例如："肯尼迪在达拉斯的车中被狙击手击杀，约翰逊在飞机上宣誓就职""人类实现月球行走。宇航员在平原上着陆，收集岩石、竖起旗帜""民主德国开放了围墙和边界，允许公民自由前往联邦德国"。

在点击驱动型广告中，如果标题透露太多内容，人们就没有动力去点击这篇广告，现在的标题通常都遮遮掩掩，不透露文章的内容。这些所谓的向前引用型标题是网络媒体公司最常用的标题，但现在传统媒体也在逐渐采用这种做法。《华盛顿邮报》称："这项工作有1/5的从业者有严重酗酒问题。"CNN（美国有线电视新闻网）承诺他们会告诉你"如何规避美国人的头号死亡原因"。《今日美国》问："一度是最热门旅游圣地的冰岛到底怎么了？"（我就不吊大家的胃口了，前两个标题分别是指律师和车祸，第三篇文章给出的答案是"没有人知道答案"。）

新闻标题还通过制造与我们有关的故事来吸引人。在社交媒体的世界里，新闻是一条双行道，每个人既是消费者又是生产者。就在我们写这一章内容的时候，我们的社交媒体出现了下面这些标题。

- "惊爆！这张照片表明阿梅莉亚·埃尔哈特可能在坠机后幸免于难。"（BuzzFeed）
- "'令人震惊！'FBI（美国联邦调查局）逮捕NCAA（美国大学体育协会）嫌疑人后，推特做出如是反应。"（IndyStar）
- "麦当劳发明的'薯条叉'引起网上热议。"（HuffPost）

这些标题都比事件本身更加有趣。

所有这些无关紧要、华而不实的东西，不仅会引导公众讨论一些愚蠢的话题，还为胡扯创造了便利条件。不加渲染、据实报道已经不能满足需要了。在这个新的市场中，直截了当的信息不具有任何竞争力。

偏见性、个人化和对立

正如印刷术的发明使书籍种类更加丰富一样，有线电视的出现为人们选择可以密切反映他们观点的专业媒体创造了条件。FCC（美国联邦通信委员会）在1987年之前执行的公正准则就是为了确保新闻节目对争议性问题的报道做到全面公正而制定的，但这一准则在罗纳德·里根总统任期内被废除。随着24小时滚动新闻出现，有线电视新闻频道激增，专门报道特定的政治观点。20年来，美国主流新闻的偏见越来越严重。从新闻文字稿可以看出，三大有线电视新闻频道在意识形态上正在渐行渐远，如图2–2所示：

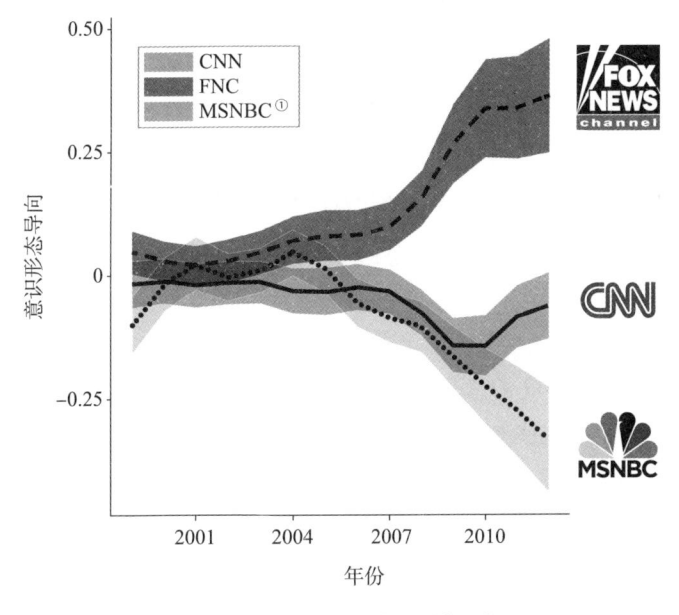

图 2-2　不同年份的意识形态导向

---

① MSNBC，微软全国广播公司。——编者注

网络新闻呈现出类似的特点，甚至有过之而无不及。即使是主流媒体发布的新闻也带有党派倾向，常常让我们无所适从。布赖特巴特新闻网以及其他的新闻机构更进一步，不断推出（对某一政党）有极度偏向性的新闻。他们的报道可能有事实基础，但是经意识形态的透镜强力过滤之后，往往会包含大量不真实的成分。

新闻机构大量生产有偏见（甚至是极度偏见）的内容，是因为利益使然。而社交媒体倾向于有偏见的内容，是因为这些内容比主流新闻更容易被分享，而且一旦被分享，就更有可能被点击。加深意识形态分歧已成为一项有利可图的生意。

麻省理工学院教授朱迪丝·多纳特发现，在很多时候，人们看上去是在谈论其他事情，但实际上是在谈论自己。假设我登录脸书并分享了一篇虚假的（甚至是荒谬的）报道，称飞机云是自由主义者为降低美国年轻人睾酮水平而喷洒的扰乱内分泌的化学物质。就像我无意于表明自己的政治倾向一样，我可能也无意于表明并让你接受我对飞机云的看法。分享这样一篇文章，表明我是阴谋论者，不信任美国的"自由主义议程"。如果这就是我的目的，那么这篇报道是否属实对我来说并不重要。我可能没有读过这篇文章，也不关心你是否读过，但我想让你知道我是一个阴谋论者。

信号本身变成了意义所在。假设我分享一篇报道，称美国国税局正在调查唐纳德·特朗普在2016年美国大选前完成的商业交易。从这个行为很难看出我的政治立场。但如果我分享的报道称唐纳德·特朗普把华盛顿纪念碑卖给了一个俄罗斯寡头，就能从中清楚地看出我讨厌特朗普。这一行为表明我的政治忠诚度极高，因此对于报道特朗普背信弃义的文章，我有可能深信不疑。

多纳特教授的这一深刻认识源于一个在传播理论这个领域中广泛存在的传统。我们常常认为传播仅仅是指信息从发送者到接收者的传递，但这种理解忽略了更为广泛的、社会层面的传播，这从它的拉丁语起源就可以看出——动词"communicare"的意思是"分享、共享"。

传播为我们思考周围世界建立、巩固了一个共同的框架，并四处传扬。想一想宗教弥撒，甚至是时间安排固定不变、照着原稿宣读的晚间新闻。社交媒体上的传播同样如此，它创造并构建社区。我们在推特或脸书上发帖子或者在照片墙上贴图片，就是在表明我们信守对特定网络社区的价值和信条的承诺。随着社区做出回应，这些共同的价值通过点赞、分享、评论或转发得到了确认。

我蒙住眼睛，潜到游泳池底，大喊"马可！"，没出问题的话，熟人圈子里的人就会齐声回应我："波罗！波罗！波罗！"参与社交媒体时，分享新信息只是次要目的，主要目的是维持并加强共同纽带。危险在于在这个过程中，一度是全民参与的对话会变得四分五裂，难以恢复如初。人们开始接受有派系的认识论，真实与否，不在于事实和经验观察，而在于说话者的身份，以及他们传递的信息与所属社区世界观的一致程度。

算法只会让情况变得更糟。脸书、推特等社交媒体平台可以利用算法为你找到"相关的"帖子和内容，针对性地为你推送信息。设计这些算法，不是为了帮助你了解更多信息，而是让你在平台上保持活跃度。这样做的目的是为你提供有足够吸引力的内容，以防止你前往其他网站，或者是阻止你按时就寝（用心何其险恶！）。问题在于，这种算法会制造出一种恶性循环，让你听到更多他们认为你想听的声音，而阅读不同观点的机会却不断减少。这些算法的具体细节被隐藏起来，但是你的喜好、你平时阅读的内容，以及你的朋友、地理位置、政治派别，所有这些都会影响你接下来看到的内容。这些算法会猜测并大量提供与你的社会政治取向相一致的内容，同时压制其他不一致的观点。

在网络上，我们都是测试对象。商业网站不断进行大规模的实验，了解让我们保持在线、参与活动的秘密。在线媒体公司在标题、配图甚至是字体和"下一步"点击按钮的设计上推陈出新，尝试效果。与此同时，脸书等平台可以帮助广告商（包括政治广告商）根据特定消费者的兴趣，定向投送信息。这些信息甚至不一定能明确地归为广告一类。

想一想，优兔（YouTube）视频网站通过推荐不同的视频并观察用户如何做出选择，可以获取哪些信息。由于每天有数十亿个视频被观看，加上庞大的计算资源，它们在一天内学到的关于人类心理学的知识，比一个学术研究者一辈子的学习所得还要多。问题是，他们的计算机算法已经认识到，逐渐推荐越来越极端的内容是一个留住观看者的好办法。观看"左倾"视频的用户会被迅速引导到极左的阴谋论，喜欢"右倾"内容的用户很快就会被推荐白人至上主义者或大屠杀否认者提供的视频。我们就有过这样的亲身经历。当叶温和他 6 岁的儿子观看距地球 254 英里的国际空间站实时视频时，YouTube 视频网站在屏幕边栏里提供了大量声称地球实际上是平的的视频。

2011 年，科技企业家杰夫·哈默巴赫尔在谈到艾伦·金斯伯格时曾抱怨："我们这一代最聪明的人都在思考如何让人们点击广告。这太糟糕了。"问题不仅在于这些"最聪明的人"本可以献身于人类的艺术和科学进步，还在于所有这些学识达人都在致力于劫持我们宝贵的注意力，浪费我们的智力。互联网、社交媒体、智能手机……转移我们注意力的手段越来越复杂。我们沉迷于网络连接，沉迷于毫无意义的核实工作，沉迷于注意力被数字信息洪流冲击得支离破碎的生活之中。简言之，驱动社交媒体内容的算法就是胡扯。他们不关心自己传递的信息，只是想引起我们的注意。只要是能吸引我们注意力的信息，他们都愿意告诉我们。

错误信息和虚假信息

社交媒体促进了错误信息的传播。所谓错误信息，是指不真实但不是故意用来骗人的信息。在社交媒体平台上，报道的首个发布者会收获大部分流量。为了争当第一，发布者通常会在发布过程中省去事实核查环节。如果你停下来严格核查真实性，就无法抢在竞争对手的前面完成报道。谨慎是值得赞美的，但它无益于广告推销。

社交媒体也是虚假信息的沃土。所谓虚假信息，就是故意传播的不实消息。

2018年的一项研究发现，大约2.6%的美国新闻报道是不实报道。这个比例看起来可能不算大，但如果每个美国人每天都看一篇报道，那就意味着每天有近800万人读的是假新闻。

有时候，不实信息仅仅会令人产生厌恶情绪。一家讽刺性新闻网站声称，音乐家泰勒·斯威夫特正在和臭名昭著的反共参议员约瑟夫·麦卡锡约会——斯威夫特出生时，麦卡锡已经去世42年了。可想而知，一些粉丝没有意识到这篇报道的荒谬，还表达了他们的厌恶之情。但这条信息没有使企业遭到破坏，没有使生命受到威胁，就连斯威夫特的声誉也不太可能受到严重的影响。

但是，错误信息和虚假信息的影响可能严重得多。随着世界上越来越多的人上网，这个问题也越来越严重。例如，2010—2020年，近5亿印度公民首次用上了互联网。总的来说，网络连接的迅速扩展对即将上网的人和已经用上网络的人都有利。遗憾的是，新的互联网用户往往更容易受到影响。

应用程序WhatsApp除了具有基本的社交通信功能外，还为其全球15亿用户提供新闻。同时，它也是大量错误信息的来源。2018年年初，大量印度用户分享了一系列关于有组织团伙绑架儿童的假视频。害怕陌生人的恐惧心理随之蔓延并造成了灾难性的后果。前往泰米尔纳德邦的一座寺庙游玩的一家人停车问路，但当地人怀疑他们可能就是自己在WhatsApp视频中看到的那类绑架者。于是，人们蜂拥而上，将那家人从车里拖了出来。暴民剥光了他们的衣服，并用金属棍棒凶残地殴打他们。一人被打死，其他人被永久毁容。因为这篇不实报道的驱动作用，另有数十名无辜者遭到了暴民的袭击，不少人被殴打致死。

警方试图打击网上的错误信息，制止杀戮，但是谣言传得太快了。在一些地区，当局不得不彻底关闭互联网以减缓谣言传播。WhatsApp尝试了自己的干预措施，修改了一条信息可以被分享的次数。之前，一条消息可以被转发250次。他们把这个数字降到5，但暴民袭击事件仍在继续。

并不是只有新的互联网用户才会上当。2016年12月，一家名为AWD News的网站发布了一则令人恐惧的头条新闻："以色列国防部部长声称：如果巴基斯坦以任何借口向叙利亚派遣地面部队，我们都将发起核攻击并摧毁该国。"

这篇报道有几个破绽，细心的读者应该可以发现一些端倪。首先，标题中有语法错误（"send"本应是"sends"之误）。其次，报道搞错了以色列国防部部长的姓名[3]。另外，这篇文章旁边还有一些不太可信的新闻标题，比如"克林顿发动了针对特朗普的军事政变"。但是你最不希望上当受骗的那个人——巴基斯坦国防部部长赫瓦贾·穆罕默德·阿西夫还是中了招。作为回应，阿西夫在推特上发出了威胁："以色列国防部部长认为巴基斯坦在叙利亚参与了反伊斯兰国的行动，并威胁实施核报复……以色列忘记了巴基斯坦也是有核国家。"

一条假新闻就能让一个大国威胁要对另一个大国发动核攻击。与泰勒·斯威夫特的最新恋情误导那些极其容易上当受骗的人相比，将全球推向核战争显然严重得多。

此外，还有政治宣传。与空投传单或直接指向敌占区的高功率无线电传输相比，社交媒体是一种更有效的宣传媒介。社交媒体上的帖子不受大多数边界的限制，所有用户都可以分享。当社交媒体用户分享他们接收到的宣传信息时，其实就是在使用自己的社会资本支持他人发布的虚假信息。在街上看到政治传单或海报，我立刻会产生怀疑。但如果我亲爱的叔叔在脸书上转发给我一篇他"从朋友的朋友那里听到的"报道，我就会放松警惕。虚假信息通过可信赖联系人构成的网络流动，而不是从外部注入一个持怀疑态度的社会。

2017年，脸书承认在过去两年里，1.26亿美国用户（占美国成年人口的1/2、美国脸书用户总数的3/4）接触过俄罗斯在其网站上投放的宣传。这些账户发布了超过13万条旨在加深美国内部现有的意识形态分歧、在邻里之间播下不信任种子的信息。他们重点关注诸如种族关系、持枪权、边境安全、福利和堕胎等情绪敏感问题，并在所有问题上都两面讨好以吸引尽可能多的受众。这样做的目的是以最响亮、最极端的声音影响各政治阵营，同时淹没更合理、更有益的讨论。当政治派别之间的分歧足够深时，我们就会停止对话，对人和制度的信任就会被侵蚀，我们就会对自己做出集体决策的能力失去信心。最终，我们开始质疑民主进程。

虽然我们认为宣传是为了让人们相信具体的谎言，但很多现代宣传都有不同的目的。"水龙带策略"的目的是让受众迷失方向，对分清真相和谎言感到绝望。社交媒体使大量虚假信息很容易通过多个渠道高速传播，这是水龙带策略的一部分。此外，该策略还故意避免一致性。它的目的不是小心谨慎地传递前后连贯的单一内容，而是用大量相互矛盾的内容来迷惑读者。2016年，国际象棋大师加里·卡斯帕罗夫在推特上发帖总结了这种方式："现代宣传的目的不仅仅是误导或推动议程,还会耗尽你的批判性思维,消灭真理。"

与此同时,一些专制独裁的政府已经向社交媒体伸出了橄榄枝。他们最初害怕这种媒介,并倾向于审查它的使用。但最近,一些国家的政府发现,社交媒体为监控公众情绪、追踪异议和暗中操纵民意提供了一个理想平台。

不过,通常而言,假新闻不是一种宣传工具。虚假新闻和有极度偏向性的新闻大多是出于另一个原因炮制而成的——创造广告收入。任何人在任何地方都可以参与炮制的过程。在2016年美国大选的最后几天,巴拉克·奥巴马多次谈到马其顿的假新闻工厂。这些工厂的经营者(通常是青少年)在选举期间创建了至少140个受欢迎的假新闻网站。当一则消息像病毒一样传播开来,就会为网站所有者带来巨大的广告收入。其中一些人每月收入超过5 000美元,而马其顿人的平均月工资仅为371美元。撰写这些假新闻的青少年不在乎赢得选举的是特朗普还是克林顿,他们只关心点击数。在整个选举过程中被分享最多的假新闻宣称"教皇方济各支持唐纳德·特朗普当选总统,全世界为之震惊"。这篇报道是一些马其顿青少年在WT05新闻的赞助下炮制出来的,在脸书上收获了近100万的参与度。相比之下,《纽约时报》同期文章的最高参与度为37万。

这篇报道令教皇方济各感到不快,因此针对色情报道和假新闻发表了下面这些评论,其中针对前者他说得比较宽泛,针对后者说得比较具体。"我认为媒体必须做到清楚明了、公开坦诚,不要陷入粪便嗜好症的病态(并非有意冒犯),也就是说,不要总是想要报道丑闻、肮脏的事情,即使它们是真实的。"他说,"由于人们有染上病态的食粪癖的倾向,因此这类报道可能具有很强的破坏性。"

那些提供假新闻的人,请注意了,当教皇都说你吃屎的时候,说明你们需要重新评估自己的人生选择了。

新型造假者

自货币出现以来，各国政府不得不处理假币问题。公元前6世纪，地中海地区开始使用贵金属硬币。不久之后，造假者通过在贱金属上镀金或镀银的方法，开始制造假币。从此以后，造假币的行为就再也没有停止过。如果造假规模足够大，假币就会破坏公众对货币的信任，使货币贬值，并导致通货膨胀失控。假币的这个特点在战争中经常得到利用。略举几例：美国独立战争中的英国、美国内战中的北方联邦，以及第二次世界大战中的纳粹，都曾经使用过这个方法。

在互联网世界里，政府还要担心一种新的造假行为——伪造的不是钱，而是人。研究人员估计，互联网上约有1/2的流量不是由人类，而是由"机器人"——模拟人类的自动化计算机程序造成的。这个问题的严重程度令人吃惊。到2018年，脸书拥有超过20亿合法用户，但同年他们删除的虚假账户更多，数量接近30亿。一些机器人充当信息提供者的角色，不断发布信息，通常是为了做广告，但偶尔也会因为宣传目的而推出一些服务。还有一些机器人模仿信息消费者。"刷单军团"使用大量的手机来产生网页或YouTube视频浏览量，并收取费用。

代议制民主要发挥作用，选民必须能够与他们选出的官员分享自己的观点。伪造人的能力，会导致真实的声音被伪造的声音淹没的危险。2017年年中，FCC就一项废除"网络中立性"的提案征求公众意见。"网络中立性"要求互联网服务提供商同等对待它们传输的所有信息，无论其来源或内容如何。令人震惊的是，FCC收到的市民意见多达2 170万条——但其中有很大一部分似乎是伪造的。超过一半的意见来自一次性的电子邮件地址，或者来自发送了多条意见的地址。机器人活动的一个明显特征是同时传输大量消息。美国东部时间2017年7月19日下午2时57分15秒，50万条大同小异的意见在同一秒内被发送。一个机器人提交了100多万条反对网络中立性的不同意见。它们的基本结构彼此相同，只是利用Mad Libs（疯狂填词）方法为不同的单词插入了一些同义词。纽约州总检察长估计，有近1 000万条意见是用被盗的身份发送的，这些人根本不知道自己的名字被盗用了。最终，在FCC收到的2 100多万条意见中，绝大多数都支持废除网络中立性——尽管有理由相信公众舆论强烈地倾向于相反的意见。

最有影响力的虚假账户不是由机器人运行的，而是由伪装他人的真人运行的。詹娜·艾布拉姆斯是一名典型的美国女孩，也是一位网络名人。她经常评论流行文化，还向她的7万推特粉丝宣扬挑衅性的右翼观点。问题是，詹娜·艾布拉姆斯不是真人，而是莫斯科一家名为"互联网研究机构"的宣传机构的产物。尽管如此，她仍然卓有成效。她的推特被广泛转发，并被《纽约时报》《华盛顿邮报》等主要新闻媒体报道。她诱使《视相Variety》杂志上当受骗，发布了一则关于CNN播放色情内容的假新闻。事情暴露之后，她掉过头来嘲笑报道她的那些媒体："不要责怪媒体报道我的推特。只要你拉对了线，木偶就会按照你想要的方式跳舞。"

在社交媒体的世界里，我们都希望看到我们关注的人的照片。如果没有照片，互联网用户账户可以是任何人。在科技论坛上发帖的电脑安全专家可能是一个躲在他妈妈的地下室里的孩子。聊天室里一个14岁的女孩可能是便衣警察。你邮箱里的石油巨头的女继承人肯定是个骗子。但如果能看到对方的照片，我们就不会那么怀疑了。假账户有时会使用图库中的照片或者从互联网上找来的图片——不过，精明的用户可以很容易地通过谷歌的反向图片搜索工具找到这些图片。因此，在互联网上伪造人物身份一直以来都不是一件那么容易的事。

但是不久之前，情况发生了变化，这个问题再也难不倒人了。一种统称为对抗机器学习的新算法，可以凭空虚构，为不存在的人制作出一张逼真的面孔。合成的图像效果好得惊人。对于一项技术来说，这是一个危险的时期：它方便易得，使用时又几乎无人能够识破。为了增强公众的意识，我们开发了一个网站，叫作WhichFaceIsReal.com。我们将真人的真实照片与电脑为不存在的人生成的图像放到一起，让你猜哪个是哪个。有超过100万人在我们的网站上玩过这款游戏，从结果可以看出这些假照片的逼真程度。对于刚开始玩这款游戏的新手来说，他们的成绩不会好于碰运气。即使经过大量练习，上当受骗的概率仍然高达1/5。

类似的机器学习算法还能变成"语音工厂"，生成几乎无法辨别真伪的假音频和假视频。这些所谓的深度换脸视频，通过合成事先录制的音频，并以人物的表情和面部动作为模型，嫁接到目标人物的脸上，就能伪造出人物说话、做动作的样子，而且说话和动作的内容没有任何限制。

导演兼喜剧演员乔丹·皮尔制作了一则关于利用这项技术制造假新闻的公益广告。在这段视频中，皮尔拍摄的是巴拉克·奥巴马向美国人民做的关于假新闻、错误信息以及可信新闻来源必要性的演讲。但在视频进行到一半时，乔丹·皮尔的脸出现在奥巴马旁边，以完全同步的速度说着同样的话。很明显，奥巴马的面部动作和表情就是以皮尔的脸为模型衍生出来的。最后，奥巴马用自己的声音结束演讲，说出来的却是皮尔的话："在信息时代如何向前迈进，将决定我们是幸存下来，还是坠入万丈深渊。"

面对所有这些伪造技术，人们可能会对了解任何事物的真相失去信心。我们无须如此悲观。我们的社会已经适应了互联网带来的匿名性——在互联网上"没人知道你是一只狗"。我们适应了图片照样可以撒谎的Photoshop（图像处理软件）世界。如何应对呢？简言之，我们可以采用三角测定技术。我们不再相信单一的信息，单一的图像，单一的言论。我们寻找能够证实证据的独立证人。我们从多个有利角度寻找多个图像。社会将以类似的方式做出调整，以适应无处不在的深度换脸和各种各样的扭曲现实的技术。

　　保护自己免受网上错误信息和虚假信息的伤害，有三种基本方法。第一种方法是借助技术。科技公司或许可以利用机器学习来检测网上的错误信息和虚假信息。虽然这是一个研发热点领域，但我们对此并不乐观。多年来，科技公司一直在努力，但这个问题始终没有缓解的迹象。微软、脸书等公司最近开始向致力于这个问题的学术研究人员发布大型数据集，这表明科技公司知道他们需要帮助。从经济上讲，我们不清楚互联网公司的动机是否充分，毕竟过激内容在吸引受众和保持平台用户方面有很好的效果。从技术上讲，用于检测假新闻的人工智能技术同样可以用来绕过检测，从而导致一场假新闻生产与检测的军备竞赛，而检测技术获胜的可能性不大。

　　第二种方法是政府监管。一些国家已经通过了禁止制造或传播假新闻的法律，但我们对这种做法表示担心。原因有二。首先，它违反了保障言论自由的美国宪法第一修正案。其次，假新闻如何界定？由谁界定？如果某个领导人不喜欢某个新闻报道，他或她就有可能宣布它是假新闻，并对造假者提出刑事指控。这种情况在世界上的一些地方已经发生了。轻度监管或许有助于解决问题。长期以来，我们一直主张通过立法禁止有针对性的网络政治广告，并因为推特自我施加的禁令而受到鼓舞。我们希望看到用户可以控制他们社交媒体上的信息推送，而不是被迫依赖一种完全不透明的算法。美国联邦通信委员会提出公平原则的理由是民主需要这一原则。要让民主国家正常运转，就要让民众获悉可靠的信息。出于同样的原因，政府应该对社交媒体实施监管。

第三种也是最有效的方法是教育。如果我们能做好媒体素养和批判性思维的教育工作，错误信息和虚假信息的问题就可以从下至上地得到解决。这是这本书的重点，两位作者职业生涯的大部分时间也与之有关。

每一代人在回顾过去时都会怀念更简单、更诚实的那段时光，而我们这一代可能更有怀旧的理由。互联网给信息的创造、分类、发现、传播和消费带来翻天覆地的变化。虽然这对信息传播产生了去中心化的效果，但这是有代价的。胡扯在点击驱动的大规模网络化社交媒体世界中比在以前的任何社会环境中更容易传播。无论看到什么，我们都必须警惕，防止受到胡扯的影响。

第 3 章

胡扯的本质

西塔の問題

那么胡扯到底指什么呢？有时候，这个词就和小孩子口中的"不公平"一词意思相同：用于描述任何不喜欢的东西。表示这个意思时，这个词可以在裁判于本垒板位置上做出毫厘之间的正确判定，或者在停车收费码表超时两分钟后被开罚单时使用。此外，它也可以用来表示违背正义的现象，例如与腐败官员签署政府合同的过程，无法律依据的无罪释放，或者剥夺基本公民自由权的法律。

胡扯还包括我们用来缓和坏消息的影响，更广泛地说，让社交活动能够顺利进行下去的那些语言。"我喜欢你做的芜菁宽面。你一定要把做法告诉我。""这孩子多漂亮啊！""不是你的问题，是我的问题。""你的发型真棒！""你的来电对我们很重要。""我度过了一个愉快的夜晚。"这些通常都是胡扯，但它们并不是本书关心的那种胡扯。

不真诚的承诺和赤裸裸的谎言更接近我们的目标。"亲爱的，我今晚又要加班了。""我没有狼吞虎咽。""不是情况不允许的话，我肯定会给你一个更好的价格。""我已阅读并同意上述条款和条件。""听清楚了：没有新税。"不过，我们还是倾向于认为这些说法是彻头彻尾的谎言，而不是胡扯。

但是，谎言加上不厌其烦的细节，往往极具说服力，而这些细节与我们所说的"胡扯"十分接近。一位朋友看Youtube视频忘记了时间，晚了半个小时才出门，因此让你在当地的咖啡馆等了25分钟。"对不起，我来迟了，交通太糟糕了。你知道15号大街上的那座桥吧？一辆公共汽车从桥上下来，在进入双向四车道的路段时停了下来，某个白痴追了上去，堵住了另一条车道。我好不容易才开了过来……"第一句话是谎言，接下来的都是胡扯。

我们在前言中介绍过的哲学家哈里·法兰克福进一步完善了这个概念。他认为胡扯就是人们为了给你留下深刻印象或说服你而说的话，他们根本不关心这些话是否属实，是否正确。想想看，一名中学生在没有看书的情况下写的英语课评论短文，梦想成名的现代主义画家对他的艺术想象力的描述，或者在硅谷从事技术工作的伙计为了启动他最新的创业想法，宣称收到了TED演讲邀请。他们的初衷可能是想误导我们，但也不一定是这样。有时我们会陷入无话可说的困境。在这种情况下，我们制造的那些胡扯只不过是"为避免冷场而说的无关紧要的话"。

胡扯可能毫无意义。另一位研究胡扯问题的哲学家G. A. 科恩指出，很多胡扯——尤其是学术上的各种各样的胡扯——是毫无意义的，而且隐藏在修辞和复杂的语言中，甚至让任何人都无法评论。因此，对科恩来说，胡扯就是"无法厘清的含糊"。胡扯者不仅表达不清，其背后的思想也非常含糊，让人理不清头绪。科恩提出了一种测试含糊程度的方法：如果一个语句变成否定句后意思没有改变，它就是胡扯，例如："莎士比亚笔下的普洛斯彼罗最终成了认知悲剧的支点，正是因为他没有接受超限诠释学"。

这些胡扯的概念有一个共同点：说话人的目标是说服或打动听话人，而不是引导听话人了解真实情况。说话人可能会主动地混淆话题，也可能只是用胡言乱语掩盖他或她实际上对所谈话题一无所知的事实。有些作者将胡扯分为说服式胡扯和含糊式胡扯。前者的目的是让人感受到一种被夸大的能力或权威感，而后者则是避免直接回答说话人不愿回答的问题。

在交流的过程中，胡扯者与听话人并不是盟友。相反，说话人的目的是利用修辞天赋、纷纭多余的细节或统计上的骗人伎俩来操纵听话人。我们认为：

> 胡扯就是全然不顾事实、逻辑连贯性或实际传递的信息，而是利用语言、统计数字、数据图表和其他表现形式，通过分散注意力、震慑或恐吓等方法，达到说服或打动听话人的目的。

这一定义的关键要素在于，胡扯的目的根本不是表述事实，而是利用某种修辞手段来掩盖事实。西格蒙德·弗洛伊德在1884年写给他的未婚妻玛莎·贝尔奈斯的信中，以出乎人们想象的方式阐述了这一概念：

> 所以，我昨天做了演讲。尽管缺乏准备，我还是讲得很好，没有任何迟疑，我把这归功于我事先服用的可卡因。我讲述了我在大脑解剖方面的发现。这些内容非常复杂，听众肯定无法理解，但重要的是，他们会觉得我理解了。

科学社会学家布鲁诺·拉图尔没有专门论述胡扯的著作，但在我们开始思考人类胡扯的作用原理时对我们产生了深远的影响。拉图尔关注的是作者和读者之间的权威性动态变化。在拉图尔的世界观中，非小说类文学作者的一个主要目标是表现出权威性。实现这个目标的一个有效方法是保持正确性，但这既非必要条件，也非充分条件。不管正确与否，作者都可以采取许多策略，让自己的观点不被读者质疑——反过来，读者也会竭力避免上当受骗。例如，作者可以通过引用支持自己观点或为自己的观点奠定基础的其他作者的言论，来建立自己的同盟。这就是在暗示，如果你质疑我，就等于质疑我们所有人。作者还可以使用一些复杂的术语。术语有利于领域内的技术交流，但也会将那些没有进入该学科核心圈子的人排除在外。

胡扯与黑箱

拉图尔认为，科学论断通常是建立在类似于黑箱的输出之上的，读者很难甚至不可能深入了解这些黑箱。一般来说，它们要么使用非常昂贵的专门设备和技术，费时而且不易获取；要么被广泛接受，因此对它们提出质疑就像是一种科学异端。[1]如果我要写一篇论文，声称某些特定的基因变异与胡扯易感性有关，怀疑论者可能会找到理由，就我选择的取样人群、测量胡扯易感性的方法或者量化关联性的统计方法与我争辩。但是，从血液样本中提取DNA序列的生物技术通常被视为黑箱。理论上讲，持怀疑态度的人也可以对此提出质疑，但这就意味着他/她在质疑科学权威。更重要的是，质疑者需要能使用先进的设备，并掌握大量的分子遗传学方面的专业技术。

拉图尔并不是说理论科学的这些方面使科学研究变成了彻头彻尾的胡扯，我们也没有这样说。他只是说，科学不仅仅是对真理的冷静探索（这是我们将在第9章讨论的主题）。拉图尔黑箱理论的重要意义是对说话人的胡扯行为进行了非常贴切的类比。赤裸裸的谎言往往很容易被识破、驳斥，但效果不错的胡扯很难核实。胡扯就像拉图尔的黑箱一样，可以避免胡扯者的言论受到进一步的调查。

假设有一个朋友对你说:"你知道的,一般来说,爱猫的人比爱狗的人挣得多。"突兀地提出这个说法,很容易被人斥为胡扯。如果你指出朋友是在胡扯,她或许会笑着承认:"是的,那是我编的。"

但我们假设她锲而不舍,提出(或者说编造)大量细节来支持她的这句话。"我真的没有胡扯,真的是这样。我看过这个TED演讲。他们说,猫的主人看重独立性,而狗的主人看重忠诚度。重视独立的人更有可能具备NVT……不对……是NVS吧……记不清了,总之是某种品质,这种品质能让他们更好地在职场上晋升。"

这绝对是胡扯,它的作用就像拉图尔的黑箱。如果你想驳斥朋友的这番话,就需要进行大量工作。在这番话里,谎言和胡扯融为一体:我们认为,当说话人试图用各种修辞技巧掩盖谎言时,谎言就变成了胡扯。

现在,我们假设朋友告诉你这个说法是根据一项研究得出的结论。再假设你追踪了这项研究,并看到了如下内容:

根据对数转换后的收入数据协方差分析($F = 3.86$),我们认为爱猫的人与爱狗的人在收入上存在着有统计意义的差异。

如果没有统计学方面的专业背景,这就好像是一头栽进了一个不透明的黑箱。你可能不知道协方差分析是什么、F值意味着什么,也不知道对数转换是什么、为什么会用到它。即使你略有了解,你可能也记不全具体内容。尽管本书作者每天都会使用统计数据,遇到这些概念时也经常需要查阅资料。因此,你无法打开这个黑箱,无法了解分析的具体过程,也无法找出可能存在的问题。除非你是一名数据科学家,否则当你读到一篇使用最新ResNet(残差网络)算法揭示狗主人和猫主人面部特征存在差异的论文时,你就会遇到同样的问题

（即使你真的是一名数据科学家，可能也会有这类问题）。无论论文作者是否出于故意，这种黑箱都会保护论文的观点不受详细审查。

但是不必担心。本书的中心主题是，通常不需要打开分析的黑箱，就可以确定从中得出的结论是否是胡扯。就像图3-1所示，任何用于制造胡扯的黑箱都必须接收数据，然后输出结果。

图 3-1

胡扯之所以出现，常见的原因有两个，要么是因为输入黑箱的数据存在偏差，要么是因为得出的结果存在明显问题。黑箱的技术细节偶尔也会产生影响，但根据我们的经验，这种情况并不常见。这是值得庆幸的，因为寻找数据或结果中的错误需要掌握很多专业技术。现在，我们只需要在思考时保持头脑清醒，再勤加练习，看看哪些地方可能出错，就可以了。接下来，我们告诉你到底该如何做。

继续讨论猫和狗的例子。你或许不会深入研究统计分析的具体过程，而是关心样本是如何采集的。也许这项研究会从宠物饲养入手，将纽约市居民（薪酬较高，不便于养狗）的数据与纽约上州居民（薪酬较低，养狗的条件好得多）的数据结合起来考虑。也许爱养狗的人的薪酬被认为是美国平均水平，而爱猫人士的薪酬则是通过调查面向爱猫创业者的网站的访问者得到的。

如果分析的数据是有缺陷的，分析的具体技术细节就无关紧要了。即使在统计上没有使用任何欺骗性手段，从错误的数据也有可能得到荒谬的结果。胡扯式论证经常就是这样产生的，不论是有意还是无意。我们不需要打开黑箱，只要仔细考虑输入黑箱的数据和输出的结果，就可以发现这类胡扯。数据是否公正、合理，是否与研究的问题相关？结果是否通过了基本的真实性检查？是否支持得出的结论？

根据数据辨别胡扯是一项关键技能。几十年前，花哨的语言和多余的细节或许可以满足胡扯者的需要。今天，我们习惯于接受数量形式的信息，但一旦我们接受了信息，就不会轻易质疑它。定量证据通常似乎比定性证据更有分量，在很大程度上讲这是不恰当的——只需要适度的技巧，就可以构建似是而非的定量证据。尽管如此，我们还是愿意接受这样的证据。因此，数字成了胡扯者的撒手锏。

刑事机器学习

我们花一点儿时间，看看在不深入研究精妙算法具体作用原理的情况下，也就是说不打开那个黑箱，如何辨别胡扯。

2016年年底，工程研究人员武筱林（音）和张熙（音）向拥有大量用户的在线研究论文库arXiv提交了一篇题为《基于人脸的自动犯罪性推测》的文章。两位作者在文章中探讨了如何利用机器学习来检测与"犯罪性"有关的人脸特征。他们声称，他们的算法可以使用简单的头像照片，准确地区分犯罪人和非犯罪人。或许你会觉得这与菲利普·K.迪克在电影《少数派报告》中描述的犯罪预知警察以及其他一些反乌托邦科幻小说非常接近。的确，有这种感觉的大有人在。媒体也有同样的感觉。一些关注技术的媒体关注了这篇报道，并探讨了该算法的伦理意义。如果算法真的能从人脸结构中检测出犯罪性，我们就将面临巨大的道德难题。假如我们能在一个人实施犯罪之前就确定他是犯罪人，那么我们该如何调整有罪、无罪的概念呢？

外貌可以使犯罪人暴露的观点并不是一个新观点。19世纪，一位名叫龙勃罗梭的意大利医生研究了数百名罪犯的解剖结构，希望能发展出一种犯罪性科学理论。他提出，一个人是犯罪人还是正直的公民，这是天生的。他认定天生犯罪人会表现出不同的心理内驱力和生理特征。龙勃罗梭认为这些特征是在倾听我们的次人类进化史。他特别想知道能从面貌中了解到什么。在他看来，下巴的形状、前额的斜度、眼睛的大小和耳朵的结构都包含着关于一个人道德构成的重要线索。下图是龙勃罗梭于1876年出版的《犯罪人》(*Criminal Man*) 一书中的人物形象。

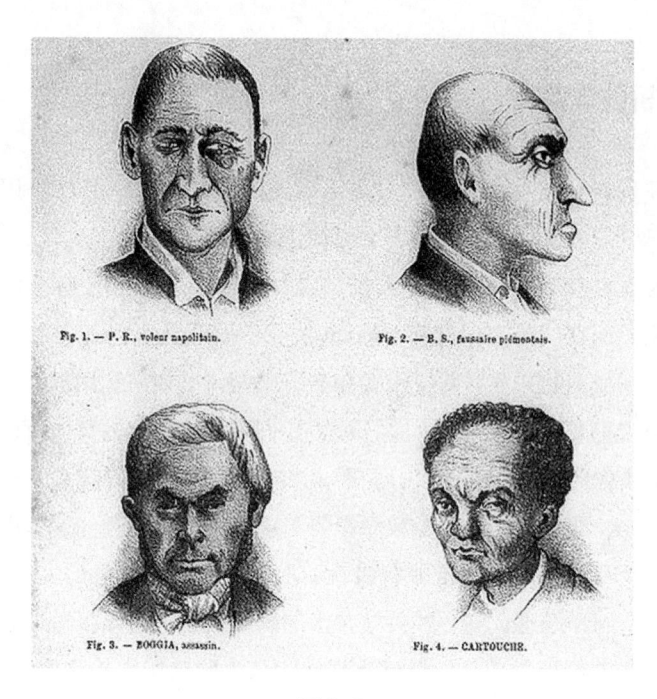

图3-2

龙勃罗梭的想法并不正确。他把解剖学和道德品质联系起来的所有理论都没有可靠的科学依据。20世纪上半叶，他的观点——其中有许多是当时流行的种族主义观点，不过披上了科学语言的外衣——被人们戳穿，随后就从犯罪学领域消失了。

但在这篇2016年arXiv论文中，武筱林和张熙重拾龙勃罗梭的牙慧。本质上，他们希望可以确定高级计算机视觉能否找出龙勃罗梭及其追随者可能错过的微妙线索和模式。为了验证这一假设，两位作者使用机器学习算法来确定哪些人脸特征与"犯罪性"有关。他们声称，仅凭一张简单的面部照片，他们的程序就能分辨出犯罪人和非犯罪人的面孔，准确率接近90%。此外，他们认为人类的判断会受到各种偏见的影响，而他们的计算机算法不存在这类问题：

> 与人类审查者（法官）不同，计算机视觉算法或分类器绝对没有主观的包袱，没有情感，没有任何由于过去的经历、种族、宗教、政治学说、性别、年龄等因素而产生的偏见，没有精神疲劳，没有糟糕的睡眠或饮食等预先条件。自动犯罪性推测彻底消除了元准确性（人类法官或审查者的能力）这一变量。

我们把这些放进黑箱模型，看看会怎么样。机器学习算法就是那个黑箱。大多数读者不具备深入研究这些算法的专业知识。即使是那些具备必要的教育背景的人，也会因为论文中的方法描述非常有限而无能为力。然后是"训练集"——用于教会算法如何区分犯罪人和非犯罪人面孔的图像。这些是被输入黑箱的数据。最后，算法预测出的与犯罪性有关的面部特征，是从黑箱里输出的结果。

第 3 章　胡扯的本质

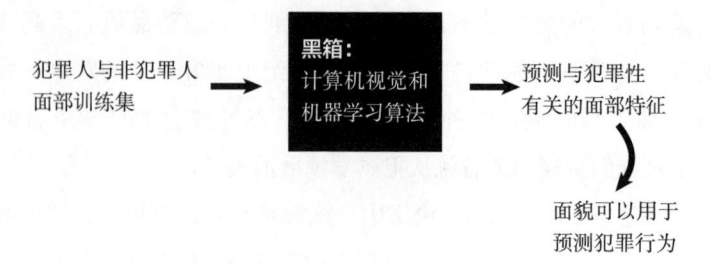

```
犯罪人与非犯罪人     黑箱：           预测与犯罪性
面部训练集      →   计算机视觉和  →   有关的面部特征
                    机器学习算法
                                         ↓
                                      面貌可以用于
                                      预测犯罪行为
```

图 3-3

为了理解这篇论文，我们必须看看训练集。机器学习算法是否优秀，取决于它所提供的训练数据。武筱林和张熙收集了1 800多张年龄在18—55岁的中国男性的照片，这些人的面部没有明显的毛发、疤痕或文身。其中1 100人是非犯罪人，他们的照片来自互联网上的各种资源，包括基于工作的社交网站和专业公司的员工列表。其中700多名实验对象是被定罪的犯罪人，他们的照片是由警方提供的，来自官方的身份证件，而不是脸部照片。

我们发现这里有两个大问题。第一个问题是，非犯罪人的图像是从积极正面的角度选取的。相比之下，犯罪人的照片是官方的身份证照片。虽然还不清楚这到底有什么影响，但可以肯定的是，这些图像既不是被描绘的人选择的，也不是为了给他一个正面的形象。谢天谢地，没有人根据我们驾照上的照片来判断我们的品格！

导致偏见的第二个问题是，两位作者使用的是已定罪犯罪人的照片。如果两组人的面部有差异，我们就不知道这些差异是与犯罪有关还是与被定罪有关。事实上，外表似乎会在定罪时产生某种影响。最近的一项研究表明，在美国，长相不好看的人比长相好看的人更容易在陪审团审判中被判有罪。因此，尽管作者声称他们的算法没有人类的偏见，但它识别的可能恰恰就是这些偏见。

从输入黑箱的数据中找到潜在问题之后，我们再来看看黑箱的输出。正如我们提到的，两位作者发现他们的算法可以在他们的数据集中以90%的准确率把犯罪人的面孔分到同一类中。它用来辨别的面部特征是什么呢？该算法发现，犯罪人内眼角之间的距离较短，鼻子和两个嘴角构成的夹角θ较小，上唇弯曲度ρ较高。

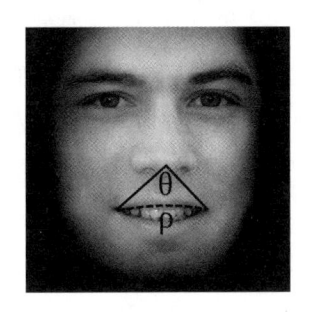

图3-4

为什么会这样呢？

关于鼻子——嘴角的夹角和嘴唇弯曲度，有一个非常明显的解释。当一个人微笑时，嘴角就会分开，上唇挺直。你自己照镜子试试。

看一看原始的研究论文，就会发现他们从训练集中列举了6个图像。犯罪人都愁眉苦脸，而非犯罪人都在微笑。现在，我们可以提出一个不同于作者的发现且更加可信的假设。犯罪人和非犯罪人在面部结构上没有什么重要的区别。但是，非犯罪人在他们的职场照片中面带微笑，而犯罪人在他们的政府证件照片中没有微笑。作者似乎混淆了先天面部特征和变化不定的面部表情。如果是这样，他们关于检测犯罪性的说法就是胡扯。他们发明的不是犯罪性探测器，而是微笑探测器。

我们可以从黑箱的输出中找到更多的证据。为了说明犯罪人和非犯罪人之间所谓的面部差异，两位作者将每一组的特征组合到一起

第3章 胡扯的本质　055

以合成图像。犯罪人合成图像皱着眉头，而非犯罪人合成图像则面带微笑。这证明我们的假设是正确的：机器学习算法识别的是与情景相关的面部表情（人是否在微笑），而不是底层的面部结构。

大家可能会认为，即使不用打开黑箱，要完成这些分析，也需要相当多的时间和精力。的确如此，但幸运的是，有的论断应该更容易触发我们的胡扯探测器，尤其是那些本身就非常特别、需要的证据也非常特别的论断。这篇论文的两位作者提出的观点很特别：面部结构可以显示犯罪倾向。现在我们知道，他们的发现可以用一个更合理的假设加以解释：人们在拍摄职场照片时比在拍摄政府证件照片时更有可能微笑。

注意，我们在没有打开黑箱的情况下有了上述发现。我们根本不需要看机器学习算法的具体内容，因为算法并没有问题。机器学习算法的好坏取决于它的训练数据，而这些训练数据从根本上来说是有问题的。通常，我们不需要掌握机器学习方面的专业技术，就可以辨别胡扯。非专业人士只要认真想一想通用的学习系统可以从相同的数据中得出什么结论，就能做到这一点。这篇论文中的算法并没有选取一些与犯罪性相关的底层物理结构。现在看来，我们还不必担心犯罪预知的道德雷区。

第 4 章

因果关系

如果我们能回到过去，给15岁的自己提一条建议，我们可能会说：感到不安全、笨、不自信、幼稚吗？那就做好伪装。其他人都是这么做的。表现出自信和自尊对塑造自己在他人心目中的形象大有帮助，尤其是在那个年纪。事实上，在社交场合伪装出自信是一种实现自我抱负的行为，我们基本不会认为这是胡扯。充满自信的孩子似乎都很快乐，都很受欢迎。他们的朋友最多，开始约会的时间更早，中学生活对他们来说似乎更容易些。我们其余的人羡慕他们，嫉妒他们，偶尔也会恨他们。

最近一项名为"从未接吻"的研究似乎证明了这种积极想法是多么有效。研究调查了700名大学生，找出了与大学前从未亲吻过恋人密切相关的性格特征。

有意思的是，研究报告假设人类对这种体验没有任何先验知识。报告告诉我们"接吻通常是一种具有积极价值的行为"。报告还说"身体亲密接触在浪漫关系中很重要，而接吻是这种亲密接触的一项常见内容"。最妙的是，报告还告诉我们接吻的"平均开始年龄约为15.5（岁）"——通常只有流行病学专家才会使用这样的句子。

那么,在大学生涯开始前是否接过吻,到底受哪些因素影响呢?强烈的自尊是大学前初吻的最有效预测因素之一。让人们在中学成为受欢迎的约会对象的,并不是漂亮的外表、很强的学习能力和良好的音乐品味,而是自信。

干得漂亮!但是,尽管这项研究发现自尊和接吻之间存在关联,但这种关联性的走向不是很明显。有可能是自尊导致接吻,但也有可能是接吻带来自尊。或者亲吻既不会导致自尊,也不是由自尊导致的。或许两者都是因为有一头漂亮的头发而导致的。

这个反对意见会让我们看到胡扯的一个无处不在的源头。人们喜欢收集两件事存在关联性的证据,然后告诉你一件事导致了另一件事。包皮环切术与孤独症有关,便秘与帕金森病有关,结婚率与自杀率有关。但这并不意味着包皮环切术会导致孤独症、便秘会导致帕金森病、婚姻会导致自杀。当两件事相关联时,人们就会推测两者存在因果关系,这是人类的天性。毕竟,通过进化,我们善于在这个世界上发现模式,以便趋吉避凶、获得食物、处理社会交往,等等。但我们在断定因果关系时往往过于仓促。在本章中,我们将向你展示如何严谨地思考关联性、相关性和因果关系,以及如何辨别将它们混为一谈的胡扯言论。

夜晚天空红艳艳,水手脸上笑容现

"早晨天空红彤彤,水手心头敲警钟;夜晚天空红艳艳,水手脸上笑容现。"这个顺口溜表达的是一个在两千多年前人们就已经知道的模式。如果你知道现在的天空是什么样子,就会知道后面将迎来什么天气。

在西雅图的冬天,多云通常意味着户外比较暖和,因为来自海洋的温暖、潮湿的空气正从地面扫过。当天空晴朗的时候,户外通常会比较冷，因为干燥的冷空气正从内陆沙漠吹过来。因此，我们只要看看窗外，而不需要走出家门，就知道是否需要戴手套和帽子。云量与总温度具有关联性。两个测量项，如果知道其中一个的状态，就能知道另一个的状态，那么我们说这两个测量项具有关联性。同样地，人的身高和体重有关联性。如果我告诉你我的朋友身高6英尺①4英寸②，你可以放心地猜测他比我的许多其他熟人都重。如果我告诉你另一个朋友身高5英尺1英寸，你可能会猜她的体重比一般人轻。

在通俗语言中，我们有时把关联性称作相关性。有人可能会说："我听说性格和星座有关。白羊座勇敢，而金牛座喜欢安全感。"（这可能是胡扯，不过没关系。）但是，科学家和统计学家说的相关性，通常指的是线性相关性。[1]线性相关性是科学家思考世界的一个重要方法，因此我们想花一点儿时间来解释其中的原理。

理解线性相关性最简单的方法是想象一个散点图，用来表示两种测量值，比如橄榄球运动员的身高和体重。我们将每种测量值称为一个变量。不严格地说，如果我们可以画一条斜线，使其接近大多数的点，这两个变量就是线性相关的。

在图4–1的散点图中，每个点对应2018年明尼苏达维京人橄榄球队的一名球员。点的水平位置表示该球员的身高，垂直位置表示体重。对于维京人队来说，球员的身高和体重是线性相关的。这些点大致沿着叠加其上的趋势线排列。当然，运动员的身高和重量并不是正好位于这条直线上。例如，就身高而言，四分卫和踢球手往往比你想象的要轻，而跑卫和前锋则往往要重一些。

---

① 1英尺＝30.48厘米。——编者注
② 1英寸≈2.54厘米。——编者注

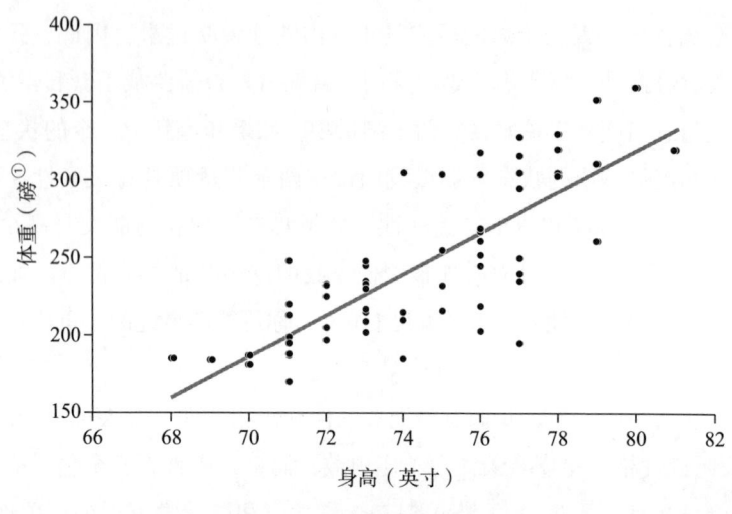

图 4-1 2018 年明尼苏达维京人队

表示线性相关性强度的量叫作相关系数,它是介于 1 和 –1 之间的一个数字。相关系数为 1 意味着这两个测量值在散点图上形成一条完美的直线,当一个值增加时,另一个值也会增加。例如,以米为单位的距离和以千米为单位的距离的相关系数为 1,因为前者正好是后者的 1 000 倍。相关性为 –1 意味着两个测量值在散点图上形成另一种完美的直线,当一个值增大时,另一个值减小。例如,曲棍球比赛已经进行的时间和剩余的时间加起来是 60 分钟。当一个值增加时,另一个值就会减少相同的量。这两个量的相关系数是 –1。

相关系数为 0 意味着通过这些点的最佳拟合线不会告诉你任何信息。[2] 换句话说,一个测量项无法告诉你另一个测量项的任何信息。[3] 例如,心理学家有时会使用艾森克人格量表问卷,对人格的几个方面(如冲动性、社交性和神经质)进行归总。就个体而言,冲动性和神

---

① 1 磅 ≈ 0.45 千克。——编者注

经质基本上是不相关的，相关系数为-0.07。换句话说，了解一个人的冲动性，对了解他的神经质即使有所帮助，作用也不是很大，反之亦然。下面这幅图表示一些人的神经质和冲动性分值。颜色较深的点表示多个个体拥有相同的分值。

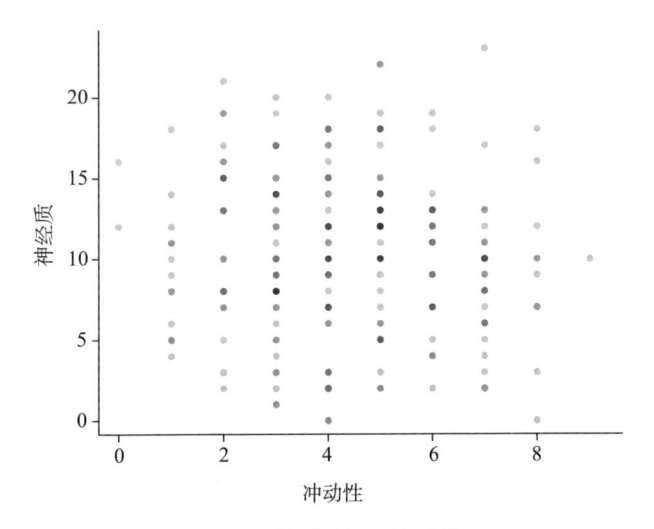

图 4-2　神经质和冲动性分值

大多数相关系数都在 0 和 1 之间，或者小于 0 但大于 -1。在任何一种情况下，知道一个值，都会对预测另一个值有所帮助，但不会直接告诉我们那个值到底是多少。

继续以体育为例。知道一支运动队的花费，就有助于推测他们可能的输赢记录。众所周知，纽约洋基队和巴塞罗那队在各自的联赛中始终保持竞争力，巨额的薪金总和是其中一个原因。

更令人惊讶的是，这种模式甚至也存在于美国的大学体育项目中，尽管参加这些项目的运动员据说是不拿薪水的。看一下大学橄榄球项目预算的排名和成绩排名，就会发现两者之间有着很明显的联系。下文中列出了2006—2015年大学橄榄球项目的排名。预算排名与成绩排名之间的相关系数为0.78。亚拉巴马大学和密歇根大学的橄榄球项目较强，排名很高，他们投入的资金也非常多。当然，这种相关性并不是那么绝对，博伊西州立大学就是一个特例。他们的预算较少，但是胜绩超过预期。我们并不清楚这种因果关系的走向。到底是资金能带来成功，还是成功能从电视、版权和捐赠中带来更多的收入呢？很有可能是双向的。

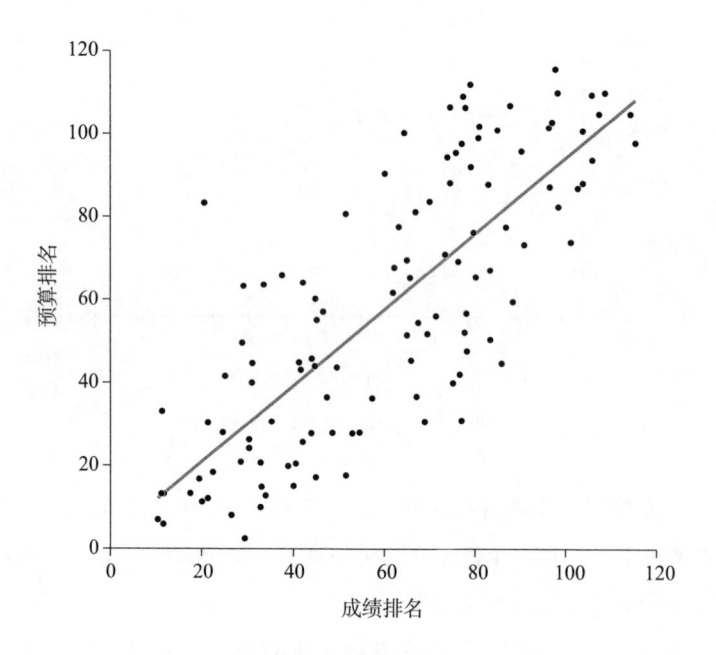

图 4-3 大学橄榄球项目排名（2006—2015）

关于因果关系的思考

如果问一个哲学家因果关系是什么，就等于是在找麻烦。通过完美地撞击母球将8号球击入角袋时，为什么我们说是母球让8号球穿过球桌、掉进球袋的呢？这里有一个小秘密：尽管我们对日常生活中因果关系的含义有所了解，尽管在物理学和形而上学等领域里已经进行了无休止的争论，但在因果关系到底是什么这个问题上，却没有形成统一的意见。幸运的是，不了解含义并不妨碍我们使用因果关系这个概念。在实践中，我们通常出于工具目的对因果关系感兴趣。我们想知道如何引发某些事情。我们想知道过去为什么会出错，以便在将来把它改正过来。

但是，我们很难直接弄清楚一个行为将会产生什么影响。在很大一部分时间里，我们只能依赖一些有关相关性的信息。科学家有许多方法来测量相关性，并从这些相关性中推断出因果关系。但这并非易事，有时还会引发争议，而且在使用这些测量方法时，人们并不总是像所要求的那样小心谨慎。此外，看一看医学、政策或其他领域的最新研究，就会发现这些微妙之处往往被遗漏了。相关性并不意味着因果关系，这是不言而喻的。不要看到数据显示相关性，就草率地认为存在因果关系。[4]

这种错误很难避免，因为报道中经常会使用数据传递信息。报道告诉我们原因和结果之间存在某种明显的联系，让我们上当受骗。遗憾的是，最常见的一种数据滥用，尤其是在大众媒体中，是仅仅基于相关性就认为存在因果关系。按照我们之前的定义，这是典型的胡扯，因为通常负责这类报道的记者和编辑并不关心你最后会相信什么。当他们告诉你喝葡萄酒可以预防心脏病时，他们并不是想让你酗酒或者远离那些促进心脏健康的行为。往好了说，他们只是想完成一篇优秀的报道；往差了说，他们是想让你买一本杂志或点击一个链接。

最近，一组研究人员为了调查新闻报道和社交媒体上这种歪曲事实的现象有多么常见，选择了经常在推特和脸书上分享的关于饮食、污染、锻炼和医疗等因素与健康或疾病之间相关性的50项研究。因为在医学研究中很难证明因果关系，所以这50项研究中只有15项很好地证明了因果关系，其中只有两项达到了最高标准。其余的研究只是找出了相关性。这也没什么，找到相关性后也可以提出一些重要的假设。问题出在对这些结果的描述上。在医学期刊上发表的研究中，缺乏足够证据的情况下直接在论文中提出存在因果关系的占1/3。大众媒体上的情况更糟。在关于这些研究的新闻报道中，有近1/2对其因果关系做出了毫无根据的断言。当你阅读那些报道，看到他们声称那些医学试验或其他研究能证明因果关系时，你不能指望报道中的叙述是正确的。你得掌握看穿那些胡扯的能力。

我们回到本章开始的那个关于从未接吻的研究。这项研究发现，自尊和接吻之间有着密切的关联性。我们用下图表示这一关联性：

图 4-4

虚线表示这种关联性。如果我们愿意接受自信行为会带来社交和浪漫爱情的说法，这种关联性就是因果关系，自尊将导致被亲吻。我们可以用从原因指向结果的箭头代替虚线，表示因果关系：

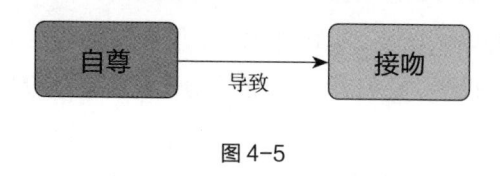

图 4-5

这种因果箭头不一定代表绝对的确定性。自尊并不一定能确保你被亲吻。我们只是说，自尊心越强，就越有可能接吻。虽然过多的自尊可能会导致一些人走上前去亲吻陌生人，但对我们的品位来说，这种自尊有点儿过头了。我们可以改进上图，加入一个中间环节，例如：

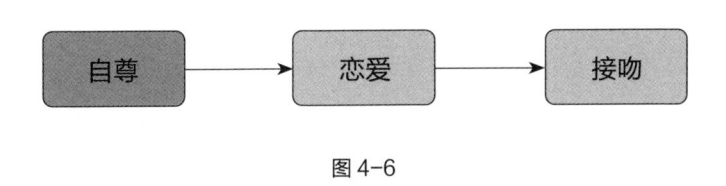

自尊 → 恋爱 → 接吻

图 4-6

或者，你可能会认为接吻是原因，而不是结果。也许第一次接吻的奇妙感受会对一个人的自尊产生神奇影响。本书作者的自尊就受到过这种影响。在这种情况下，因果关系的方向就会颠倒过来。我们只需要把因果箭头掉转方向就可以了。

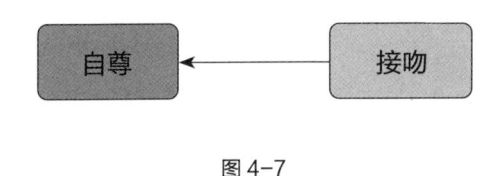

自尊 ← 接吻

图 4-7

当然，实际情况可能要复杂一些。也许对于青少年来说，接吻本身并不能导致自尊——而仅仅是恋爱而已。况且（正如这项研究煞费苦心地指出的那样），开始一段浪漫的爱情是接吻的强烈预兆。所以我们可以用下图表示这种因果关系：

第 4 章　因果关系　067

图 4-8

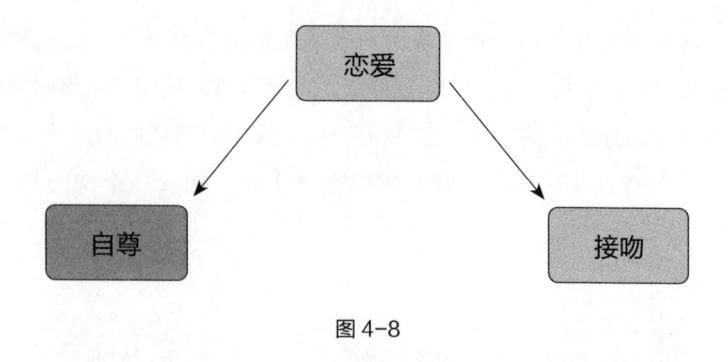

因果关系甚至可以向多个方向流动，形成一个反馈回路。拥有自尊会增加青少年谈恋爱的可能性，而恋爱又会反过来增强他们的自尊。如下图所示，我们在左半部分用双箭头构成的反馈回路表示这种因果关系：

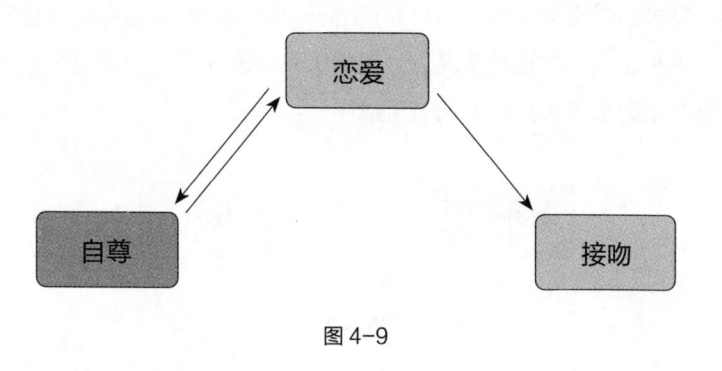

图 4-9

现在，我们已经理解了相关性和关联性，也知道了如何用图表示它们，接下来我们看看相关性是如何错误地暗示因果关系的。

相关性不会增加报纸销量

2018年夏天，房地产网站Zillow报道了房价变化和生育率变化之间的负相关性。2010—2016年，房价涨幅最大的城市中25—29岁女性的生育率降幅更大，从下图可以看出这种趋势。

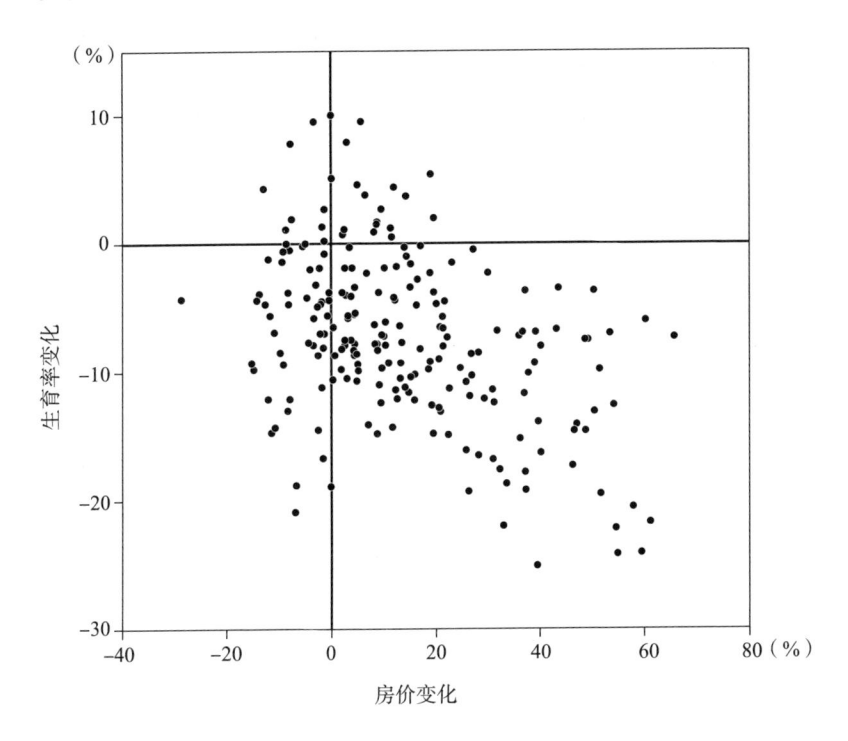

图 4-10　房价变化与生育率变化的负相关性

这种现象很容易诱使人得出一个惊人的结论：生孩子的成本非常昂贵。据估计，把孩子抚养至18岁的经济成本相当于买一套房子的平均成本。许多人说他们会等到攒够钱再成家。结婚后，人们或许会被迫在买房子和生孩子之间做出选择。但这只是许多可能的解释之一。Zillow网站的报告清楚地说明了这一点，并讨论了其他一些可能性：

再次警告，这里观察到的相关性绝不能证明房价增长导致生育率下降。另一种可能的解释是,一些县集中出现了一个特殊的人群——他们的工资收入足以买得起昂贵的房子,但因职业关系,他们在30岁之前生孩子的困难极大。这种现象可以导致上图观察到的那两种趋势。此外,还有很多混淆因素可以解释这种关系,比如各县的文化价值观或子女抚养费用可能不同,而且与房价存在某种相关性。

到目前为止,没有胡扯。这是报告研究结果的正确方式。Zillow的报告描述了一种相关性,然后针对这种相关性提出了关于原因的假设,但他们并没有草率地做出存在某种因果关系的无根据的结论。鉴于这项研究仅针对25—29岁的女性,我们可能会猜测,那些因为自己的个性特点而有可能推迟成家的女性,也更有可能搬到房价较高的城市。毕竟,对于25—29岁这个阶段的人口来说,生育的频率会因为社会经济阶层和地理区域的不同而产生大幅变化。如果只看这个年龄段的母亲,就无法判断女性是在减少生育数量,还是在推迟生育。

遗憾的是,大众媒体经常不做这样的区分。在Zillow网站的报告发布后不久,Market Watch新闻网站发表了一篇关于Zillow网站调查结果的报道。报道的第一句就指出了一种因果关系:"忘记婴儿潮吧,不断上涨的房价似乎导致许多计划添丁加口的准父母犹豫不决。"甚至连标题都暗示了因果关系:"高房价的另一个负面效果:生育减少。"虽然这个标题没有使用"导致"这个词,但它使用了"效果"这个词——另一种暗示因果关系的方式。相关性并不意味着因果关系,但仅仅是相关性,显然也不能增加报纸销量。

如果我们的证据显示相关性而不是因果关系,我们就不应该给出权威性的论断。美国国家公共电台(NPR)的记者斯科特·霍斯利在推特上宣布:"《华盛顿邮报》的民调显示,NPR的听众是最不可能听信政客虚假言论的人。"很好。但这项调查只显示了相关性，而不是因果关系。不过霍斯利的推特还建议："我们不要听那些废话了，听听NPR吧。"这种逻辑上的问题很容易被发现。听NPR确实有可能让人们不相信胡扯。果真如此的话，霍斯利的建议就值得一听。但人们也有可能是出于对胡扯的怀疑才倾向于听NPR的。在这种情况下，收听NPR将不会产生霍斯利假设的那种保护效果。很快，就有NPR的听众指出霍斯利的错误言论是胡扯——但这加强了相关性的证据，仍然不能证明因果关系。

NPR的例子仅仅是荒谬可笑，但是当人们根据医学新闻中的相关数据做权威性论断时，后果就严重得多。2016年发表在著名的《美国医学会杂志》上的一篇研究报告称，不经常锻炼的人患13种不同癌症的比例更高。这项研究没有告诉我们任何因果关系。也许锻炼可以降低癌症发病率，或者不锻炼的人可能有导致癌症风险增加的其他特征。尽管研究人员对吸烟、肥胖等明显特征进行了控制，但这并不意味着剩下的那些差异是导致癌症发病率高的原因。媒体忽略了这一微妙之处，并暗示两者之间存在因果关系。《时代》杂志在其关于这项研究的新闻标题中宣称："锻炼可以将某些癌症的风险降低20%。"《洛杉矶时报》宣称："研究表明，锻炼可以降低13种癌症的风险。"《美国新闻与世界报道》宣称："大量研究发现，运动可以降低患癌症的风险。"

人们真正希望读到的不仅仅是事实——他们希望知道该怎么做，在观看与健康有关的新闻时更是如此。从宣称运动能降低患癌症的风险，到提出"每天锻炼30分钟以预防癌症"这样的建议，这只是一小步。我们在大众媒体上读到的很多权威性推荐意见，依据都是关联性，没有证据证明存在因果关系。

科学文章本身也会犯这个错误。在预防肥胖方面，营养学家一直在争论全脂牛奶和低脂牛奶孰优孰劣，而且通常都支持低脂牛奶。

然而，最近对旧金山儿童的一项研究显示，摄入更多牛奶脂肪的儿童严重肥胖的可能性更低。该研究的作者发出警告，称这是一种相关性，而不是因果关系。

这个警告是正确的，但文章的标题另有暗示："全脂牛奶的摄入使美国拉美裔儿童避免了严重肥胖。"这是表示因果关系的语言。相关性的证据被错误地描述为因果关系的证据。更糟糕的是，作者提出了一个权威性建议："这些结果对提倡饮用低脂牛奶的建议提出了质疑。"打住！没有证据表明摄入牛奶脂肪可以减肥，也没有理由质疑之前研究给出的关于喝牛奶的建议。每当你看到权威性建议时，就应该想一想是否有因果证据来支持它。

我们继续讨论。如果有人说吸烟不会导致癌症，而是癌症导致吸烟呢？似乎很荒唐，但这正是史上最伟大的统计学家之一罗纳德·费希尔试图证明的论断。费希尔指出，肺部的慢性炎症与癌症或癌前的状态存在关联性。他推测，也许这种炎症会造成一种不适，而吸烟的行为可以缓解这种不适。如果是这样，处于癌症发展过程中的人可能会把吸烟作为一种缓解症状的方式。那些没有患癌症的人就不太可能染上这种习惯。那么，说癌症导致吸烟是不是有些言过其实了呢？当然，事实证明费希尔的想法不正确，但他一直很重视对因果关系的推断提出质疑——同时也可能是为他喜爱吸烟斗这个习惯进行辩护。费希尔关于癌症和吸烟的建议从未得到太多关注，但烟草业找到了其他方法来加深人们对吸烟导致疾病的怀疑。他们的努力使禁烟立法推迟了几十年。

还有一些关于因果关系的错误假设，在有关毒品和公共卫生的辩论中产生了严重影响。20世纪80年代，美国大学管理层和政策制定者对大学校园中普遍存在的酗酒现象感到担忧。心理学家、流行病学家、公共卫生专家等都在寻找阻止酗酒泛滥的方法。

为什么不呢？在有些地方，实地调查的难度更大。1986年，心理学家斯科特·盖勒和同事发表了一篇很有影响力的论文：《对大学生饮用啤酒的自然观察》。什么是"自然观察"？这是指在实验对象（本次研究的实验对象是那些大学生）的自然栖息地（酒吧）对他们进行观察。论文方法部分的一些细节让我们啼笑皆非："观察者坐在桌子旁，表现得像普通顾客，以尽可能不引人注意。"这是指观察者自己也在喝啤酒吗？毕竟，他们必须多加努力，才不会显得格格不入。

研究人员观察了每名学生喝的啤酒的数量，并记录每种啤酒是按杯、按瓶还是按扎购买的。他们观察到盛啤酒的容器和啤酒的消费量之间有很强的相关性。

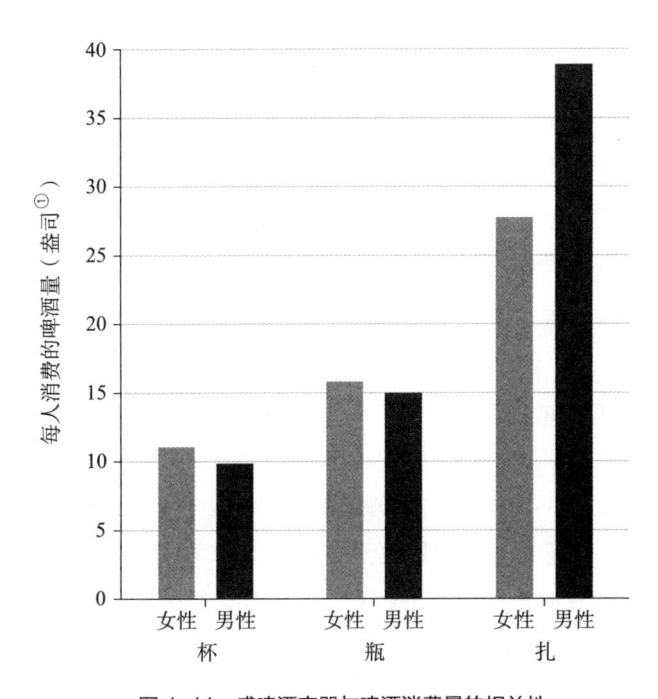

图 4-11　盛啤酒容器与啤酒消费量的相关性

---

① 1盎司 ≈ 0.03升。——编者注

第 4 章　因果关系　　073

买扎啤的学生喝的啤酒数量大约是买杯装和瓶装啤酒的学生的2~4倍。最初的研究很谨慎，没有宣称有因果关系。[5]但是，随着研究报告在大众媒体中传开，并进入大学校园中关于酗酒的更广泛的讨论中，这一论断也随之发生了变化。"如果喝扎啤，就会喝得更多"被理解为"人们喝得更多是因为他们喝的是扎啤"。于是，人们开始提出一些权威性的建议："我们应该禁售扎啤，这样学生们就会少喝酒。"

也许你已经看到了这个推断的问题。学生们并不一定会因为点了一扎啤酒就喝得更多。他们点扎啤可能是因为他们打算喝更多的啤酒。本书的两名作者去酒吧喝啤酒时，如果每人想喝一杯，那就各点一杯。如果每人想喝两杯，就点一扎，然后分着喝。我们是那种会把自己的意图贯彻到底的人：想多喝一点儿，通常就会多喝一点儿。

盖勒的研究并不一定是说喝扎啤的人喝得更多。相反，他可能发现那些想多喝一点儿的人点的啤酒就多，想少喝一点儿的人点的啤酒就少。遗憾的是，新闻标题这样写不会引起人们多大的兴趣，所以我们可以理解为什么报纸会想办法歪曲事实。

我们刚才讨论的两个案例是比较明确的，至少事后看不难理解。吸烟会导致癌症；想多喝点儿啤酒与点更多啤酒，以及喝更多啤酒之间存在关联性。但在许多情况下，我们不知道因果关系的走向。研究发现，睡眠质量差和导致阿尔茨海默病的β-淀粉样蛋白斑块的增加之间存在关联性。有人提出一个假设：睡眠为大脑提供了停工休息的时间，使大脑可以清理这些斑块。如果假设成立，那么睡眠不足可能是阿尔茨海默病的一个原因。但从现有数据来看，也有可能是相反的因果关系，β-淀粉样蛋白斑块的增加可能会干扰睡眠。在这种情况下，可能是阿尔茨海默病（或发病前的状态）导致睡眠质量差。到目前为止，我们还无法确定。

暗示存在因果关系的方法有很多。有的比较明显，例如"吸烟致癌""红酒可以预防心脏病"。有的会给出权威性的建议:"为了避免患癌,每周锻炼三次。"但有的就不那么明显了。我们甚至可以用细微的语法变化暗示因果关系。例如,我们可以用一个简单的事实陈述来表达相关性:"如果她是(is)加拿大人,那么她更有可能(is more likely)会说两种语言。"我们用表示与事实相反的虚拟语气来暗示因果关系:"如果她是(were)加拿大人(事实上她不是加拿大人),那么她更有可能(would be more likely)会说两种语言。"前一种说法只是暗示存在关联性,后一种说法则暗示加拿大人的身份是会说两种语言的原因。前一种说法暗示这个人是从一个较大的群体中随机选择的,然后我们对他们的属性进行比较:"(我们选择的这个人)是否加拿大人……"第二种说法则暗示我们选择一个人,然后改变这个人的某些特性:"如果(选择的这个人)(变成了)加拿大人……"

这确实很微妙,但虚拟语气暗示因果关系的方式真的不引人注目。"最低工资较高的地方,贫困人口较少"与"如果提高最低工资,贫困人口就会减少"不是同一种说法。第一种说法表现的是所有城市的总体趋势:最低工资较高的城市,贫困率较低。第二种说法则暗示了减少特定城市贫困人口的可能方法。

数据图也能以微妙的方式暗示因果关系。回想一下表示房价变化与生育率变化的散点图。在许多此类图形中,用横轴表示的变量是导致(或至少是影响)纵轴表示的变量发生变化的原因。在Zillow网站的曲线图中,横轴表示的是房价,纵轴表示的是生育率。整个图形没有任何表示因果关系的语言,但它以微妙的方式暗示房价决定生育率。像这样的数据图可以诱使读者想当然地认为存在因果关系。我们在看到散点图和相关的数据可视化形式时,应该问问自己(或许也应该问问创建数据图的人):这幅图的结构是否暗示了一种并不存在的因果关系?

延迟享乐与共同原因

发现延迟享乐对成功人生的重要意义,是社会心理学取得的一大成就。延迟享乐理论的核心是一个被称为棉花糖测试的实验。让4岁的孩子从奖励一个棉花糖和奖励两个棉花糖这两种奖励方式中做出选择。实验者告诉他,他可以随时接受一个棉花糖的奖励,但如果他能等一会儿,就可以得到两个棉花糖。然后,实验者离开房间,开始计时,直到孩子说去他的吧,然后拿走一个棉花糖。(经过15分钟漫长的等待,仍未放弃的孩子就会被奖励两个棉花糖。但说真的,你还记得对于这个年龄的孩子来说,15分钟有多长吗?)

多项研究表明,在4岁时等待时间更久的孩子,中学的SAT成绩会更高,他们的父母也认为他们适应青春期的能力更强。原研究的作者谨慎地解释说,他们的结果证明了相关性:延迟享乐预示着日后的学业成功和情绪健康。他们没有证明因果关系:延迟享乐的能力不一定会导致日后的成功和幸福。[6]但是,当这些结果通过大众媒体广泛流传后,相关性和因果关系之间的界限变得模糊了。棉花糖试验和其他相关研究的结果被说成可以证明延迟享乐能力将在以后的生活中带来成功的证据。

人们经常以这些关于因果关系的假设为依据,提出一些权威性的建议:一定要学会延迟享乐,以改善你的未来。作为对棉花糖实验的回应,流行心理学和流行商业市场开始推广培训方法。生活骇客网站告诫我们要"培养延迟享乐的技能"。《快公司》在一张棉花糖照片下方的文字说明中写道:"如果你能把延迟享乐变成一种习惯,也许就能把自己的表现从平庸提升到一流。"在一篇题为《一项持续40年的斯坦福研究揭示了儿童在未来人生取得成功所必备的一种素质》的文章中,《快公司》杂志就如何在儿童身上培养这种能力做出了如下解释:

换句话说，只要孩子完成一项工作，就承诺有小奖励，并在后期履行这个诺言，通过这个方法，主动地在孩子年轻的大脑里建立起延迟享乐的机制。如果你能坚持这样做，他们的大脑就会自动倾向于先认真工作。这是经典的条件反射理论在起作用。

但问题是，这些建议是没有根据的，因为我们实际上没有确凿的证据可以证明延迟享乐的能力会导致随后的成功。后来，一个研究小组试图在更大的样本上重做棉花糖实验。他们增加了控制变量，最后发现他们只能再现原实验的部分结果。此外，父母的社会经济地位这个因素似乎是儿童延迟享乐能力和青春期成功的共同原因。[7]富裕家庭的孩子更有可能等待第二块棉花糖。为什么呢？也许他们总体稳定感更强，对成年人信任程度更高，回想起在之前的生活中等待都得到了好处，而且他们有点儿无所谓——棉花糖可能对这些孩子来说并不是特别的礼物。父母的财富也是青春期学业成就的主要决定因素。因此，延迟享乐能力和学业成就都是父母财富造成的结果。这两种结果之间没有因果关系。在这种情况下，父母的财富是耐心和成功的共同原因，我们可以用下图表示：

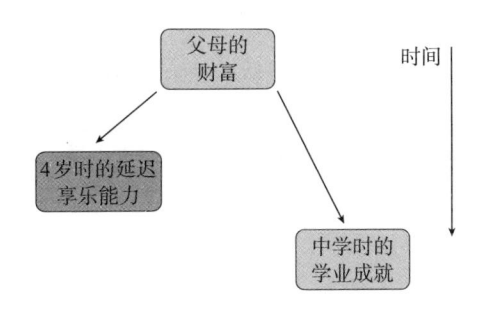

图 4-12

这个因果图的特点是用一个箭头指示时间的方向。从时间上看，孩子在4岁时（能否）延迟享乐，比青春期（能否）取得学业上的成功要早得多。因果关系只能沿时间由前向后流动。如果A发生在B之前，那么我们知道B不会是A的原因。这很重要。在本例中，我们可以立即排除中学学业成就导致4岁时延迟享乐能力的可能性。

但是，如果按时间顺序看事件时不加小心，就有可能会受到误导。仅仅因为A发生在B之前并不意味着A导致B，即使A和B有关联性也是如此。这个错误很常见，而且长期存在，以至于它有一个拉丁名字：post hoc ergo propter hoc（后此谬误），原意是"在此之后，因此之故"。

犯这样的错误是人之常情。我们非常善于发现模式，这种能力有助于我们从一种经验归纳到另一种经验。例如，我们可能知道会飞的黑色昆虫不蜇人，而会飞的黄黑两色昆虫会蜇人。我们现在的观察结果有助于我们预测未来的事件。例如，我们可能会注意到，每当下大雨时，第二天河水就会涨得更高，过河时要格外小心。我们经常运用经验法则，比如"如果两个事件具有关联性，那么先发生的事件会导致第二个事件发生"。干旱和野火具有关联性。干旱首先发生，是野火产生的原因。但这种寻找模式的能力也会误导我们。如果迁徙的大雁在每年的9月初到达，而银鲑在这个月的晚些时候开始洄游，我们可能会认为是大雁让银鲑逆流而上的。当然，银鲑根本不关心那些大雁。这是后此谬误的又一个例子。

伪相关性

在截至目前讨论的几个例子里，都有两个事件或两个测量值之间存在有意义的相关性，但人们做出了错误的因果关系推断。点扎啤和喝更多啤酒具有关联性，如果认为点扎啤是导致人们喝更多啤酒的原因，那就错了。有的关联性根本不值一提。它们的存在具有偶然性，在世界如何运行这个方面不会给我们任何有意义的提示，而且在用新数据测试时也不太可能重现。作家泰勒·维根收集了一些令人捧腹的例子，你可以登录他的网站，自行找出其中的伪相关性。例如，你知道美国小姐的年龄与被水蒸气、热蒸气等高温物体谋杀的人数密切相关吗？[8]

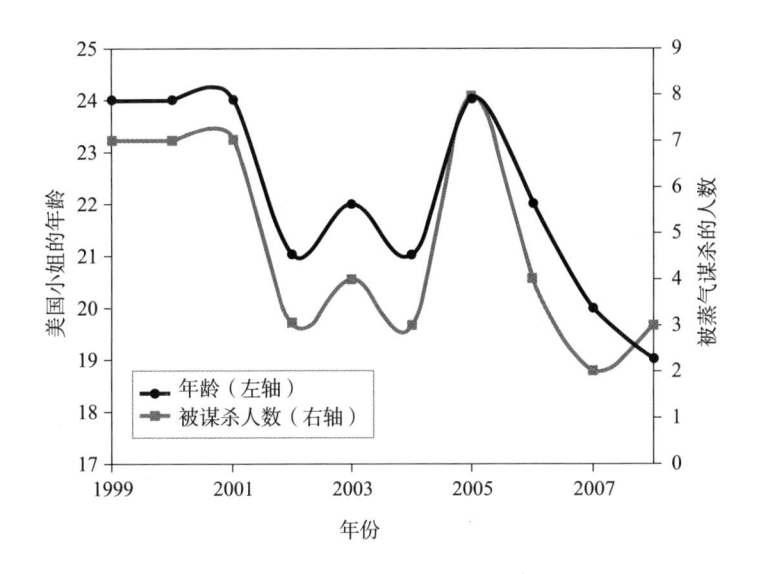

图 4-13 美国小姐年龄与被水蒸气、热蒸气和高温物体谋杀人数存在相关性

这种相关性不可能显现出关于世界如何运转的任何有意义的信息。这两者之间可能有什么样的因果关系呢？直觉告诉我们，这一定是一种伪相关性。这些测量值有如此强的对应关系纯属巧合。正因为

是巧合，我们不能指望这种趋势在未来还会持续下去。事实果真如此。继续观察从维根发布这一数据之后这些年的情况，就会发现这种相关性彻底消失了。

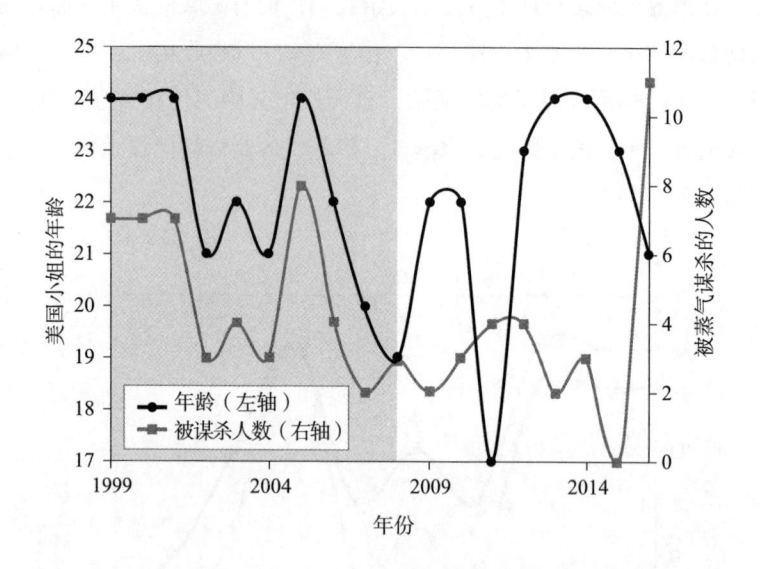

图 4-14　美国小姐年龄与被水蒸气、热蒸气和高温物体谋杀人数存在相关性

通过大量收集关于事物随时间变化的数据集，维根找到了一些伪相关性案例。然后，他利用计算机程序对这些趋势进行相互比较，这是数据科学家所说的数据捕捞的一种极端形式。仅用100组数据，就可以比较近1万对数据。仅仅因为巧合，其中一些数据两两比较时会显示出非常相似的趋势（因此显得高度相关）。例如，我们可以看看美国抗凝剂致死人数与社会学学位授予人数之间的相关性：

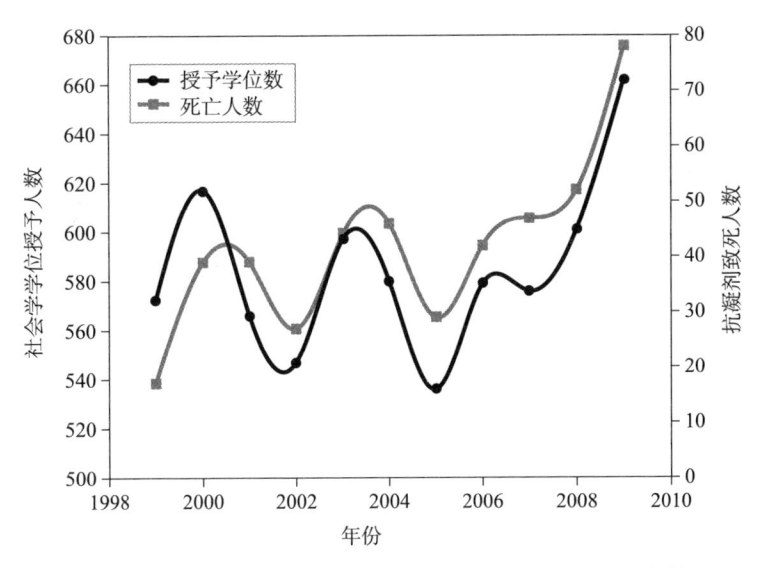

图 4-15 社会学学位授予人数与抗凝剂致死人数之间存在相关性

看到上图两条趋势曲线，你肯定会想：哇，它们步调一致的概率是多少？百分之一？千分之一？这一定意味着什么。是的，说得没错，这意味着维根需要完成100个甚至1 000个对比，才能找到巧合导致如此匹配的例子。这并不意味着这两种趋势之间有任何有意义的联系，也肯定不意味着社会学毕业生会拿着老鼠药四处杀人。

维根的例子都很有趣，但他对荒唐相关性的挖掘，与科学分析中可能出现的一个严重问题比较类似。特别是在探索的早期阶段，很多科研活动都与探索自然界模式有关。随着数据集越来越大，以及信息涉及的变量越来越多，模式搜寻开始变得越来越像维根幽默滑稽的拖网式考察。

通过询问参与者关于他们生活、价值观、性格特征等方面的多个问题，研究人员收集了大量的调查数据。在挖掘这些数据集来验证假设时，他们需要小心，不能在无意中做了维根有意为之的事：大量进行各种各样的比较，最终他们发现了相似性，但这些相似性是巧合导致的，而不是现实世界中任何相互关系的体现。

　　研究一些非常简单的趋势，最容易得出趋势—时间伪相关性。无数个这样的趋势在等着我们测量，其中很多随着时间推移而增长，例如：杰文的收件箱里电子邮件的数量、亚马逊公司的股价、儿童的身高、新车的价格，甚至是公历上的年份。还有许多数据随着时间推移而减少，例如：元旦那天北冰洋的冰面积、切尔诺贝利的铯-137水平、早发肺癌的发病率、存储十亿字节数据的成本。如果我们比较任意两个增加的量，就会发现它们的值在时间上是正相关的。如果我们比较任意两个递减量，也会得到同样的结果。（比较一个递增的量和一个递减的量，就会发现它们也有相关性——不过是一种负相关性。）在绝大多数情况下，我们比较的两个量根本就没有因果关系。Reddit网站的一位用户贴出了下图，毫不掩饰地对自然养生界进行了抨击。

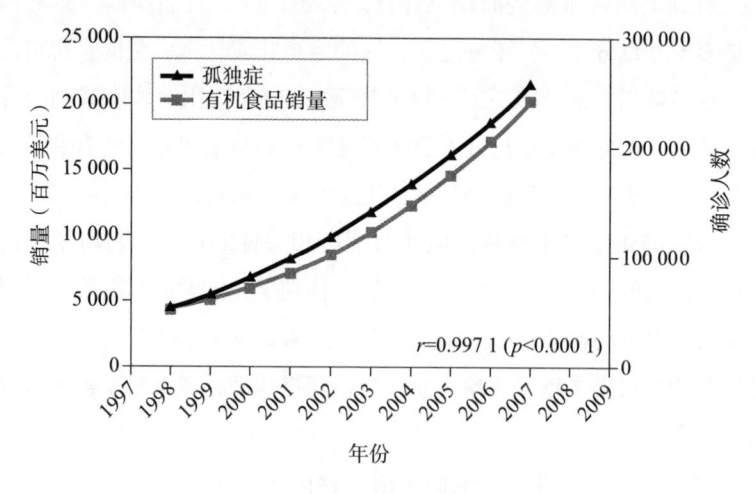

图 4-16　孤独症日益普遍的真正原因

　　显然，我们没有理由认为有机食品的销售与孤独症之间存在任何因果关系，但这正是这个笑话的重点。这种错误的因果归属，与自然养生界把孤独症归因于疫苗接种的错误是一样的。

20世纪80年代末，一位化学家用同样的方法在世界顶级研究期刊《自然》上发表了一个幽默滑稽的数据图。这幅题为"性教育的新参数"的数据图告诫我们不要对相关性做过多推断。

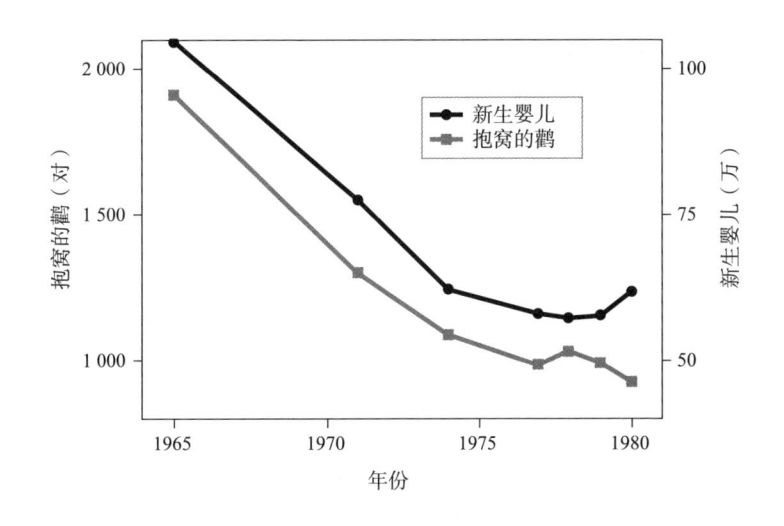

图 4-17 性教育的新参数

上图对比了两种下降趋势：联邦德国境内正在抱窝的鹳和人类新生婴儿的数量。这是在暗示我们应该想想两者是否可能存在因果关系。也许那个古老的传说是对的：鹳真的会给人类带来婴儿。如果鹳离开了，就不会再有宝宝了。

吸烟不会导致死亡？

在讨论因果关系时，我们一直在说可能性，而不是确定性。我们说酒后驾车会导致车祸，这不是因为每个酒后驾车的人都会发生车祸，也不是因为每次车祸都与酒后驾车有关，而是因为酒后驾车极大地增加了发生车祸的风险。原因主要分为概率原因（A是B发生可能性增加的原因）、充分原因（A发生，则B肯定发生）和必要原因（如果A没有发生，则B不会发生）。

必要原因和充分原因之间的区别有时会导致误用，特别是被那些希望否定因果关系的人误用。例如，迈克·彭斯在反对政府对烟草实施管制时说：

> 是时候快速审视一下现实了。尽管政治阶层和媒体对此歇斯底里，但吸烟并不会导致死亡。事实上，2/3的吸烟者不会死于与吸烟有关的疾病，9/10的吸烟者不会患肺癌。

这绝对是赤裸裸的胡扯，胜过那些被印成铅字的胡扯。彭斯先是毫不含糊地说"吸烟不会导致死亡"，紧接着又说1/3的吸烟者死于与吸烟有关的疾病。[9]他这是把充分原因和概率原因混为一谈了。吸烟并不足以保证一定会患肺癌或与吸烟有关的其他疾病，但它确实大大增加了吸烟者死于某种相关疾病的可能性。我们再看一个与之类似的观点：吸烟不会导致肺癌，因为一些肺癌患者（比如矿工）从不吸烟。这是混淆了必要原因与概率原因。

如果其他方法都行不通，那就人为操控吧

既然存在这些陷阱，我们怎么能确信两件事有因果关系呢？科学家一直在努力解决这个问题，并经常使用操控实验来区分相关性和因果关系。以发烧的生物学原理为例。我们通常认为发烧是疾病对我

们造成的影响，就像感冒让我们喉咙痛，麻疹让皮肤出现水痘一样。因此，医生可能会使用阿司匹林、泰诺或艾德维尔等药物来阻止或预防发烧。但发烧似乎不同于喉咙痛或水痘暴发。多种证据表明，中度发烧是人体抵御感染的一种手段。例如，发烧的人更有可能在血液感染后存活下来。但这是一种相关性，而不是因果关系。

发烧是否会如下图所示，导致更好的转归呢？

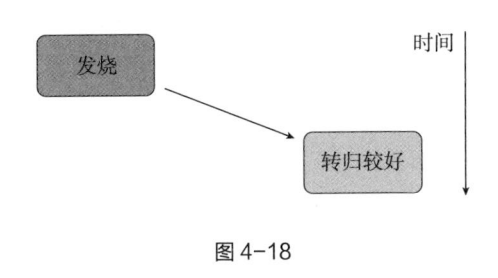

图 4-18

还是说那些状况较好的病人（总体上比较健康，没有营养不良，感染不太严重，或者在其他任何方面都比较好）从一开始就会发烧？因为这些病人在开始时就处于较好的状态，可以预期这些病人应该有更好的转归，这与发烧的影响无关。

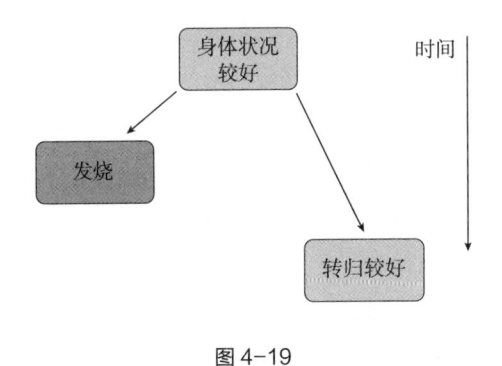

图 4-19

我们如何区分这两种可能性呢？如何确定发烧到底能否导致更好的转归呢？

通过做实验。发烧后，"自然实验"就一直在进行，也就是说在没有任何实验人员的情况下，不同的病人会得到不同的治疗。特别是，当去医院或全科医生那里看病时，一些病人会被给予退烧药物，而另一些病人则不会。总的来说，大量研究显示出一个明显的趋势：被给予退烧药物的病人需要更长的时间才能从病毒感染中恢复。

这是否意味着发烧是有益的？不一定，因为退烧药物不是随机给予病人的。接受药物治疗的病人可能具有与未接受药物治疗的病人不同的特性。我们现在看到的是一种选择偏倚。具体地说，状况较差的病人更有可能接受药物退烧。因此，从表面上看似乎是服用退烧药物导致了较差的转归。但事实上，这是因为转归情况可能较差的病人被选择接受了退烧药物的治疗。

为了解决这个问题，我们可以明确地将病人接受的治疗随机化。在这种情况下，转归的差异都是治疗造成的结果，而不是病人状况不同导致的。对危及生命的疾病以随机的方式决定是否实施治疗是不道德的，但我们可以在征得病人同意的情况下，对不太严重的疾病进行随机选择。通过这种方法，研究人员发现，退烧药物往往会减缓病人康复的速度，并增加病人将疾病传播给他人的机会。但我们仍然不能确定体温是造成这些差异的主要原因。罪魁祸首可能是那些药物，而不是它们引起的温度变化。导致较差转归的到底是退烧药物，还是因为发烧被抑制呢？或者，退烧药物本身会造成一些负面后果，与它们对体温的影响无关？

为了排除这种可能性，科学家开始用试验动物做实验。他们给这些动物物理降温，结果发现对疾病转归的影响与退烧药物一样。这表明退烧药物的负面影响是通过对体温的影响产生的。有了这个证据之后，我们就有了一系列可靠的证据，可以证明发烧是可以有效防御疾病的措施。操控实验提供了可以证明因果关系的有力证据，因为它能够分离假定的原因，而保持其他一切不变。问题是，这样的实验并不总是可行的，所以我们不得不依赖其他形式的证据。这样做也可以接受，但如果有人从相关性就毫无根据地得出存在因果关系的结论，那么我们千万不要被他们所迷惑。

第 5 章

数字与胡扯

我们所在的世界已经彻底量化了，一切事物都可以计数、测量、分析和评估。互联网公司通过万维网跟踪我们，利用算法预测我们要购买什么。智能手机会计算我们的步数，记录我们的通话，追踪我们全天的活动。"智能家电"可以监测我们如何使用它们，并了解我们的日常生活习惯，而我们可能还不知道遭到了监视。植入式医疗设备可以连续收集病人的数据流，并实时观察危险迹象。在服务访问过程中，汽车会上传有关其性能和我们驾驶习惯的数据。城市各处布置有大量的传感器和摄像头，包括交通、空气质量、路人身份在内的一切都在其监控之下。

公司不是通过高成本的研究和调查来收集人们的行为数据，而是让人们自己找上门，然后记录他们的消费行为。脸书知道我们认识谁，谷歌知道我们想了解什么，优步知道我们想去哪里，亚马逊知道我们想买什么，相亲网站 Match 知道我们想和谁成就姻缘，交友网站 Tinder 知道我们希望被谁浏览过。

数据可以帮助我们在确凿证据的基础上理解世界，但冷冰冰的数字远没有我们以为的那么可靠。有这样一个老笑话，一名数学家、一名工程师和一名会计正在申请工作。他们被带到面试室，然后进行数学测验。第一个问题是让他们热身的：2 + 2等于多少？数学家翻了个白眼，写下数字4，然后接着看下一题。工程师停顿了一下，然后写下"约等于4"。会计紧张地四处看了看，然后从椅子上站起来，走到负责测试的那个人身边。"在我写下任何东西之前，"他低声说，"请告诉我你希望是多少？"

数字是传播胡扯的理想工具。他们给人一种客观的感觉，但人们可以很便捷地操控数字，以传递自己希望传递的任何信息。文字显然是人类思维的产物，但数字呢？数字似乎直接来自大自然。我们知道文字是主观的，它们会被用来歪曲和模糊事实。文字使我们想到直觉、感觉和表现力。但数字不同。数字意味着精确性和科学的方法。数字与报告数字的人似乎互不干涉。

人们坚信数字第一的原则，以至于怀疑论者自称"只想看数据"，或者要求看到"原始数字"，或者坚持让测量结果自己说话。我们经常听到"数据从不说谎"这句话。但这种观点可能很危险。即使一个数字或测量值是正确的，它也仍然可能被用来制造胡扯，我们将在本章稍后证明这一点。为了使数字易于理解，必须将它们放到适当的背景中。展示数字时，必须允许人们进行公平的比较。

我们先看看数字是如何得出的。有些数字是通过精确计数或即时测量的方式直接得到的。美国有50个州；小于100的质数有25个；帝国大厦有102层；棒球传奇人物托尼·格温在9 288次击球中打出了3 141个安打，加盟职业棒球大联盟以来整个职业生涯平均安打率为0.338。理论上，准确的计数应该一目了然，有一个确定的答案，通常我们可以通过确定的计数或测量程序得到这个答案。但这个过程并不总是那么轻而易举——计数可能出错，测量可能出错，甚至计数的对象也可能出错。以太阳系中行星个数为例。从1846年海王星被认定为行星到1930年冥王星被发现之前，我们认为太阳系有8颗行星。冥王星被发现后，我们立刻改口说太阳系有9颗行星。直到2006年冥王星被降级为"矮行星"，太阳系内的行星总数又回到了8颗。

但在更多的时候，我们无法进行精确的计数或详尽的测量。例如，我们无法一个一个地数出可观测宇宙中的恒星数量，一直数到目前估计的10^{24}颗。

同样地，我们在考虑某些数量时也要依赖估计值，比如某个国家的成年人平均身高。荷兰男性据说是全世界最高的，他们的平均身高为183厘米（6英尺），但这并不是通过测量每个荷兰男性的身高，然后计算全体男性平均身高来确定的。作为替代，研究人员从该国随机抽取男性样本，测量样本成员的身高，然后推断荷兰全国男性的平均身高。

如果只测量6个人的身高，然后计算平均值，就很有可能因为巧合而得到一个误导性估计值。也许你抽取的那几个家伙的身高特别高。这就是所谓的抽样误差。幸运的是，如果样本很大，结果往往会趋于平均，抽样误差对结果的影响很小。

测量程序也可能存在问题。例如，研究人员可能会要求受试者报告自己的身高，但男性通常会夸大自己的身高——身高越矮，越有可能夸大。

其他来源的误差（如样本选择方式的偏差）负面影响更大。假设你决定去当地的篮球场测量球员身高，以估计全国男性的平均身高。篮球运动员的身高可能高于平均水平，所以你的样本不能代表整个国家的人口。因此，你对平均身高的估计会过高。大多数此类错误都不是那么明显。在本章的其余部分，我们将考虑一些样本与总体特征不一致的微妙情况。

在这些例子中，我们观察在一定范围内取值（例如，身高在一定范围内）的总体，然后用一个数字汇总信息，我们称之为概括统计量。例如，在描述荷兰人身高较高时，我们报告了一个平均身高。概括统计量可以使信息简洁明了，但是如果你选择的是一个不恰当的概括统计量，就很有可能误导受众。政客们就善于利用这种伎俩。他们提出的减税方案将为最富有的1%的人口节省数十万美元，但对我们其余的人没有任何好处。他们利用减税额的平均值，说他们的税收计划平均每年将为每个家庭节省4 000美元。他们说的也许没错，但是普通家庭（指的是中等收入的家庭）一分钱也不会少缴纳。大多数人最明智的做法是通过收入中值来了解家庭税额减少的额度。收入中值是"中等"收入：一半美国家庭的收入高于这个值，另一半美国家庭的收入低于这个值。在本例中，中等收入家庭根本不会得到减税，因为减税政策只惠及最富有的1%的家庭。

  有时，我们不能直接观察到我们试图测量的量。犹他州一条平直的沙漠公路上有一个莫名其妙地限速每小时50英里的速度监视区，卡尔最近在通过这个路段时超速了。看到熟悉的红蓝色警灯在后视镜中闪烁，他把车停在路边。"你知道你开得有多快吗？"州巡警问道。

  "我恐怕不知道，警官。"

  "每小时83英里。"

  83，可以肯定地说，这是一个可能会造成严重问题的数字。但是，这个数字是从哪里来的呢？一些交通摄像头通过测量你在已知时长内行驶的距离来计算速度，但那位州巡警不是这样做的。他测量的量有所不同：他的便携式雷达测速器发射出的无线电波被卡尔超速行驶的汽车反射时发生的多普勒频移。他的雷达测速器中内置的软件，利用基于波动力学的数学模型，根据测量值推断出汽车的速度。因为巡警不是直接测量卡尔的速度，所以他的雷达测速器需要定期校准。避免收到超速罚单的一个标准方法是请警官提供按时校准的记录。但这个方法对卡尔不适用。他知道自己车速太快，仅仅被罚款，他已经感激不尽了。

雷达测速器依赖于高度规律的物理原理，但用于推断其他数量的模型可能更复杂，需要做更多的猜测。国际捕鲸委员会公布了数种鲸的数量估计值。当他们说在南半球的水域中有2 300只蓝鲸时，他们并不是通过逐个清点得出这个数字的。他们甚至没有对一小片海洋进行穷尽取样。鲸不会静止不动，大多数时候你从水面上看不到它们。所以研究人员需要用间接的方法来估计鲸群大小。例如，他们通过尾叶和尾巴上的标记来识别鲸鱼，实施特定个体观察法。无论这些程序失准的程度是高是低，他们对鱼群规模的估计可能都会有些出入。

尽管有的事实和数据看起来一目了然，仍然有很多原因会导致出错。例如，计数时可能出错，小样本可能无法准确反映整体的特性，根据其他信息推断数量的过程可能是错误的。当然，数字也可能完全是胡扯，是凭空捏造出来的，目的是给一个本来就站不住脚的观点增加可信度。在面对涉及数量的论断时，我们必须牢记这些提示。人们都说数据从不说谎，但我们必须牢记数据经常误导人。

提取数字

虽然未经陈酿的威士忌近来已成为时尚，[1]但刚蒸馏的威士忌口感很差，而且蒸馏过程会在酒体中留下一些不需要的成分。在刚烤焦的橡木桶中存放几年（适用于波旁威士忌），或在旧橡木桶中存放更长时间（适用于苏格兰威士忌），都会发生显著的转变。香味从木头渗透到酒中，酒中一些不需要的化学物质也会通过木头被提取出来。

这个化学过程不是免费的。在桶中陈酿时，一部分酒会渗出并蒸发到空气中。到陈酿过程结束时，满满一桶酒只剩下一小部分，因蒸发而损失的那部分被称为"天使的份额"。尽管这个说法非常浪漫，但天使的份额在波旁威士忌和苏格兰威士忌的生产成本中占了很大的比例。

这个成本该如何描述呢？我们可以从总成本入手：苏格兰每年蒸发损失的威士忌大约有44万桶。大多数人都不知道威士忌桶有多大（大约66加仑[①]），所以我们可以这样说，在苏格兰，每年都会因为天使的份额损失大约2 900万加仑的威士忌。在说到威士忌时，我们通常不用加仑，而是用瓶作为单位。一瓶是750毫升，所以我们会说每年的损失是1.5亿瓶。

除非你知道苏格兰威士忌的总产量，否则很难理解这些总数的含义。我们可以把这些数字分解，描述单个酒厂在酒桶陈酿过程中损失的数量。在满负荷运转的情况下，规模庞大的斯佩塞麦卡伦酒厂每年损失约22万LPA——22万升纯酒精。（注意，这里使用了另一种测量方法。酒厂的生产能力通常只统计生产的酒精数量，而不是包括水在内的总量。）相比之下，艾莱岛上规模较小的阿德贝格酒厂每年损失约2.6万LPA。

由于各酿酒厂的规模差异很大，或许我们应该报告每桶亏损，或者干脆按起始体积的百分比报告亏损。在陈酿过程中，具有传奇色彩的23年温克尔波旁威士忌有58%的初始体积蒸发掉了。但是，我们也可以不用初始体积的百分比，而是用最终体积的百分比来描述损失。对于这款1升装的波旁威士忌来说，每瓶蒸发损失是1.38升，所以我们可以说损失是最终体积的138%。这个数字与上面描述的初始体积的58%没有区别，但是这种表示数据的方式使损失看起来更大。

[①] 1美制加仑相当于3.79升。——译者注

当然，不同威士忌的陈酿时间也不一样。也许描述年度损失比描述总损失更有意义。苏格兰威士忌在陈酿过程中每年会损失约2%的量，或者说每天损失约0.005%。波旁威士忌的陈酿温度通常比苏格兰威士忌更高，因此蒸发率也更高，年度损失有时可能超过10%。此外，损失率也不是一成不变。上面提到的温克尔波旁威士忌在第一年装桶陈酿时会损失约10%的体积，但在之后的陈酿过程中每年损失会降到约3%。

另外，还需要做一些决定。例如，酒精和水从木桶中蒸发的速度不同，因此我们可以报告酒精体积、水的体积，或者总体积的变化。还有单位的问题：使用公制还是英制？升还是毫升？加仑还是盎司？

诚实表达，仅仅数字正确是不够的，还需要将它们放在合适的上下文中，以便读者或听众能够正确地解释它们。人们经常忽略的一点是，单独呈现这些数字并不意味着这些数字不需要上下文。选择数值的表示方法，就是为这个数值确定上下文。

那么，诚实表达到底是什么意思呢？意思是数字的表示方法应该允许人们对数字进行有意义的比较。

在本书作者之一（卡尔）执笔撰写本章时，桌子上的盒装好时Whoppers麦芽牛奶球慢慢地变少了——但是不用有负疚感，因为盒子上用醒目的颜色印着"脂肪含量比大品牌巧克力的平均含量低25%"*。*号将我们指向小字体印着的"每30克含5克脂肪，而大品牌巧克力的脂肪平均含量为7克"。这是一个因为没有足够的上下文而导致数字意义不明的例子。选用了哪些品牌做比较？这是门当户对的同类比较，还是在用裹着巧克力的麦芽球和纯巧克力块做比较？含糖量呢？比起脂肪，精制糖对健康的影响可能更大。Whoppers麦芽球的含糖量是高还是低？还有其他不好的成分需要引起我们的关注？诸如此类。25%这个数字看上去似乎是一个重要的营养指标，但它实际上只是一个毫无意义的数字。

有害的百分比

卡尔·萨根1996年出版的《魔鬼出没的世界》第12章的标题是"鉴别谎言的艺术"。在那一章中，萨根猛烈抨击了广告界，因为它用令人眼花缭乱但毫不相干的事实和数据轰炸我们。萨根强调了我们在本章中提到的这个问题：人们很容易被数字弄得眼花缭乱，而广告商几十年前就知道如何用数字来说服人。"你不该问的，"萨根写道，"别多想了，买就是了。"

萨根重点讨论了药品销售中使用的营销策略，这个问题在萨根写这本书的一年后扩大了它的影响范围。1997年，美国将处方药直接面向消费者的营销合法化。不过，我们不讨论这个既麻烦又复杂的问题，而是考虑一个基本上无害的有趣例子。

一天深夜，来到华盛顿的卡尔在上床休息前想找点儿东西喝。他在旅馆大厅买了一盒速溶热可可，包装上标榜"99.9%不含咖啡因"。考虑到他正在应对时差反应，喝99.9%不含咖啡因的饮料似乎是比喝咖啡更谨慎的选择。但是停下来想一下，尽管一杯可可中含有大量的水，但咖啡因是一种强效药物。那么，99.9%不含咖啡因的饮料真的是你睡前想要喝的饮料吗？

我们来算一下，一杯咖啡中有多少咖啡因呢？根据美国公共利益科学中心的数据，一杯20盎司的星巴克咖啡中含有415毫克咖啡因。相当于每盎司含21毫克的咖啡因。1液量盎司的水大约重28克。因此，一杯星巴克滴滤咖啡的咖啡因含量约为0.075%。换句话说，浓咖啡都是99.9%不含咖啡因的！[2]

所以，尽管这个99.9%的表述没有任何不准确性或危险性，但是它毫无意义。大多数普通咖啡都可以用同样的方式自我标榜。雀巢给我们提供了一个很好的例子，说明为什么有些真话仍然是胡扯。之所以是胡扯，是因为它不能让我们做出有意义的比较，而看到"咖啡因含量仅相当于一杯咖啡的1%"这个说法，我们就可以做有意义的比较。

布莱巴特新闻网的一个臭名昭著的标题同样剥夺了读者进行有意义比较的机会。这一耸人听闻的标题宣称，2 139名"梦想法案"的受益人（童年时期就来到美国的成年非法移民）被宣判或被指控实施了针对美国人的犯罪。[3]这个数字似乎大得令人害怕。当然，"梦想法案"涉及的人数众多——其中有近70万人同时拥有DACA（童年抵美者暂缓遣返）身份，总计近80万人在该计划被取消之前获得了DACA身份。这意味着在所有DACA计划受益人中，只有0.3%的人（300人中不到1人）被指控犯有针对美国人的罪行。这听起来就好多了，那么这个数字与美国公民的类似比率相比如何呢？大约有0.75%的美国人正在监狱中服刑，美国公民遭监禁的可能性是DACA计划受益人受到犯罪指控的可能性的两倍。大约8.6%的美国公民曾在人生的某个阶段被判犯有重罪。即使从这个方面来看，DACA计划受益人群体的情况仍然要好一些。

当然，DACA计划受益人更年轻，而且在获得DACA身份之前通常没有犯罪记录[4]，所以与普通美国人相比，他们有可能实施犯罪的时间更短。但事实证明，在23岁之前，有30%的美国人就已经出于违反交通规则以外的原因而被捕。即使假设布莱巴特新闻网的数据是正确的，这家新闻媒体在报道这些数据时，也没有提供读者正确理解这些数据所需的背景信息。

相比较而言，以这样的方式列出原始的总计数据，会使一个较小的数量显得很大。我们把这个数字用百分数表示，以便在上下文中加以说明。事实上，百分比可以是便于比较的重要工具，但也会在很多方面模糊相关的比较。首先，百分比可以使较大的值看起来很小。

谷歌公司工程副总裁本·戈梅斯在一篇博文中承认，他们公司面临假新闻、虚假信息和其他不恰当内容这个问题：

> 我们的算法有助于从我们的数千亿页索引中确定可靠的来源。但是很明显，在我们的日常流量中，有一小部分查询（大约占0.25%）会返回一些冒犯性或明显具有误导性的内容，而这并不是人们想要的。

这段话有两个问题。首先，文中出现了一个很大程度上不相干的大数字——"我们的数千亿页索引"，就好像它有助于设定背景。与这个庞大的数字相对的是一个很小的数字"0.25%"。但数千亿这个数字在很大程度上与主题无关，它是索引页面的数量，与搜索查询的数量无关。无论编入索引的是1万个还是1 000亿个页面，都不重要。如果有0.25%的谷歌搜索是误导性的，就有1/400的机会得到胡扯性的搜索结果。[5]

我们不知道谷歌每天处理多少搜索查询，据估计这个数字大约是每天55亿次。所以，虽然0.25%这一比例听起来很小，但它每天对应1 300多万次查询。尽管表达的内容相同，但表达方式有着截然不同的含义。如果我们告诉你，在每400次谷歌搜索中，只有一次会返回不合适的搜索结果，那么你肯定会认为这个系统非常棒。但是如果我们告诉你，每天有1 300多万次查询会返回不合适和不准确的内容，你可能会觉得我们正面临着信息传递的严重危机。

用百分比来比较两个数量，可能非常不可靠。我们通常会用百分比来讨论差异："增加了40%"，"减少了22%的脂肪"，等等。但是，这个百分比是在哪个量中的占比？是较低的那个，还是较高的那个？这个必须区分清楚。2017年12月，比特币数字货币的价值先是在当月17日飙升至每单位19 211美元，在13天后又暴跌至每单位12 609美元的低点，每单位的价值减少了6 602美元。但是，百分比变化是多少呢？是34%（因为6 602美元是19 221美元的34.3%），还是52%（因为6 602美元是12 609美元的52.4%）呢？

两个数字都有一些道理。一般来说，我们主张用与起始值相关的百分比表示变化。在本例中，初始价值是19 211美元，所以我们说比特币在这13天里贬值了34%。然而，这可能是一个微妙的问题。之所以说比特币在这段时间里贬值了34%，是因为当我们说到价值损失时，初始价值才是合适的比较基数。但我们也可以说，比特币的价值在2017年12月初被明显高估了52%，因为当我们谈到某种东西的价值被高估时，合适的比较基数是我们目前对价值的最佳估计。不同的报道方式会产生不同的印象。

健康和医学方面的研究经常报告相对风险，而不是列出百分比变化。在美国，16—17岁的新司机在道路上的事故率最高，但它们的事故率取决于他们是否搭载了乘客、搭载了谁。与没有搭载乘客的青少年司机相比，每行驶1英里，搭载了一名未满21岁乘客的青少年司机死于车祸的相对风险值是1.44。这个相对风险值只是告诉我们某个事件与另一个事件相比，发生的可能性有多大。在这里我们看到，搭载年轻乘客的青少年司机的车祸死亡概率是没有搭载乘客的青少年司机的1.44倍。这很容易转换为百分比值。搭载乘客的青少年司机死于车祸的概率比没有搭载乘客的青少年司机高44%。如果搭载年长一些的乘客，就会对致命车祸的风险产生相反的影响。与没有搭载乘客的青少年司机相比，搭载35岁以上乘客的青少年司机死于车祸的相对风险值是0.36。这意味着，搭载年长乘客的致命车祸率只有独自开车时的36%。

相对风险有助于概念化各种条件、行为或健康治疗的影响，但它们有时不能提供足够的背景。在报道一项关于酒精相关疾病的全球研究时，人们使用了一些醒目的标题，比如"一项新的重要研究得出结论：'饮酒没有安全值'"。具体地说，这项研究表明，即使是非常适度的饮酒，比如一天一杯，也会对健康产生负面影响。对于我们这些喜欢在晚餐时喝啤酒或葡萄酒的人来说，这似乎是一个坏消息。但是让我们认真地看下去。

《柳叶刀》（这项研究就发表在该杂志上）的新闻稿称：

> 据他们估计，如果15~95岁的人在一年里每天喝一杯酒，那么与不喝酒的人相比，他们出现某种与喝酒有关的健康问题（共计23种）的风险高0.5%。

可怕吗？要评估这是不是一个显著增长，我们需要知道"与喝酒有关的健康问题"——肝硬化、各种癌症、某些类型的心脏病、自残、车祸和其他疾病——在不喝酒的人当中有多普遍。结果发现，这些问题在不喝酒的人中很少见，一年之内的发生概率不到1%。虽然每天一杯酒会使这一风险增加0.5%，但这只是在非常小的基础比例上增加0.5%。换句话说，每天喝一杯酒的相对风险是1.005。每天喝一杯酒的人患与喝酒有关的疾病的概率是不喝酒的人的1.005倍。

该研究的作者计算后发现，每天喝一杯酒会导致每10万人中增加4例与喝酒相关的疾病。让2.5万人每天喝一杯，持续一年，才会多1人患这些疾病。现在，少量饮酒的风险看起来好像没有那么严重了。为了更深入地研究这个问题，戴维·施皮格哈尔特计算了这2.5

万人一年要喝掉的杜松子酒的数量：40万瓶。基于这个数字，他打趣地说，让2.5万人分享40万瓶杜松子酒，才会增加1个病例。

公平地说，这是每天喝一杯酒的风险。如果喝得多，风险会大大增加。每天喝两杯酒的人的相对风险为1.07（比不饮酒者高7%），每天喝5杯酒的人的相对风险为1.37。重要的是，仅仅报告患病的相对风险不足以评估其影响，除非我们还知道这种疾病的基础发病率。

如果用一个百分比与另一个百分比进行比较，就更不可靠了。我们可以查看两个百分比之间的数值差，也可以创建一个新的百分比，以反映这两个百分比值之间的百分比差异。在这方面，即使是专业科学家有时也会混淆一个微妙的问题：百分比和百分点的区分。要说明两者之间的不同，最简单的方法是举例子。假设在1月1日，销售税从购买价格的4%提高到6%。这是增长了2个百分点：6% − 4% = 2%。但也可以说增长了50%：1美元现在需要缴税6美分，比以前需要缴纳的4美分多了50%。

因此，同样的变化可以用两种大不相同的方式来表达，留给人的印象也大不相同。如果我想让人觉得增税幅度听起来微不足道，就可以说只增加了2个百分点。如果我想让人觉得增税幅度很大，就可以说税率增加了50%。无论是巧合还是有意，我们都需要警惕这种区别。

再举一例。一位医学博士在她的网站上质疑流感疫苗的效用。她引用一篇医学文献综述的摘要[6]，写了下面一段话：

> 在疫苗与年度流感类型相匹配的情况下（这种情况"比较少见"），未接种疫苗者患流感的比率为4%，接种者患流感的比率为1%。也就是说，接种疫苗后，每100人中患流感的人将减少3人。在更常见的疫苗—流感不匹配的情况下，未接种疫苗者

患流感比率为2%，接种疫苗者患流感比率为1%，因此每100人会减少1人患流感。

她似乎认为，流感疫苗在不匹配的时候几乎毫无用处，因为它每年在每100人中只能减少1例流感。这位医学博士接着说，作为替代方案，"今年我有一种新的'滋补品'，如果我感觉会患上什么疾病，就会试试它，然后告诉你它是否有效"。

这听起来合理吗？如果我们认为每100人中只有1人能得到流感疫苗的帮助，那么某种未具体说明的"滋补品"似乎也能起到相同的作用。但这种说法具有误导性。首先，请注意，即使是在流感疫苗无效的这些年份里，它也能将接种者患流感的人数减少1/2。因为全体人口中患流感者的比例本来就比较低，发病率下降1个百分点相当于下降了50%。

其次，我们可以结合一个精心选择的比较，来理解这些数字。就像无效年份的流感疫苗一样，使用安全带也"只能"将每年的受伤风险从2%降到1%。[7]你会把自己的健康托付给一个提倡用"滋补品"来代替安全带的医学博士吗？

以百分比的形式报告数字，可能会掩盖净值的重大变化。例如，被美国监狱收监的非裔美国人的比率比其他群体成员高得多。非裔美国人入狱的比率是白人的5倍多。2000年，非裔美国人占美国人口的12.9%，但在美国监狱的因犯中占到了惊人的41.3%。鉴于此，监狱中非裔美国人的比例在2000—2005年间从41.3%下降到38.9%，这对非裔美国人来说，似乎是一个好消息。

但实际情况并不像百分比数据所显示的那样令人鼓舞。在此期间，美国监狱中非裔美国人的数量实际上增加了13%以上。但这一现象并不引人注目，因为同期美国监狱里的白人人数增幅更大——27%。

这个例子表明,进行涉及分数或百分数的比较有可能导致一个更普遍的问题:改变分母会掩盖分子的变化。分子(分数中写在分数线上方的数字,在本例中,就是被监禁非裔美国人的人数)在2000—2005年间大幅增长。但是在同一时期,分母(分数中写在分数线下方的数字,在本例中,就是监狱中美国人的总数)同期增加的比例甚至更大。因此,非裔美国人在2005年被监禁美国人中所占比例比2000年要小。2005年,被监禁的非裔美国人比以往任何时候都多,但这一事实被分母的变化掩盖了。

改变分母会彻底改变百分比的含义。考虑下面这种情况:如果道·琼斯工业平均指数今天上涨10%,明天下跌10%,你可能会认为它恢复到最初的水平。但事实并非如此,假设道·琼斯工业平均指数在20 000点,10%的涨幅将使该指数上升2 000点,达到22 000点。随后从新的更高价值22 000点下跌10%,就是下跌2 200点,跌至19 800点。不管它是先涨后跌,还是先跌后涨,你都会赔钱。如果道·琼斯工业平均指数从20 000点开始下跌10%,就会跌至18 000点。10%的涨幅使其达到19 800点——最终的结果跟先涨后跌一样。但我们必须警惕用百分比变化报告数据所导致的这些反常后果。

接下来,我们进一步考虑百分比可能造成的其他奇怪后果。2016年4月下旬,优步在纽约市每天完成约16.1万单乘车服务,而来福车(Lyft)的日乘人次约为2.9万。一年后,优步每天完成约29.1万单,Lyft每天完成约6万单。两家公司的日业务量总共增长了16.1万单,日乘人次从19万增加到了35.1万人。在新增的16.1万单业务中,Lyft贡献了约3.1万单。也就是说,Lyft贡献了约19%的增长,剩下的就是优步的贡献。到目前为止,一切正常。

同期,黄色出租车的日乘人次由39.8万降至35.5万。如果我们看一下使用黄色出租车、优步和Lyft的总人数,就会发现总人数实现了净增长,从58.8万增加到了70.6万。这意味着每天净增了11.8万人次。我们已经知道,在此期间Lyft的日乘车次增加了3.1万。因此,我们可以说,Lyft为日乘人次增长贡献了31 000 / 118 000 × 100% = 26%。

  这就很奇怪了。我们之前说约车服务增加量约为19%是Lyft做出的贡献,但现在我们又说Lyft为约车服务加出租车业务的增长做出了约26%的贡献。这两个说法怎么可能同时成立呢?如果我们看看优步对乘车人次增长做出的贡献,情况就会变得更加奇怪。到这一阶段结束时,优步的日乘人次增加了13万。可以说,优步乘车人次的增加对乘车总人次的增加做出了130 000/118 000万 × 100% = 110%的贡献。这个百分率到底是什么意思呢?优步业务的增长怎么会占到总增长的100%以上呢?

  只要涉及负数,百分比计算就有可能得出奇怪的答案。一般来说,如果我们可以把变化分成不同的类别,并且其中任何一个类别是负增长,我们就不应该讨论各类别在总体变化中所占的百分比。2011年6月,斯科特·沃克州长正是利用了这个特点,宣称全美50%的就业增长发生在他的家乡威斯康星州。实际情况是,美国一些州的工作岗位总体上减少了,而另一些州的工作岗位则增加了。正负增长几乎达到了平衡,工作岗位的净变化只有大约1.8万个。威斯康星州净增了9 500个工作岗位,超过了美国净增长的1/2,尽管全美新增的工作岗位中只有很小一部分在威斯康星州。

古德哈特定律

  当科学家测量元素的原子质量时,这些元素不会密谋增加自己的重量，以便把自己在元素周期表上的位置悄悄往后挪一点儿。但是，当管理者衡量员工的工作效率时，他们不能指望这些人不搞小动作——员工都希望表现得好一点儿。因此，每次你量化绩效或给个人排名时，都有可能使你试图衡量的行为发生变化。

在 20 世纪初，越南是法国殖民地的一部分，被统称为法属印度。当时，河内正在发展成为一个繁荣的现代化城市，它的下水道系统提供了欧洲式的卫生设施，主要面向城市各处的富裕白人社区。遗憾的是，下水道系统也为老鼠提供了理想的滋生地。老鼠不仅从下水道跑出来恐吓居民，还传播了黑死病等疾病。为了清除城市里的这些祸害，殖民地的政府官员雇用了捕鼠者，让他们进入下水道，最后还决定以赏金换取老鼠。到殖民地的办公室交一根老鼠尾巴，就能得到一小笔奖金。因此，河内的许多居民兴高采烈地参与了这项计划。随后，他们送来了大量的老鼠尾巴。

但没过多久，河内的居民就开始看到阴沟里藏着无尾老鼠。显然，捕鼠者不愿意杀死他们的猎物。最好的做法是把老鼠尾巴切掉，让它们继续繁殖，以保证将来有稳定的供应来源。为了得到老鼠尾巴，企业家从其他城市引进老鼠，甚至开始圈养老鼠。赏金计划之所以失败，是因为人们开始钻制度的空子。面对奖赏，人们必然会这样做。

即使不直接给予奖励，也会发生同样的情况。以《美国新闻与世界报道》编制的大学排名为例。这项调查涵盖了大学的许多方面，包括申请人的录取率和新生平均 SAT 分数。在这些大学排名开始影响大学申请人数后，各校的招生部门很快就想出了各种各样的办法。为了降低录取率以显得有所选择，一些学校疯狂地招揽申请者，甚至鼓励那些不太可能被录取的学生申请本校。许多学校开始改用通用申请表，这样考生只需在方框中勾选即可提出申请。为了获得小班教学的名声，一些大学将许多班级的规模限制在18或19——刚好低于《美国新闻与世界报道》规定的20人的班级规模上限。为了提高新生平均SAT分数，各所大学采取了一系列策略：分数通常较低的国际申请者不需要参加SAT；在春季学期招收得分较低的学生，因此在计算新生平均SAT分数时，他们不会被计算在内；甚至为已录取学生重新参加SAT支付费用，如果分数有大幅提升，还会实施奖励。这些钻制度空子的努力削弱了排名的价值。最终，招生部门追逐衡量指标的意愿对排名产生了和申请者质量同样大的影响。

这个问题因为古德哈特定律被奉为经典。尽管古德哈特最初的表述有些晦涩[8]，但人类学家史翠珊用清晰而简洁的语言进行了重新表述：

指标变成目标后，就不再是一个好的指标。

换句话说，如果某个指标附加有足够多的奖励，人们就会想方设法地提高自己的得分，而这样做就会削弱该指标原本的评估价值。

我们在很多领域都能看到这个现象。在科学领域，使用引文指标来衡量期刊质量已经导致编辑钻制度空子。一些编辑对作者施加压力，要求他们引用同一期刊的论文。有的期刊在1月份发表更多文章，因为在这一年里这些文章被引用的机会最多。有的期刊会发表年度总结论文，引用一年内发表的许多文章。还有一些期刊将他们的关注点转移到那些容易吸引更多引用的学科或文章类型上。所有这些反常的行为都违背了期刊的使命，削弱了引用数作为质量指标的有效性。

当汽车经销商的经理为销售人员完成一定的销售额提供奖金时，销售人员就会为他们的客户提供更大的折扣，以便快速完成销售额。

如果销售人员在每一笔销售中都努力实现利润最大化，那么我们可以用售出的汽车数量来估算每个销售人员创造的利润。但是一旦销售的汽车数量成为目标，销售人员就会改变销售策略，销售量将增加，但销售量增加并不一定对应更高的利润，因为销售人员提供更大的折扣，以实现销售，并且快速完成销售额。

大约在古德哈特提出他的定律的同时，心理学家唐纳德·坎贝尔独立地提出了一个类似的原则：

> 任何定量社会指标用于社会决策的次数越多，就越容易受到腐败压力的影响，也就越容易扭曲、破坏它要监测的社会过程。

坎贝尔以教育领域的标准化测试为例，对这一原理进行了说明：

> 在以一般能力为目标的正常教学条件下，学业成绩测试很可能是衡量一般学校教学成绩的有效指标。但是，当考试成绩成为教学过程追求的目标后，它们就失去了作为教学状况指标的价值，并且会扭曲教育过程。

如果没有人知道你要通过学生的考试成绩评估学校，那么通过考试成绩衡量学校的教学效果可能比较合理。但是，一旦教师和管理人员知道你准备利用考试成绩评估教学效果，他们就会有充分的动机去寻找提高学生成绩的方法——甚至以牺牲教学质量为代价。例如，他们可能会采取"应试教育"，而不是教授批判性思维。这会造成双重后果。一旦这种情况发生，考试成绩作为评估学校教学效果的手段就会效力大减。测评过程甚至可能损害教学质量，因为时间和精力会从有价值的活动转移到可以提高考试成绩但对教学几乎毫无用处的死记硬背上。

科学领域也有同样的问题。几年前，杰文写了一篇评论，论述了使用定量指标衡量科学研究质量的危险。得到错误答案并不是一项指标可以造成的最严重的影响。更糟糕的是，指标还为人们从事"坏科学"提供了动机。

坎贝尔着重强调了这个问题的社会因素。正如我们在本节开始时所提到的，我们不必担心物理或化学定律会钻制度空子。氢不在乎你是怎么理解它的发射光谱的，也不关心它的极限波长是否比氦低。但人们非常关心它们是如何测量的。对此我们能做些什么呢？如果你要衡量一些东西，就应该考虑一下衡量它是否会导致人们的行为发生变化，以至于削弱衡量结果的价值。看到其他人编制的量化指标，你也要想一想：这些数字真的能起到衡量作用吗？人们是否在钻空子？他们的行为是否会使这个指标变得毫无意义？

数学滥用

2006年，在《韦氏大词典》的出版商进行的一项调查中，网上投票者将"truthiness"（感实性）选为年度词汇。这个词是由喜剧演员斯蒂芬·科尔伯特在2005年创造的，指"根据某人的直觉、观点或感知，不考虑逻辑、事实证据等因素，某个东西似乎是真实的"。它无视实际逻辑和事实，这与我们对胡扯的定义非常相似。

我们提出一个类似的表达：mathiness（数学滥用）。它指的是那些看起来和感觉上都像是数学公式和数学表达式的东西——尽管它们忽视了真正的数学在逻辑上的连贯性和形式上的严谨性。

我们先看一个例子。下面这个公式（VMMC质量方程）显然在医疗保健质量管理领域得到了广泛的讨论。

$$Q = A \times \frac{O+S}{W}$$

Q：质量
A：适当性
O：结果
S：服务
W：浪费

这似乎是考虑病人护理情况的一个严谨的数学方法。但它到底是什么意思呢？这些量如何测量，单位是什么？为什么会采用上面这种形式呢？目前还不清楚这些问题是否有令人满意的答案。

根据我们最初的定义，数学滥用应该被归为经典的胡扯。因为数量定义不明确且无法测量，所以我们不能通过假设彼此之间的正式关系（例如，变量之间通过乘法或加法相互作用），来证实这些方程表示的数学论断。换句话说，数学滥用与感实性、胡扯一样，都不注重逻辑或事实的准确性。此外，就像我们对胡扯的定义一样，导致数学滥用的目的往往也是给听众留下深刻印象或说服他们，只不过它利用的是数学方程赋予的严谨氛围，还有代数带来的那种强烈的震慑感。（我们并不是说这是恶意的；就像兜售灵丹妙药的人相信他们的灵药具有恢复功效一样，一些热衷于滥用数学的人可能认为这些公式能让人茅塞顿开。）

大多数滥用数学的例子都不是凭空捏造的。相反，它们的目的都是表达特定系统的一些基本事实。例如，VMMC质量方程表示，适当性、结果和服务的值越高，质量就越高；而浪费越多，则质量越低。[9]用一个简单的表格同样可以清楚地表达这些信息：

参数	对质量的影响
适当性	+
结果	+
服务	+
浪费	−

所有这些都隐含在这个质量方程中，但还有很多方程也具有相同的特性。公式 $Q = S \times \dfrac{O+A}{W}$ 和 $Q = (A + O) \times S - W$，也都可以反映表中所示的定性关系。就这一点而言，$Q = \sqrt[W]{A^O + S^O}$ 同样符合要求。如果无法解释VMMC方程是 $Q = A \times \dfrac{O+S}{W}$，而不是另外几个等式，从一开始就不应该利用方程来装门面。

在2005年出版的同名书中提出的所谓的信任方程，为数学滥用提供了又一个实例。根据信任方程：

$$信任度 = \dfrac{可信性+可靠性+真实性}{自利感}$$

与VMMC质量方程一样，这种关系的大致方向似乎是正确的。信任随着可信度、可靠性和真实性的增加而增加，随着自利行为的感知而减少。到目前为止，一切都很好。但是同样还有无数的方程可以表示这种关系。信任方程对信任的作用原理有一些非常具体的暗示，其中最强烈的暗示可能就在于其他条件的总和去除自利感这一点。这意味着（前提是其他条件的总和为正值）如果自利感非常小，那么信任度就会非常大。如果可以完全消除自利感，信任度就会无穷大！但现实并非如此。假设我通过掷硬币来选择股票。毫无疑问，硬币不会有自私自利的行为和想法，因此根据这个方程，我应该无限信任它。但是，我为什么要相信一个随机的设备而不相信专家的预测呢？

其次，我们注意到该方程将可信度、可靠性和真实性放在分数线上方求和。这意味着，无论可信度、可靠性和真实性有多大，可靠性增加一个单位，都与真实性增加一个单位具有相同的效果。这也意味着，即使这些数量中有一两个为零，信任度也可以很高。如果真实性高而自利感很低，那么根据这个公式的预测，即使说话人没有可信度，完全不可靠，信任度也应该很高。为了营造出数学特有的感觉，设计者利用特定的公式表达一些一般性的趋势，但似乎同样没有取得预想的效果。

这里还涉及一个更专业的问题——单位问题。大家可能还记得在中学曾学过量纲分析。这是在计算中对单位进行追踪，以确保答案正确的一个方法。

举个例子。[10] 如果一个骑自行车的人3小时走了45英里，那么我们不能只是用45除以3，然后说他的速度是15，因为我们需要说明计量单位。对待单位就要像对待数字本身一样，要把它们写出，必要时化简：45英里/3小时＝15英里/小时。

我们都知道方程两边的数值必须相同。量纲分析的关键是单位必须相同。在工程和其他定量学科中进行计算时，我们可以利用量纲分析小心又方便地追踪计量单位，以确保正在计算的是我们希望计算的量。

如果方程只是为了滥用数学而存在，量纲分析往往就会失去意义。我们看一个例子。每年1月，新闻媒体都会刊登（或者说再次刊登）一篇报道，称科学家发现"蓝色星期一"（1月的第三个星期一）是一年中最悲伤的一天。这个在很多新闻稿中经常被提及的说法，其

依据是卡迪夫大学兼职教师克里夫·阿诺尔提出的一个公式:

$$\frac{(W+D-d) \times T^Q}{M \times N_a}$$

新闻稿解释说,W代表天气,d代表债务,T代表圣诞节以来的时间,Q代表放弃新年决心以来的时间,M代表干劲不足,N_a代表采取行动的必要性。(不清楚D在公式中代表什么。)

现在,你也许已经知道怎么找这个公式的毛病了。首先,我们不清楚"天气"、"干劲不足"和"采取行动的必要性"如何量化。还有更严重的问题,加减任何量时,单位必须相同。例如,我们不能将英里数和小时数相加,更不用说将脑力劳动和鲁本三明治相加了。但看看这个"蓝色星期一"方程。第一项$(W+D-d)$表示的大概是天气和债务的差。这两个量的单位是什么呢?另一个规则是,取一个量的幂时,幂指数必须是无量纲的。讨论时间的2次幂是有意义的,而讨论时间的2毫秒幂或2鹦鹉幂是没有意义的。但Q不是无量纲的,它的单位是时间单位,因此表达式T^Q没有意义。即使我们能解决这些问题,也会遇到很多已经讨论过的问题。我们可能认为悲伤程度会因为采取行动的必要性和干劲不足而增加,但这两个量都在分母中,这意味着悲伤程度会因为采取行动的必要性和干劲不足而减少。

美国心理学协会前主席马丁·塞利格曼提出了一个著名的幸福公式:$H=S+C+V$。其中S是一个"设定值",表示一个人对幸福的先天倾向;C表示环境;V表示生活中能够被主动控制的那些方面。同样地,我们来考虑单位。即使假设我们可以量化设定值、环境和能够被主动控制的方面这三个量,我们能为它们找一个共同的计量单位吗?即使存在这样的单位,它同时还像等式所暗示的那样,是适合计量幸福的单位吗?如果塞利格曼认为幸福是S、C和V的函数,我们可能会同意他的观点。但要说它是这三个量的数学和，那就是在滥用数学了。

也许我们不应该从字面上理解这种建立方程式的方法。为什么我们不能认为这些方程式是一种隐喻或者是一种表达方式呢？数学方程的表达效果很好，正是因为它们的表达精度——但所有这些例子都无法达到这种精度。如果你要表达的意思是幸福程度因为三个事物而增加，但是你暗示幸福是这三个事物的算术和，那么你做出的是一个错误的承诺。这就好比你承诺的是加了蜂蜜且上面点缀有黑莓蜜饯、越橘酱汁和打发甜奶油的奇亚籽斯佩尔特华夫饼，但送来的是一种加了人工枫糖浆的格子饼。你可以声称你的描述不能从字面上理解，但为什么不直截了当地说出你要表达的东西呢？

我们不知道为什么如此多的作者喜欢用方程式为他们的定性论断加上一层数学滥用的装饰。显然，在某些时候，这会给一些人留下深刻印象，但是在我们其余的人揭穿他们时，这些作者为什么不感到尴尬呢？他们也许是因为对数学方程所包含的一切没有清晰的理解，所以不知道他们编造的方程远不能表达他们希望表达的意思。

僵尸统计数据

在结束本章之前，我们希望给大家一个提醒。看看互联网上那些学究气十足的角落，你会发现T恤、咖啡杯、鼠标垫以及各种物件，上面都印着"78.4%的统计数据是当场编造的"这样的标语。确切的数字各不相同，例如53.2%、72.9%、78.4%、84.3%，当然，可笑的是，这个数字似乎恰恰是标语所描述的——编造的数字。

就像大多数好笑的笑话一样，这句俏皮话也有真实的成分。在不了解来源和背景的情况下，特定的统计数据就没有什么价值。但是，只要是定量的数字和统计数据，就会给人一种严谨、可靠的感觉，往往会广为传播。因此，僵尸统计数据非常多。所谓僵尸统计数据，是指这些数字的引用严重断章取义、非常过时或者完全是编造的——但是它们频繁地被引用，因此始终不会消失。

举个例子。本书两名作者花费了大量时间研究科学家是如何利用科学文献的。在这个过程中，我们总是听到一句老生常谈的话：50%的科学文章从来没有人读过。但是"50%"这个数字是从哪里来的呢？似乎没有人知道。

管理学教授阿瑟·杰戈出于好奇，决定核实这个数字。杰戈是在《高等教育编年史》的一篇评论中第一次看到这种说法的，但没看到任何引文支持。那篇评论的作者提到了《史密森尼》杂志上的一篇文章。尽管《史密森尼》为这个论断提供的引证是不正确的，但杰戈成功地追踪到了2007年《物理世界》上的一篇文章。那篇文章的作者没有引证，这个数字是由一名编辑在出版后期添加上去的。于是，杰戈联系了这位编辑。编辑说，他可能是从2001年的一份课堂讲义中看到这个数字的。准备这些讲义的老师没有引用出处，只说了一句令人泄气的话："讲义里的所有东西都有出处，但我在准备这些讲义时比较匆忙，可能没有进行核实。"

虽然这条线索断了，但杰戈终于追溯到50%这个数字源于1990年和1991年发表在《科学》杂志上的两篇论文。作者的原话是超过50%的论文没有被引用，而不是没有被阅读。两者区别很大。论文每被引用一次，就可能在图书馆被查阅或从互联网上被下载数百次。

即使这样修正后，50%这个数字也是不准确的。首先，这个数字代表的是4年后未被引用的论文的比例，而不是永远不被引用的论文的比例。在像数学这样的某些领域，论文引用几乎不会在4年后才开始增加。其次，这个统计数据是通过查看科睿唯安科学网上的引文记录得出的。这个数据库只涵盖了一部分期刊，对不同领域的涵盖广度差别很大，而且一些最重要的出版物（包括人文学科的书籍和工程领域的会议论文集）没有被编入索引。再次，为了得出50%这个数字，论文作者考虑了在科学期刊上发表的所有文章（包括写给编辑的信、新闻文章、评论、书评，甚至是讣告和勘误表）的引用次数。很多书评和讣告从未被引用，和很多科学文章从未被引用，绝对是两回事。

尽管许多学者对50%这个数字提出了质疑，但他们未能阻止其传播。就连引文分析之父、科学引文索引（简称SCI。在得出这个数字的过程中，它也起到了一定的作用）的创始人尤金·加菲尔德也试图纠正这一记录。但是，马已经跑出了马厩，就再也找不回来了。加菲尔德接受了这个事实，他引用佩吉·托马森和朱利安·斯坦利的话，针对这个错误说了下面这段悲观的话：

> 作者不加批判地引用有争议的数据，无论是否故意，都是一个严重的问题。故意宣传没有事实根据的论断固然可恶，但许多天真的学生可能会因为一名作者在不了解那些批评意见的情况下提出的毫无根据的论断而动摇，这同样令人厌恶。随着时间推移，埋藏在学术期刊中的评注越来越有可能被忽视，而与这些评注相关的研究却被广泛报道，因此很容易被重新解读。

这句话指的是所有没有事实根据的论断，由于包含简单的数字和统计数字，特别容易引起传播。它们把背景信息抛在脑后，或者即使在一开始语气平淡地发出了警告，但随着一个又一个的引用源在缺少背景介绍的情况下重复这个简单的数字，这些警告也早已被人遗忘了。

通过本章，我们了解到，虽然数字似乎是独立于任何人类判断而存在的纯粹事实，但它们携带有大量的背景信息，而且受一些决定（包括如何计算、使用什么计量单位等）的影响。在下一章中，我们将看到成组数字是如何放到一起理解的，以及这些理解是如何误导人的。在不深入任何形式数学的前提下，我们将探讨与样本代表性有关的问题。我们将看到不具代表性的样本会导致不合理的结论，甚至可能被不诚实的作者用来误导他们的读者。

第 6 章

选择偏倚

本书两名作者都是滑雪爱好者，都曾去过犹他州盐湖城外的沃萨奇岭度假，欣赏全世界最棒的雪。犹他州的雪完美无瑕，本书一名作者在选择上哪所大学时甚至都考虑到了这个因素。沃萨奇岭有许多滑雪场，并且各具特色。雪鸟滑雪场位于小三叶杨峡谷，用钢铁、玻璃和混凝土修砌而成。吊舱从陡峭的悬崖上滑过，把滑雪者送到上方的冰斗，让他们从那里滑下陡峭的滑道。在峡谷更深的地方，阿尔塔滑雪场有同样具有挑战性的地形，那里的雪更理想，让人流连忘返。它的小屋是简单的木质结构，缆车也很简陋。它是美国仅存的三个不允许单板滑雪的滑雪场之一。如果你在派对上、飞机上或城市酒吧里和人聊到北美最好的滑雪场，对方很有可能会提到这两个地方。

　　布赖顿和索利蒂德这两个滑雪场位于附近的大三叶杨峡谷，给人一种非常不同的感觉。它们非常漂亮，适合全家一起前往，去那儿滑雪是人生一大乐趣。但很少有人认为它们非常棒，这里也不是旅游胜地。不过，如果你从阿尔塔或雪鸟那里抽出一天时间，去索利蒂德滑雪，就会有一个有趣的发现。和其他滑雪者一起乘坐缆车时，话题会不可避免地转向当地滑雪场的相对优势。但是在索利蒂德（与阿尔塔、雪鸟甚至其他任何滑雪场不同），人们经常会说索利蒂德是全世界最好的滑雪场所。他们会说，这里有非常棒的雪，有醇厚的家庭气氛，有缓和的雪道，没有缆车线，周围的山很美，等等。

当卡尔15岁第一次去索利蒂德滑雪时，他被这个有趣现象深深打动了。准备坐公共汽车回城之前，他们在营地度假屋吃汉堡包。这时，他和父亲提起了这件事。

"我想我之前对索利蒂德的评价可能有点儿偏低了，"卡尔说，"我在这里度过了美好的一天。这里的林间滑雪非常棒。如果你喜欢滑修压过的雪道……"

"我敢打赌，我甚至还没找到这里最好的雪道，"卡尔继续说，"这里肯定有一些令人惊叹的线路。今天和我交谈过的人中，大概有2/3的人更喜欢这个地方，而不是阿尔塔或雪鸟！这可是非常高的赞誉。"

卡尔的父亲笑了。"你认为他们为什么来索利蒂德滑雪？"他问道。

这是卡尔第一次接触到选择效应的逻辑。在索利蒂德问人们喜欢在哪里滑雪，他们当然会说"索利蒂德"。如果他们不喜欢索利蒂德，回答这个问题时他们就应该在阿尔塔、雪鸟或布赖顿，而不是在索利蒂德。那天，他听到人们对索利蒂德的溢美之词，并不是从美国滑雪者群体中随机抽取的。身处索利蒂德的滑雪者并不是美国滑雪者的典型代表。他们去阿尔塔或雪鸟也很方便，但他们没有选择那些地方。虽然在本例中可能非常明显，但在数据分析中，这一基本原理是导致混淆和误解的一个重要原因。

在本书第3章中，我们介绍了把统计测试或数据科学算法用作黑箱的概念——利用这些黑箱，可以把各种类型的胡扯隐藏起来。我们说过，不必深入具体地研究黑箱的作用原理，通常就可以看清这类胡扯的本质。本章要讨论的黑箱是统计分析，我们将讨论数据输入这些黑箱后可能引起的一些常见问题。

我们常常想了解某个群体中的个体。比如，我们可能想知道图森市某些家庭的收入、底特律某家工厂的螺栓强度，或者美国中学教师的健康状况。如果能够观察群体中的每一名成员，当然是好事，但姑且不说可行性不高的问题，这样做会付出高昂的代价。在统计分析中遇到这个问题时，我们可以从大群体中抽取小样本进行调查，然后利用调查结果做出更广泛的推论。如果想知道筑巢的蓝知更鸟下了多少蛋，我们不需要查看全美所有的鸟巢。我们可以观察几十个鸟巢，根据我们的发现做出比较准确的估计。如果想知道人们在即将到来的选举中会如何投票，我们不需要询问每一个登记选民的想法。我们可以对选民进行抽样调查，然后利用调查到的信息预测选举结果。

这种方法有一个问题：你看到什么，取决于你看的是哪儿。为了得出有效的结论，我们必须小心谨慎，确保我们观察的群体是从总体中随机抽取的样本。前往有机市场采购的人更可能有自由主义的政治倾向；参观枪支展的人更可能是保守派。如果我们在有机食品店或枪支展上对选民进行调查，就有可能让我们对全市选民的想法产生一种错误印象。

我们还需要考虑我们得到的结果是否受到抽样行为本身的影响。例如，接受心理学研究访谈调查的人可能会根据调查人的性别给出不同的答案。如果我们试图利用来自互联网的大量数据理解社会生活的某些方面，就同样会遇到这种效应。脸书的自动补全功能可以帮助我们快速了解人们在社交媒体平台上谈论的内容（虽然具有随意性）。希望了解2019年的婚姻制度有多健康吗？我们可以试试脸书的搜索查询：

```
my husband is |
my husband is
my husband is my best friend
my husband is my life
my husband is awesome
my husband is my everything
my husband is the best quotes
my husband is my love
my husband is my best friend memes
See all results for my husband is
```

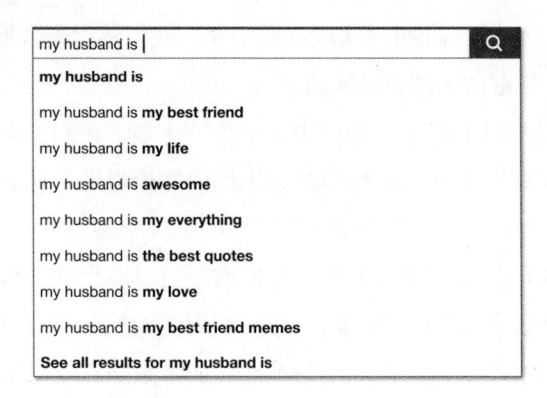

图 6-1

这些语句展示的是一幅欢乐的画面（尽管有点儿过于甜蜜）。但在脸书上，人们通常会把自己的生活描绘得尽可能好。在脸书上发布关于自己丈夫的消息的人可能不是已婚人士的随机样本，他们可能都拥有幸福的婚姻。况且，人们在脸书上所写的内容可能并不是衡量幸福程度的可靠指标。如果我们在谷歌搜索引擎中输入同样的问题，让谷歌的自动补全功能告诉我们当代人的婚姻生活状况，就会看到非常不同的结果：

```
Google

my husband is |
my husband is mean
my husband is addicted to porn
my husband is depressed
my husband is selfish
my husband is the best
my husband is missing
my husband is lazy
my husband is amazing
my husband is boring
my husband is dope

    Google Search      I'm Feeling Lucky

Report inappropriate predictions
```

图 6-2

呀！至少是"the best"（最棒）、"amazing"（非常棒）和"dope"（棒极了）——而不是"a dope"（傻瓜），进入了前10名。人们在寻求帮助时似乎都会求助于谷歌，在吹嘘自己的生活时则会用到脸书。我们找到什么样的结果，取决于我们看的是哪儿。

我们应该强调的是，样本不一定要完全随机才有用。它只需要对于我们要问的问题来说具有随机性就可以了。假设我们只根据名字出现在电话簿前10页的选民进行选举民意调查。这是一个高度非随机的人群样本。但是，除非名字以字母A开头与政治偏好有某种关联，否则这个样本就我们所问的问题（这次选举你准备把票投给谁？）而言是随机的。[1]

此外，我们还应该考虑的一个问题是我们对研究结果的适用范围抱有什么样的期望。我们根据一个群体取得的调查结果在哪些条件下可以外推至其他群体？社会心理学的一个目标是揭示人类认知的共性，然而绝大多数的社会心理学研究都是在被乔·亨利奇及其同事称之为"WEIRD"的群体中进行的。所谓WEIRD，是指Western（西方的）、Educated（受过教育的）、Industrialized（工业化的）、Rich（富裕的）和Democratic（民主的）。这些研究大多是在最省钱、最便利的人群中进行的：为拿课程学分只好充当研究对象的大学生。

对于这样的研究，我们可以在多大范围内推广所取得的结果呢？如果我们发现美国大学生在听了某种类型的音乐后更有可能实施暴力行为，那么在将这个结果外推至美国退休人员或德国大学生时，我们必须小心谨慎，更不用说外推至发展中国家或传统社群的成员了。

你可能以为在视觉感知这类基础领域取得的成果应该适用于不同的人口统计群体和文化。事实并非如此。不同社会的成员对著名的缪勒—莱尔错觉（箭头方向对直线表观长度产生的影响）的敏感性差

第 6 章 选择偏倚　　125

异很大。到目前为止，人们发现这种错觉对美国大学生的影响最大。[2] 在其他人群的眼中，直线的表观长度没有或几乎没有不同。

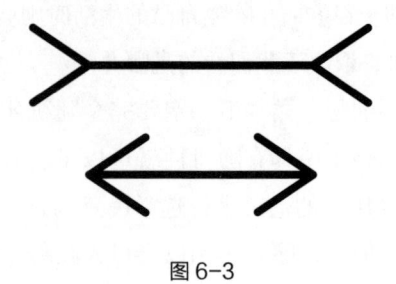

图 6-3

这同样说明，你看的地方决定了你看到的东西。

你看到什么取决于你看的是哪儿

如果你认为你对一个群体的研究结果适用于其他群体，这就是外推法。如果你认为你在研究一个群体，但你的样本不具有代表性，那么你遇到的是另一个问题，而且是统计学上的一个非常重要的问题。它有一个特殊的名字：选择偏倚。当你针对自己的研究抽取的那些个体与符合研究条件的整个群体有系统性差异时，就会产生选择偏倚。

例如，假设我们想知道华盛顿大学的学生缺课频率。在5月一个阳光明媚的星期五下午，我们对"当面指斥胡扯"课上的学生进行调查。学生们的回答表明，他们平均每学期缺课两次。这个缺课频率似乎低得令人难以置信，因为我们这门课的学生名额报满，但每次上课只有大约2/3的座位上有人。那么，学生是不是对我们撒谎呢？不一定。就我们所问的问题而言，回答我们问题的学生并不是符合条件的个体（本班所有学生）的随机样本。如果我们抽中的学生出勤率不高，就不会在其他人都在外面沐浴着周五下午的阳光时坐在教室里。

选择偏倚会给人留下错误印象。想想你看到的汽车保险广告。"GEICO（政府雇员保险公司）的新客户说，他们（在汽车保险上）平均每年可以节省500美元。"听上去多好啊。我们肯定会认为，这句话的意思是换到GEICO公司之后，每年可以节省500美元。

但四处看看就会发现，许多其他保险公司也在做类似的广告。好事达保险的广告宣称："转投好事达的司机平均每年可以节省498美元。"前进保险的广告声称，转投该公司的顾客节省了500多美元。农夫保险的广告声称，购买多份保单的被保险人平均可以省502美元。其他保险公司也声称节省的金额高达300美元。怎么会这样呢？为什么所有保险公司都声称转投它们就可以节省一大笔钱呢？如果一些公司比竞争对手更便宜，那么肯定会有其他公司收费更贵。

如果你认为转投GEICO（或者好事达、前进、农夫）可以省钱，那么问题在于，转投GEICO的人远算不上汽车保险市场上全体顾客的随机样本。想想看：需要满足什么条件，才能让你不嫌麻烦，转投到GEICO（或其他保险公司）呢？条件是你能省一大笔钱。人们不会为了付更多的钱而换保险公司！

不同的保险公司使用不同的算法来确定费率。有的会大幅增加你的驾驶记录的权重，有的更看重你驾驶的英里数，有的看你晚上是否把车停在车库里，有的为成绩好的学生降低费率，有的会考虑发动机的大小，还有的对有防抱死刹车和牵引力控制系统的汽车打折。因此，当司机为购买保险而四处奔走时，她希望找到的是算法能大幅降低她的保险费率的保险公司。如果她已经根据她的个人情况找到了最便宜的保险公司，或者说其他保险公司只便宜一点儿，那么她不太可能换保险公司。只有那些能省下一大笔钱的人才会换保险公司。所有的保险公司都敢说转投他们公司的人省了一大笔钱,就是因为这个原因。

这是选择偏倚的一个经典例子。转投GEICO的人并不是保险客户的随机样本,而是那些因为此举而获益最多的人。该广告文案可以这样等效解读:"转投GEICO后,有的人会发现他们的保险费增加了,有的人会发现他们的保险费基本不变,还有的人则会发现他们的保险费下降了,其中,少数人会发现他们的保险费大幅下降了。保险费大幅下降的这些人平均节省500美元。"虽然这种说法准确,但你不太可能在超级碗广告中听到有人这样说。[3]

在所有这些例子中,保险公司大概都知道选择偏倚是他们能够报告这些有利数字的原因。聪明的消费者知道营销中有误导性的东西,即使不太清楚到底是什么。但有时保险公司自己也会被打个措手不及。一家大型保险公司的高管向我们讲述了一个选择偏倚在短时间内让他的团队感到困惑的例子。20世纪90年代,他所在的公司是最早在网上销售保险的大型保险公司之一。这似乎是一个值得尽早进入的市场,但该公司的分析团队在分析向精通互联网的客户销售保险的利弊时得到了一个令人不安的结果。他们发现,拥有电子邮件地址的人提出保险索赔的可能性远高于那些没有电子邮件地址的人。

如果差异很小,人们可能会想当然地认为真的存在这种模式。人们甚至可以想出许多看似合理的事后解释,例如,互联网用户更可能是年轻男性,他们开车的里程数更多,也更鲁莽。但在本例中,索赔率的差异非常大。我们这位朋友运用了辨别胡扯最重要的规则之一:如果某件事看起来太好或太坏而不像是真的,那么它很可能不是真的。他找到发现这种模式的分析团队,告诉他们这个发现不可能是正确的,并要求他们重新检查他们的分析过程。一周后,他们再次提交报告。在进行了仔细的再分析后,他们再次得出了最初的结果。我们的朋友仍然不相信,让他们继续寻找原因。

这一次,他们取得了令他们感到难为情的结果。他们说,数学计算是正确的,但数据有一个问题。公司最初出售保险时没有索要电子邮件地址。只有在有人提出索赔时,他们才会索要电子邮件地址。因此,在公司数据库中拥有电子邮件地址的人也必然提出过索赔。使用电子邮件的人提出保险索赔的可能性不会更高,但那些提出索赔的人在档案中填有电子邮件地址的可能性要高得多。

只要我们愿意找,选择偏倚随处可见。我们的一位精神病学家朋友对精神障碍表现方式的不对称性感到奇怪。他说:"每4个美国人中就有1个人会在某种程度上过度焦虑,但在我的整个职业生涯中,我只见过1个病人有过少焦虑的问题。"

当然会这样!没有人会走进心理医生的办公室说:"医生,你得帮帮我。我因为不担心任何事,所以躺在床上一夜又一夜地睡不着。"很可能焦虑过少的人和焦虑过多的人一样多,只是他们不去接受治疗。结果,他们要么进了监狱,要么进了华尔街。

隐藏在墨菲定律背后的原因

在葡萄牙有孩子的家庭中,大约60%的家庭只有一个孩子,但大约60%的孩子有兄弟姐妹。这听起来不可能,但事实上是完全有可能的。下图可以说明其中的道理。在20个葡萄牙家庭中,可以预计大约有12个家庭只有1个孩子,7个家庭有2个孩子,1个家庭有3个孩子。因此,大多数家庭都是独生子女,但由于多子女家庭都有多个孩子,所以大多数孩子都生活在多子女家庭中。

第6章 选择偏倚

3 个孩子

14 个孩子

12 个孩子

12 个家庭　　　　7 个家庭　　1 个家庭

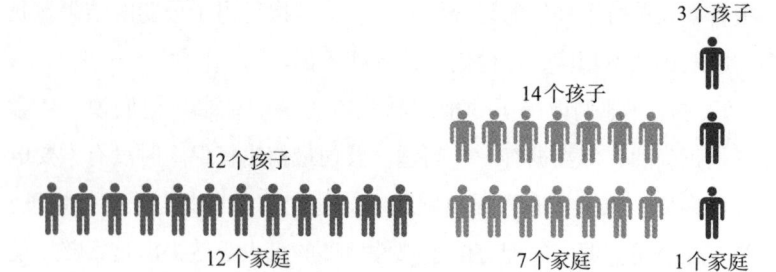

20 个家庭中有 12 个家庭只有一个孩子
29 个孩子中有 17 个孩子有兄弟姐妹

图 6-4

这跟胡扯有什么关系？大学总是标榜小班教学，但学生们往往觉得这些统计数据难以置信："平均 18 人一个班？这是胡扯！三年来，我上的课中只有两个班的学生人数少于 50 人！"

学生和学校说的都没错。这是怎么回事呢？出现这种感知上的差异是有原因的。就像多子女家庭的孩子数量非常多一样，大班的学生人数也非常多。假设生物系一个学期开设 20 个 20 人的班，4 个 200 人的班。从管理人员的角度来看。每 6 个班中只有 1 个班是大班。班级平均人数为 $[(20 \times 20) + (4 \times 200)] / 24 = 50$。到目前为止，没有任何问题。

但是请注意，一共有 800 名学生上的是 200 人的班，只有 400 名学生上的是 20 人的班。5/6 的班级人数较少，但只有 1/3 的学生在这样的班级上课。因此，如果你随机问一组学生他们的班级有多大，他们给出的平均答案大概是 $[(800 \times 200) + (400 \times 20)] / 1\ 200 = 140$。我们称之为班级人数体验平均值[4]，因为它反映了学生真实体验到的班级人数。

因为大班的学生人数多，所以平均而言，一般学生被编入的班级人数大于平均人数。学校可以利用这种不同来推动工作。大学可以在招生小册子中宣布:"生物课的平均人数是50。"游说缩小班级规模的学生可能会说"生物系学生上课的平均人数是140"。这两种说法都没错,但传递的信息大相径庭。

这一原理解释了为什么教师对班级人数的概念可能与学生不同。如果你想知道班级有多大,你可能会认为无论问学生还是问老师,都会得到相同的答案。只要每个人都说真话,无论问谁都没什么关系。但事实上有关系,而且关系很大。无论规模大小,每个班都有一位老师。因此,如果你随机抽取教师样本,你看到的班级是大班还是小班,可能与校园里这类班级数量成比例。在我们上面的例子中,教小班的老师更多。但是大班学生多,小班学生少,所以如果你对学生随机抽样,被抽中的学生更有可能在大班上课。[5]

回想一下第5章介绍的古德哈特定律:"指标变成目标后,就不再是一个好的指标。"班级人数就是一个例子。每年秋天,高校管理人员都焦急地等待着自己的学校在《美国新闻与世界报道》大学排名中的位置。排名越高,学校的声誉就越好,就会吸引优秀学生申请本校,增加校友捐款,最终提高收入和声誉。事实证明,班级规模是这个排名过程中的一个重要参考指标,而小班教学是一个很好的加分因素。

> 在该指数中,学生人数少于20人的本科班级所占比例的分值最高,20~29人班级占比的分值第二高,30~39人班级占比的分值第三高,40~49人班级占比的分值第四高,人数为50及以上的班级不得分。

《美国新闻与世界报道》在排名时对所有班级的分数求和,此举是奖励开设小班数量最多的学校,而不是班级人数体验平均值最低的学校。因为学生的体验是最重要的，所以这种做法可能是错误的。考虑一下我们前面提供的数值例子。该例中的生物系有24名教师和1 200名注册学生。我们可以调整班级结构，使每个班级有50名学生。在这种情况下，班级人数体验平均值将从140下降到50，但根据《美国新闻与世界报道》的标准，该系的得分将由高分变成低分。[6]为了消除大学将大部分学生安排进大班的不正当动机，我们建议《美国新闻与世界报道》大学排名在计算分值时使用班级体验人数，而不是班级人数。

同样的数学原理也可以解释一个奇怪的事实：你的大多数朋友拥有的朋友可能都比你多。确实如此，但这并不仅仅是因为你是那类会阅读讨论胡扯的书来消遣的人，还因为这对任何人来说都是事实，这就是所谓的友谊悖论。理解友谊悖论的难度比理解我们刚才讨论的班级大小问题要大一些，但做到基本理解应该不是遥不可及的目标。社会学家斯科特·菲尔德第一个概述了这一矛盾结果，并做了如下解释。假设人们平均有10个朋友。（我们说10个而不是500个，是因为菲尔德的论文写于1991年，那时候"朋友"是你真正见过的人——甚至经常是指你喜欢的人。）再假设在你的圈子里有一个内向的人，他有5个朋友，还有一个社交名人，他有15个朋友，加到一起，他们平均每人有10个朋友。但是，社交名人是15个人的朋友，因此会让15个人因为朋友太少而感到不自信。那个内向的人仅仅是5个人的朋友，因此只会让5个人觉得心安。

用直觉进行论证当然很好，但友谊悖论在现实生活中真的存在吗？菲尔德研究了一份146名少女的友谊图（这是30年前精心收集的）。他发现，在这些女孩中，很多人的朋友数比朋友的朋友数少，而朋友数比朋友的朋友数多的人比较少。

但这只是取自一个小镇上的一个群体的样本。我们想在更广泛的范围内研究这个问题。在社交媒体时代,研究人员可以实现这个目的。某个团队研究了脸书上7.2亿用户的690亿份友谊。他们确实发现,大多数用户的朋友数比他们的朋友少。事实上,93%的脸书用户都是这样!想不到吧?这些研究人员发现,脸书用户平均有190个朋友,而他们的朋友平均有635个朋友。

随后的研究区分了友谊悖论的弱形式和强形式。弱形式是指你的朋友所拥有朋友数的平均值(算术平均值)。弱形式也许并不令人惊讶:假设你在推特上关注了蕾哈娜和其他499人。蕾哈娜有超过9 000万粉丝,所以你关注的500个人平均至少有9 000万/500 = 18万粉丝——远远超过你拥有的粉丝数。强形式更令人吃惊。它指出,大多数人的朋友数少于朋友的朋友数的中值。换句话说,根据朋友的数量给你的朋友排序。选择排在正中间的那位朋友。他的朋友数可能比你多。这种现象不能归因于某个超级受欢迎的朋友。该研究团队还发现,这种强形式在脸书上同样成立:84%的脸书用户的朋友数小于排名中间的朋友的朋友数。除非你是金·卡戴珊这类人,否则你很可能也会遇到同样的情况。

当你意识到同样的道理也适用于你过去的性史时,你可能会感到不安。与你相比,你的大多数伴侣可能与更多的人发生过性关系。

好吧,就当我们没提吧。继续研究数据。诸如此类的选择效应有时被称为观察选择效应,因为它们是由观察者的存在和观察者报告的变量之间的关联性驱动的。在班级大小那个例子中,如果我们询问学生他们班级的规模,学生观察者的出现和班级大小之间就存在某种关联性。如果我们转而询问教师他们所教班级的大小,就不会产生观察选择效应,因为每个班级只有一名教师——教师在教室里的存在与班级大小之间没有联系。

观察选择效应可以解释一些我们通常归因于坏运气的现象。如果你经常乘坐公共汽车上下班，就有可能注意到你经常要等待很长一段时间才能等到车。但是，等待多长时间才是"等待很长一段时间"呢？要回答这个问题，我们需要将你的等待时间与平均等待时间进行比较。假设公共汽车每隔10分钟开出一趟。如果你在任意时间到达，平均预计等待时间是多少呢？答案是5分钟。因为你可能在10分钟时段内的任意时刻到达车站，等待9分钟和等待1分钟的可能性相同，等待8分钟和等待2分钟的可能性相同，以此类推。每一对的平均值是5分钟。一般来说，如果公交车间隔一定时间开出一趟，你的平均等待时间就是这个时间间隔的1/2。

如果城市的公共汽车数量保持不变，平均每10分钟发车一趟，但由于交通状况的问题，公共汽车的运行有些不规律，结果会怎么样呢？有时，两趟公交车的间隔时间很短，有时可能会延长到15分钟，甚至更多。现在，你的预计等待时间是多少呢？5分钟似乎还是一个不错的猜测。毕竟，运行的公共汽车数量没变，两趟车时间间隔的平均值仍然是10分钟。

但实际上，你需要等待更长的时间。如果你在任意一个公交车间隔时间内到达车站的概率相等，那么公交车间隔的差异会相互抵消，你的平均等待时间就会像之前一样是5分钟。但你在各个公交车间隔时间内到达车站的可能性都不相同，你更有可能在一个较长的间隔时间里（而不是在较短的间隔时间里）到达车站。因此，你的平均等待时间超过5分钟。

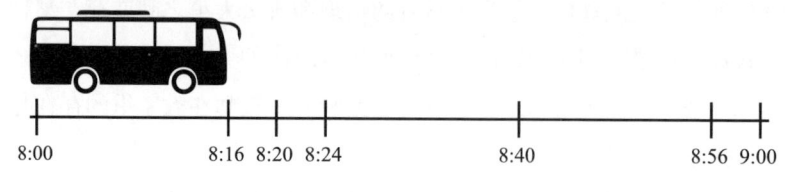

图 6-5

上图中，公共汽车平均每10分钟发车一趟，但它们挤在一起，有的间隔16分钟，有的间隔4分钟。你有80%的机会在这些长的间隔中到达车站，在这种情况下，你平均要等8分钟。你只有20%的机会在短间隔中到达车站，平均等待2分钟。总的来说，你的平均等待时间将是(0.8 × 8) + (0.2 × 2)= 6.8分钟，大大长于公交车均匀间隔时的5分钟平均等待时间。

所以，虽然你似乎会因为不走运而导致等待时间经常长于预期，但这根本不是坏运气的问题，而是一种观察选择效应。你更有可能在较长的公交车间隔期出现，所以你经常需要等待很长的时间。

当你在机场等待酒店的客货两用车、机场大巴或者租车公司的班车时，也会发生类似的情况。在写完上述内容的几天后，卡尔和女儿飞往洛杉矶。他们站在那里等待租车公司的班车时，眼睁睁地看着其他几家租车公司的多趟班车从他们眼前驶过，但接他们的班车不见踪影。等了一段时间，卡尔的女儿抱怨他们的运气不好——但这并非坏运气的问题，这是观察选择效应。下面是卡尔在洛杉矶国际机场的路边给她做的解释。

为了简单起见，我们考虑两家汽车租赁公司的情况，分别是你等待的租车公司和它的主要竞争对手。

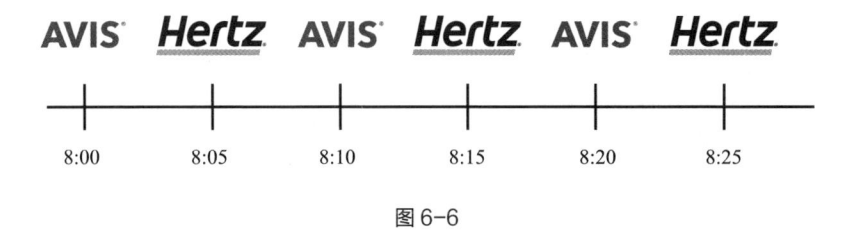

图 6-6

假设这两家公司的班车如上图所示均匀间隔。如果你在一个随机的时间到达，那么你的车比另一家公司的车先到和后到的可能性各占 1/2。在你的班车到来之前,你只会看到不超过一辆另一家公司的班车。平均而言,你将看到 0.5 辆另一家公司的班车。

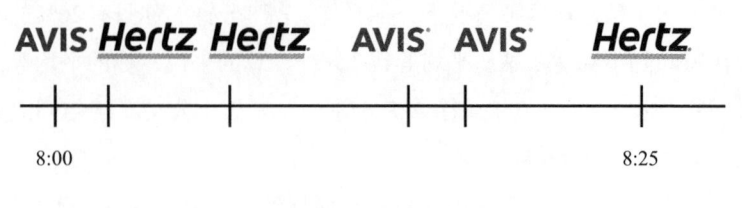

图 6-7

但我们现在假设这些车不是均匀间隔,而是随机到达。你乘坐的车有 1/2 的可能先到,这与两家公司的车彼此错开时一样。但还有 1/2 可能是另一辆车先到。要注意的关键是,在后面这种情况下,就会回到刚开始的情形:你先到,接下来到达的有 1/2 的概率是你的车,还有 1/2 的概率是另一家公司的车。如果运行的班车数量保持不变,但它们到达的时间完全是随机的,那么平均说来你将看到 1 辆另一家公司的车,而不是 0.5 辆车。如果有多家租车公司的班车在运行,就会发生相同的情况。如果 n 家公司的班车以相同的速度运行,那么平均而言你的班车将是第 n 个到来。[7] 这会给人运气不好的感觉。"这个机场只有 8 家租车公司,而我的车是第 8 个到的!"如果你的直觉是基于公交车间隔均匀的情况,那么等待的时间是你预期的两倍。因此,你会形成这样一个印象:无论选择哪家租车公司,这家公司的班车数量都只有竞争对手的一半。

观察选择效应也可以解释为什么在拥挤的四车道公路上行驶时你选择的总是较慢的那条车道。你可能认为有两条车道可供选择,你应该有 1/2 的机会选中较快的那条车道。其实不然!在公路上行驶时,车速越快,中间的距离就越大。如果相邻两条车道上的车辆以不同的速度行驶,那么低速车道上的车辆会更拥挤。当同一方向的两条车道上的车速不同时,正在路上行驶的车辆大多数都在较慢的车道上,因此大多数司机都会抱怨他们选择车道时运气不好。

图 6-8

帅哥和顶级程序员

5年前,谷歌的工程师将机器学习技术应用到他们自己的招聘过程中,试图找出最高效的员工。他们发现了一个令人惊讶的结果:工作表现与之前在编程竞赛中的成绩呈负相关。这可能是因为擅长编程竞赛的人还具有其他特点,不太适合员工这个身份。谷歌的研究主管彼得·诺维格推测,也许竞赛优胜者习惯于快节奏工作,而慢节奏对于他所在的岗位而言效率更高。但我们不能这样草率地下结论。编程竞赛成绩和工作表现之间表现出这种负相关性,可能是因为这些员工远不是全体员工的随机样本。在谷歌的招聘过程中,他们已经因为编程能力和其他技能而被选中。但要理解这是如何产生负相关性的,我们首先要关注一个更广泛的问题:为什么帅哥都是浑蛋?

数学家乔丹·艾伦伯格曾提出,利用伯克森悖论可以解释一种常见的抱怨。在约会场所非常活跃的朋友们有时抱怨说,当和帅哥出去约会时,会发现这个人原来是个浑蛋;而当感觉某个人品质很好时,却发现这个人长得不帅。对于这一令人失望的观察结果,一种常见的解释是，长得帅的人能够承担得起成为浑蛋的代价，因为他们拥有较高的地位，是人们一心想结为伴侣的热门人选。但还有另一种可能的解释。

艾伦伯格让我们想象把潜在的伴侣放在一个二维图表上，横轴表示品质，纵轴表示帅气。这样，你就会得到一个类似于下图的结果。

在这张图中，帅气和品质基本上是不相关的。帅哥是浑蛋的可能性，不比丑男大或者小。到目前为止，我们没有理由认为有品质的人就不帅气，也没有理由认为帅气的人就是浑蛋。

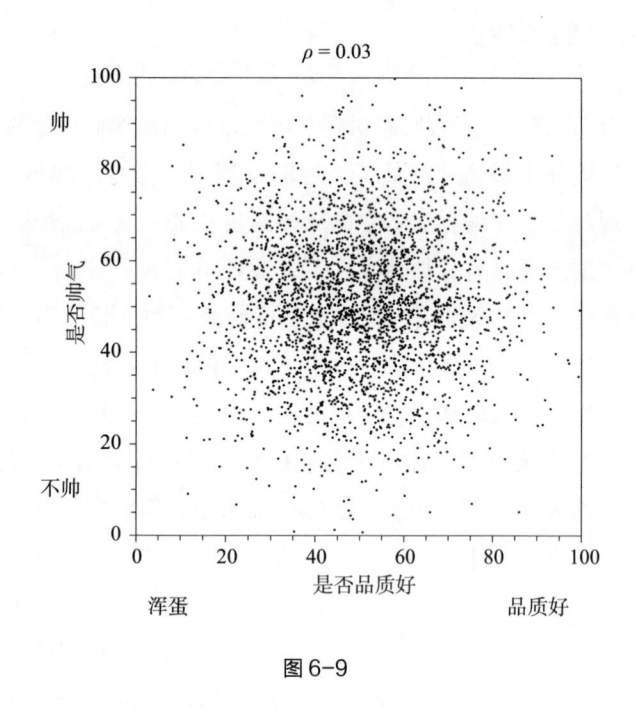

图 6-9

现在让我们看看，一旦你考虑是否真正愿意和某人约会时，会发生什么。当然不是那些既不帅又是浑蛋的家伙。如果一个人真的很优秀，也许你会容忍他在外貌上的缺点，反之亦然。所以，在图中表示男生的空间里，你愿意约会的人应该在斜线上方的区域：

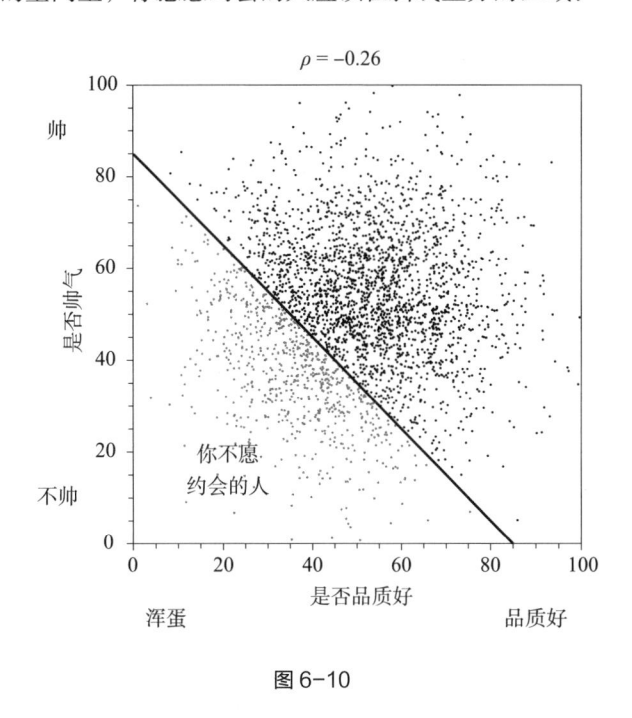

图 6-10

在你想要约会的男生中，帅气和品质好之间存在一定程度的负相关性。一个非常帅的男生不太可能比你愿意约会的普通男生品质更好，一个品质好的男生也不太可能比你愿意约会的普通男生更帅气。

这就是伯克森悖论在起作用。因为同时选择了品质和帅气，所以在你愿意约会的对象中品质和帅气产生了一种负相关性。

在相反的方向还会发生一个类似的过程。不仅是你会挑选你愿意约会的对象，别人也会选择是否愿意和你约会。很抱歉这么直言不讳，但除非你是约翰·传奇，否则有的人宁愿选择其他人。这样，你可能约会的对象又会少一些：

图 6-11

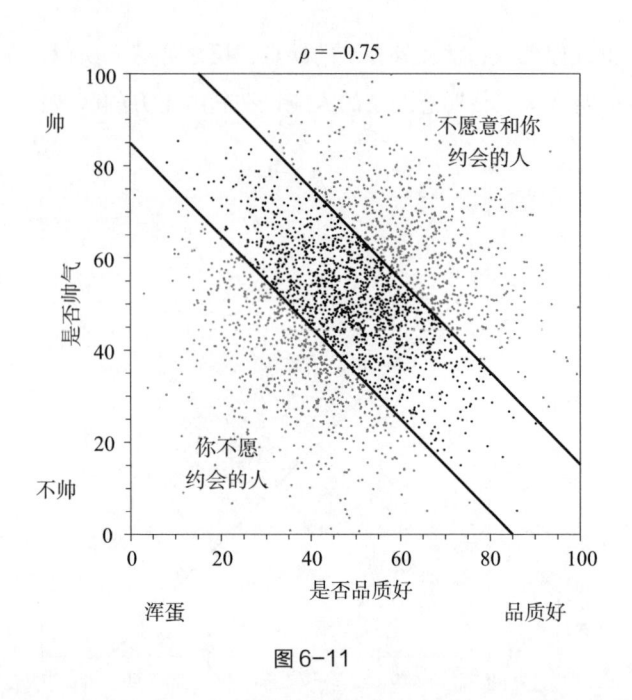

剩下的都是谁？现在，你的约会对象被限定在一个从潜在伴侣空间斜向穿过的带状狭窄区域中。在这个区域，品质和帅气之间有很强的负相关性。伯克森悖论的两个例子（一个是你愿意约会的人，另一个是愿意与你约会的人）在你的潜在伴侣中产生了这种负相关性，尽管在全体人口中并没有负相关的趋势。

我们继续讨论编程比赛能力和在谷歌公司工作表现之间的负相关性。在全体人口中，我们有充分的理由认为编程竞赛能力和谷歌岗位能力之间应该有很强的正相关性。大多数美国雇员根本不知道如何编程，但编程技能是谷歌工程师岗位的先决条件。谷歌的员工是从更大的潜在员工群体中精挑细选的，被选中的原因可能是与编程相关的技能。事实上，招聘经理在招聘过程中使用的评估可能很像在编程竞赛中提出的各种任务或挑战。也许招聘过程过于看重编程竞赛能力，而忽略了其他能让人高效工作的特点。如果是这样，员工的竞赛成绩和工作表现之间可能会出现负相关性，参见下图：

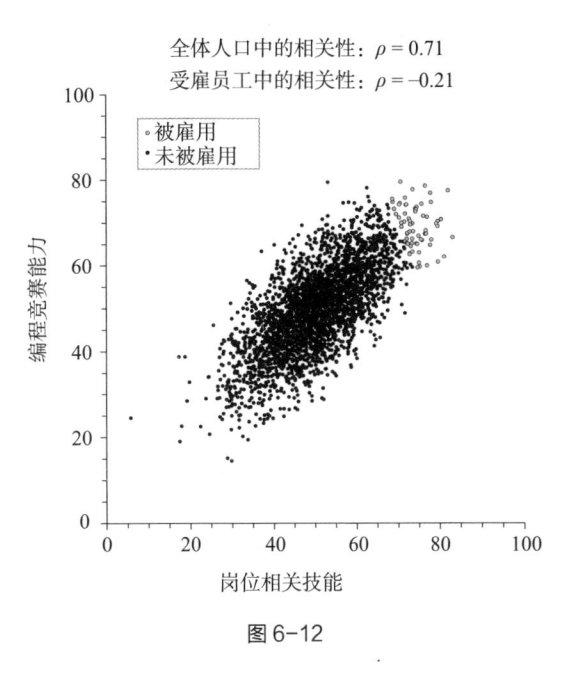

全体人口中的相关性：$\rho = 0.71$
受雇员工中的相关性：$\rho = -0.21$

图 6-12

一旦你开始考虑伯克森悖论，就会发现它无处不在。为什么职业棒球大联盟中最好的守场员往往是平庸的击球手，而最好的击球手往往是平庸的守场员呢？答：有很多球员作为守场员和击球手的技术都很平庸，但他们都没有入选"The Show"这款游戏。在玩《龙与地下城》游戏时，为什么你最好的战士的魔力如此之低，为什么你最好的术士的体力如此之弱？答：因为当你的角色达到一个新等级时，你会放弃某一项能力，换取另一项能力，并且为其分配奖励的能力点。为什么一些优秀的词曲作者嗓音像迪伦，而一些优秀的歌手不会为自己创作词曲呢？答：有很多音乐家唱歌像迪伦，创作的歌适合长发金属乐队演唱，但谢天谢地，你永远不会在收音机上听到他们的歌声。

第 6 章 选择偏倚　　141

即使选择是在公开的情况下进行的，统计结果似乎也会违反直觉。假设一所学校可以根据学生的平均绩点（GPA）提名学生参加美国优秀学生奖学金竞赛。提名公布后，我们看一下被提名的200名学生。我们发现被提名女生的平均绩点是3.84，而被提名男生的平均绩点是3.72。样本中有这么多的学生，所以差异不仅仅是一个偶然现象。我们能否断定尽管被提名男生的平均绩点较低，但学校在提名时肯定对他们有所照顾？乍一看似乎是这样的。如果学校对男女生实行同样的提名标准，为什么他们的平均绩点不是大致相同呢？

一种可能的解释是，男生的平均绩点分布与女生的平均绩点分布不同。如果是这样，那么即使针对男生和女生设置相同的提名门槛，在选择了最优秀的学生之后，被提名的男生和女生的平均绩点分布仍然会有所不同。下图说明了这一点。图中，得分高的女生分数非

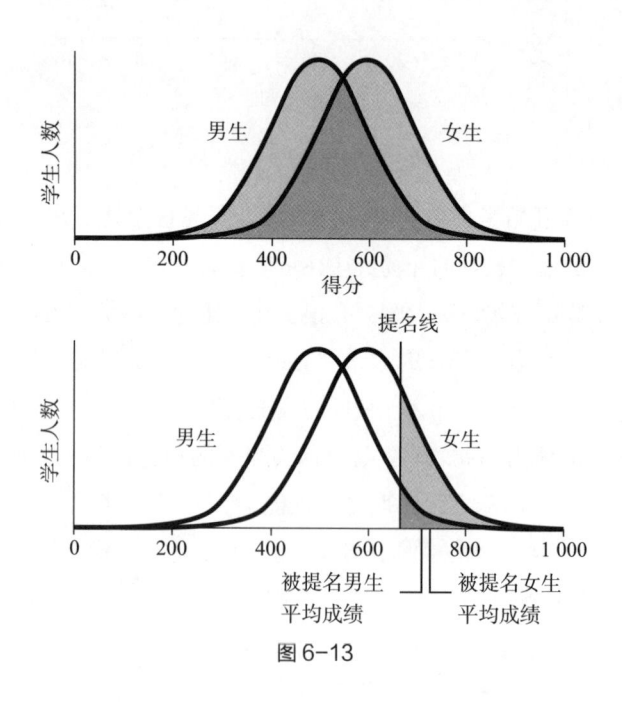

图 6-13

常高，而得分高的男生的分数仅仅略高于分数线。这就导致了录取分数线以上学生的平均成绩存在差异。

这并不完全是伯克森悖论，但关键是选择可以产生各种各样的有趣结果。当我们在理解数据中呈现的模式时，必须考虑清楚是否存在选择偏倚或者刻意选择行为，如果有，这些因素会对观察到的模式产生什么样的影响。

最后，我们希望提醒大家，伯克森悖论为威廉·巴特勒·叶芝在经典的现代主义诗歌《基督再临》中的悲观评论给出了一个迄今未被认可的解释：

至善者信心动摇，

而至恶者却躁动狂热。

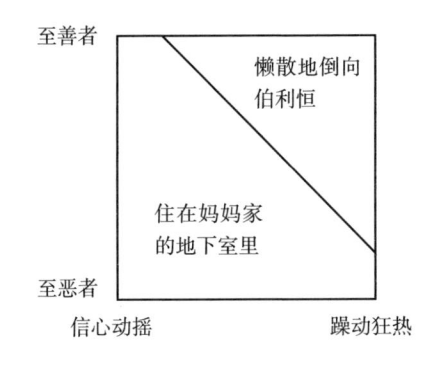

图 6-14

音乐才华的致命危险

在评估某种药物副作用的临床试验中，病人的初始样本可能是随机的，但病人在受到副作用影响后更有可能退出试验，因此他们的情况不包括在最终的分析中。这就是删失数据，一种与选择偏倚密切相关的现象。尽管样本最初可能是随机选择的，没有选择偏倚，但如果样本的一个非随机子集没有计入最终分析，就会导致删失数据。

我们直接看一个例子。2015年3月，一幅令人吃惊的数据图（大致如下图所示）在社交媒体上流传开来。这幅图来自一篇关于音乐人死亡时间的热门文章，似乎揭示了一个令人震惊的趋势。它告诉我们，从事传统音乐类型（例如布鲁斯、爵士乐、福音音乐等）的音乐人似乎是一份比较安全的职业，而新风格的音乐表演（例如朋克、金

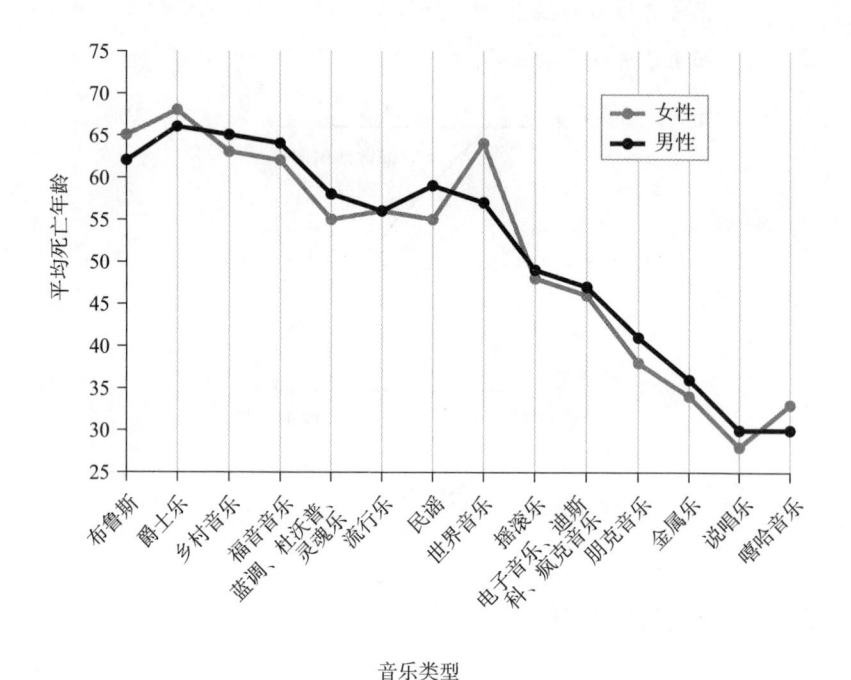

图 6-15 死亡年龄与音乐类型

属，尤其是说唱和嘻哈）看起来非常危险。进行这项研究的研究人员告诉《华盛顿邮报》："这在某种程度上是一个警示。对于从事说唱音乐、嘻哈音乐或朋克音乐的音乐人来说，他们从事的职业比战争危险得多。毕竟，我们不会在一场战斗中损失一半的军队。"

这幅图成为一个模因，在社交媒体上广泛传播。不仅是因为它为一个有趣的话题提供了定量数据，而且我们很多人本来就听到过一些关于音乐行业生活不易的传闻，这些数据进一步加深了这种印象。

但是，看一下这幅图，就会发现有些地方不对。再说一遍，如果某件事好到或者糟糕到让人难以置信的程度，它很可能就不是真的。这幅图反映的情况太糟糕了，所以不像是真的。让我们对这幅图产生怀疑的是死亡年龄上令人难以置信的巨大差异。如果研究发现从事某些音乐类型的音乐人的死亡年龄比其他人小5%~10%，我们也不会特别怀疑。但是看看这幅图。图中数据表明说唱乐手和嘻哈乐手死于30岁左右——其他类型音乐人死亡年龄的1/2。

这是怎么回事呢？导致这些数据具有误导性的原因是右删失——在研究结束时仍然活着的人被从研究中删除了。

我们先看一个右删失的例子，再回到音乐人的话题上。假设你是一个保护小组的成员，正在研究马达加斯加岛上一种稀有变色龙的生命周期。变色龙的寿命非常短，完整的一生最多持续两三年。2013年，你给一片森林里的所有新出生变色龙戴上标记环，然后追踪它们的生存状况，直到2017年你的资金用完。下图表示的是带有标记环的变色龙的寿命。每个条形代表一条变色龙，最下面的那几个条形表示2013年第一批戴上标记环的变色龙。有的变色龙死得早（通常是因为被捕食），另外一些则正常度过了一生。你把记录的死亡日期在图中表示出来。2014年出生的变色龙也是如此。但2015年和2016年

第6章 选择偏倚 145

出生的变色龙在2017年研究结束时并没有全部死亡，图中超出那条竖线（表示研究结束）的条形表示的就是这种情况。

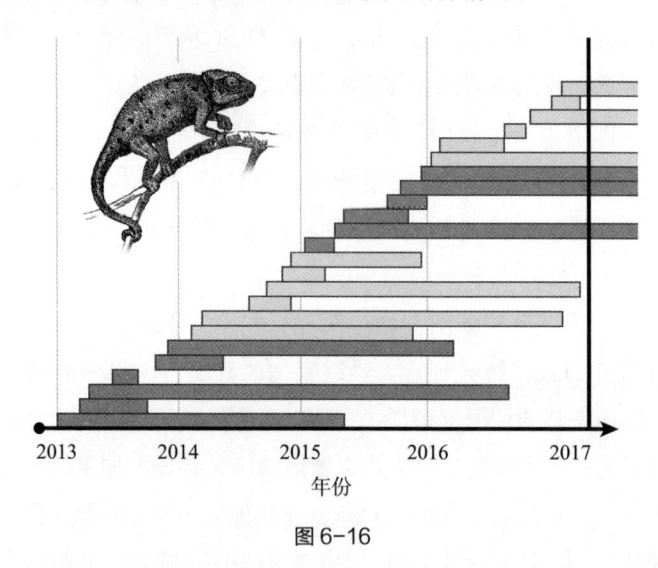

图 6-16

那么如何记录这些数据呢？如果在研究结束时简单地把这些变色龙算作死亡，数据就会有很大的偏差。他们并没有真的死亡，只不过你的研究结束了。所以，你认为最安全的做法是将这些变色龙从你的数据中彻底剔除。这样做其实就是数据右删失：抛弃从右侧超出图表范围的数据。下图表示的是右删失数据。

看看发生了什么变化。2013年和2014年出生的变色龙有的很早就死了，其他的也仅活了两三年。从这些右删失数据来看，2015—2016年出生的变色龙似乎都死得早。如果你不知道这是右删失数据，你可能会认为2015年和2016年对于变色龙来说是非常危险的年份，并对这个种群的长期健康表示担心。这是受到了误导。2013—2017年，变色龙寿命的分布没有变化。因为将那些活到研究结束后的变色龙剔除在外了，所以你看到的是所有出生于2013年和2014年的变色龙，以及在2015年和2016年出生却寿命较短的变色龙。右删失数据误导你对变色龙死亡时间的模式产生了一种错误的印象。

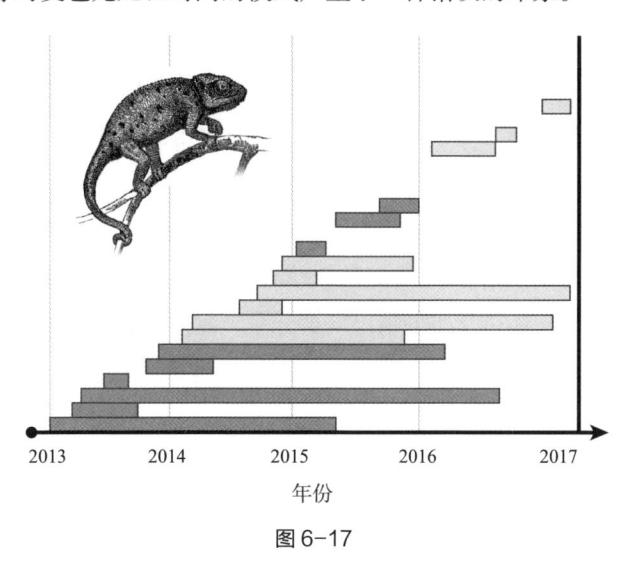

图 6-17

我们在这里看到的右删失问题可以看作选择偏倚的一种形式。本例中2015年和2016年的样本并不是该年份出生的变色龙的随机样本。相反，它们代表寿命最短的那些变色龙。

同样的问题也出现在表示音乐人平均死亡年龄的数据图中。说唱和嘻哈是新的音乐类型，最多有40年的历史，而流行音乐人往往在十几岁或二十几岁时开始他们的职业生涯，所以大多数说唱和嘻哈明星至今仍健在，并因此被排除在研究之外。已经去世的说唱和嘻哈音乐人都是英年早逝。相比之下，爵士乐、蓝调、乡村音乐和福音音乐已经存在了一个多世纪，从事这些音乐类型的已故音乐人活到了80岁甚至更久。这并不是表明说唱明星可能英年早逝，而是说那些已经去世的说唱明星一定是英年早逝的，因为说唱乐存在的时间还不够长。

公平地说，该研究的作者在文中承认存在右删失问题。但问题是，读者可能认为图中显示的显著差异是因为不同类型音乐人的死亡年龄不同，而我们认为数据呈现出的模式大多是右删失造成的结果。我们不希望在作者展示的图表中，所呈现的模式有些甚至是大多数都是统计假象造成的，然后告诉我们："但有些模式是真实的，请相信我。"

另一个问题是，在数据图上没有关于右删失问题的警告。在社交媒体环境中，数据图（至少是那些直接面向大众的文章中的数据图）经常会在不附带文本的情况下被分享，我们必须对这种情况做好准备。在我们看来，这些数据不应该按照原先的方式表示到图表中。否则，图表呈现的东西与仔细分析得出的结论并不一致。

消除选择偏倚

我们已经讨论了产生选择偏倚的几个原因。在本章最后，我们讨论如何消除这个问题。

选择偏倚经常出现在临床试验中，因为临床试验中的医生、保险公司和患者对治疗方案如何分配都有发言权。因此，接受干预的治疗组可能与未接受干预的对照组在一些重要方面有所不同。随机选择一些患者接受特定治疗，可以减少选择偏倚。

最近，一项关于企业健康计划的研究表明这一点非常重要。如果你在一家大公司工作，你可能已经参加了这样的计划。企业健康计划的确切结构各不相同，但其方法是以预防医学为基础的。企业健康计划通常包括疾病筛查、健康教育、健身活动、营养建议、减肥和压力管理。很多健康计划会追踪员工的活动和有关他们健康的其他方面。有些公司甚至要求员工佩戴健康追踪器，以提供个人活动程度的详细信息。大多数公司都鼓励员工有益健康的行为。有的对参加活动或完成某些健身指标的员工给予奖励，有的则对不健康的行为进行处罚，比如向吸烟或超重的人收取更高的保险费。

健康计划提出了关于企业是否对员工身体具有如此高的控制权和所有权的道德问题。但还有一个基本问题：它们有效吗？要回答这个问题，我们必须就健康计划应该实现的目标达成一致。企业认为，他们提供这些计划是因为他们关心员工，希望改善员工的生活质量。这在很大程度上是胡扯。公司草坪上的沙排球场可能对招聘工作有利，但是实施健康计划的首要原因是改善员工的健康状况有助于公司降低保险成本，能减少缺勤，甚至可能降低员工的离职率。所有这些因素都有助于公司追求利润。

越来越多的企业加入了这个行列。到2017年，职场健康业务仅在美国就迅速发展成为一个规模达80亿美元的行业。一份报告显示，在员工人数超过50的公司中，有一半公司会提供某种形式的健康计划，平均每年花在每位员工身上的成本远远超过500美元。

综合以往研究结果的元分析似乎令人鼓舞。这类研究通常认为，健康计划可以降低医疗成本和员工缺勤率，为企业节省大量资金。但几乎所有这些研究都有一个问题：在不经意间受到了选择偏倚的影响。他们将同一公司内参加健康活动的员工和没有参加健康活动的员工进行比较。但是企业不能强迫员工参加这些活动，而选择参加的人可能在某些重要方面与选择不参加的人有所不同。特别是，那些选择参加的人可能本来就比那些选择不参加的人身体更健康，生活方式也更健康。

研究人员在最近的一项研究中找到了解决这个问题的方法。伊利诺伊大学厄巴纳—香槟分校启动了一项职场健康计划，他们将员工随机分为治疗组和对照组。治疗组的成员可以选择参加这项计划，但不要求他们必须参加；而对照组的成员根本没有机会参加。这种设计为研究人员提供了三种类型：选择参加的人，选择不参加的人，以及一开始就没有选择机会的人。[8]研究者获得了所有参与者过去13个月的健康数据，为比较参加计划前后的健康状况奠定了基础。

与之前的观察性研究不同，这项研究发现，有机会参加健康计划对医疗成本或缺勤率没有统计上的显著影响，也没有增加员工去健身房和参与类似体育活动的次数。（健康计划的唯一好处是增加了参与者接受健康筛查的比例。）图6-18的图对这些结果进行了总结。

这项随机对照试验发现，企业启动健康计划对健身活动、员工留任和医疗成本都没有影响。

为什么呢？之前的研究大多发现健康计划会产生有益的效果。伊利诺伊大学厄巴纳—香槟分校健康计划在设计上是否有非常大的问题？这与之前研究中的选择效应是否有关？为了找到答案，研究人员进行了第二次分析。他们把对照组放在一边，只观察那些有机会参加企业健康计划的员工。在对那些积极参加这个计划的员工与那些不积极参加的员工进行比较之后，他们发现选择参加和选择不参加这个计划的员工在活跃性、留任和医疗费用方面存在着很大的差异。即使研究者试图控制参与者和那些谢绝参与者之间在另外一些特征（比如年龄、性别、体重等）上的差异，这些差异也仍然存在。如果这些研究者像之前的研究人员那样进行观察性研究，他们还会发现，参加职场健康计划的员工更健康，离开公司的可能性也更小。

这是一个选择效应的经典例子。身体健康的人更有可能参加健康计划。这并不是说健康计划会带来健康，而是说健康的身体会让人们参与到健康计划中。[9]

我们在本章讨论了统计分析失败和产生误导性结果的一个重要

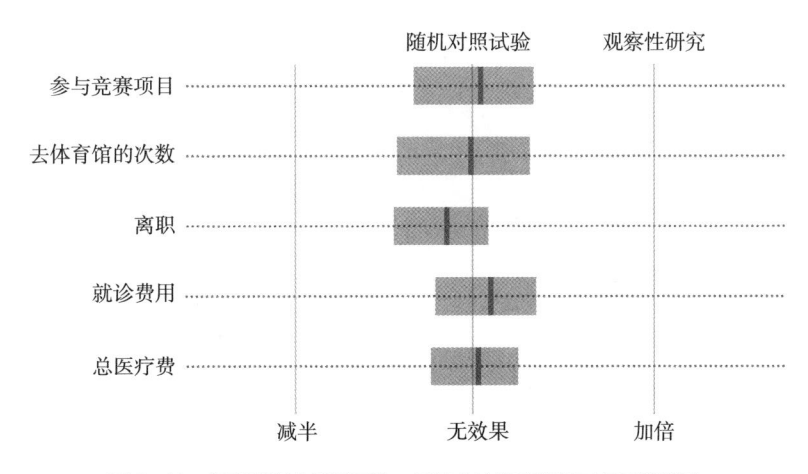

图 6-18　伊利诺伊大学厄巴纳-香槟分校健康计划对各项的影响

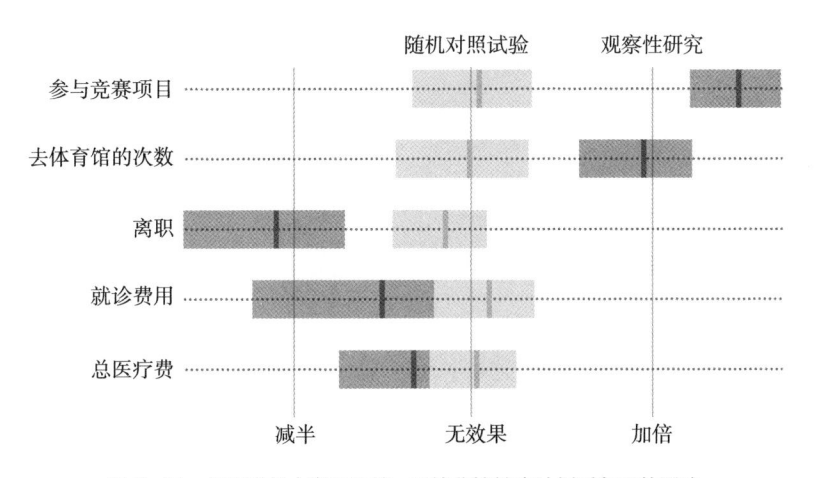

图 6-19　伊利诺伊大学厄巴纳-香槟分校健康计划对各项的影响

原因——非随机抽样。在表示数据时,我们可以采用的另一种方法是可视化和图形。就像统计分析一样,数据的可视化表示也容易被误用。这是我们下一章要讨论的主题。

第 6 章　选择偏倚　151

第 7 章

数据可视化

在美国的大部分地区，平民在受到身体严重伤害的威胁时，甚至在感到可能受到严重威胁时，有权杀死袭击者。根据"不退让法"，人们在暴力威胁面前没有退让的义务。相反，他被允许使用缓和局势所必需的任何程度的武力，即使这意味着杀死行凶者。例如，佛罗里达州关于正当使用武力的法律规定，允许使用致命武力来阻止死亡和身体严重伤害的威胁，甚至是阻止抢劫或入室盗窃等暴力重罪的实施。

对不退让法持批评态度的人认为在适用这些法律方面存在种族差异，他们担心有了这些法律，枪手可以轻松地辩称自己是在自卫。支持者则反驳说，不退让法保护的是犯罪受害者的权利，而不是罪犯的权利，有助于更广泛地遏制暴力犯罪。但目前还不清楚不退让法是否有这种效果。研究者查看了全美各地的暴力犯罪数据，得出的结果喜忧参半。一些研究发现，在此类法律颁布后，入室行窃等财产犯罪有所减少，但另一些研究则观察到凶杀案显著增加了。

正是在这场争论的背景下，路透社发布了一幅图7-1所示的这类数据可视化图表。图中显示的是佛罗里达州22年来的凶杀案数量。

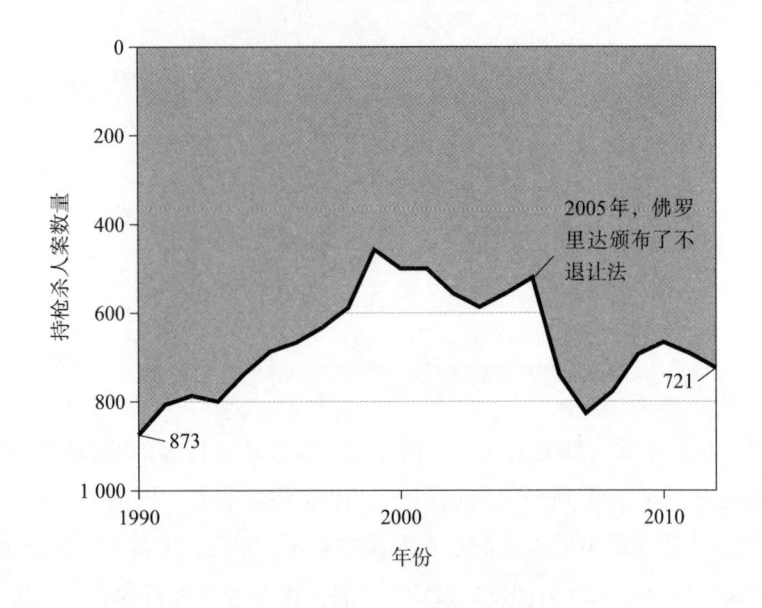

图 7-1 佛罗里达州枪击致死案

来源：佛罗里达州警察局。

乍一看，这幅图似乎是在告诉人们佛罗里达州2005年的不退让法创造了奇迹。截至20世纪90年代末，持枪杀人案件数量似乎一直在上升，然后趋于稳定，随之在2005年不退让法通过后急剧下降。但事实并非如此。看看上图的纵轴。它是上下颠倒的！0出现在图表的上部，而不是底部。位置越低，对应的凶杀案数量就越高。2005年之后，凶杀案数量看似大幅下降，实际上是在迅速上升。如果换成传统的表现形式，这幅图应该是下面这种情况：

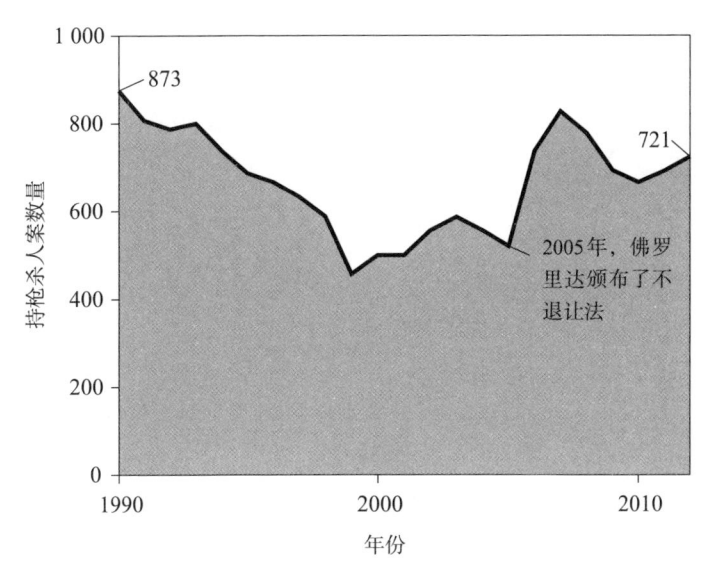

图 7-2　佛罗里达州枪击致死案

来源：佛罗里达州警察局。

在佛罗里达州颁布不退让法后，该州持枪凶杀案数量大幅增加。（我们从第 4 章知道，这并不意味着不退让法是导致这种增长的原因。）只要花点儿时间，大多数读者可能就能理解这幅图并得出正确的结论。但数据图形的意义通常是帮助人们快速直观地了解复杂数据。对于这样一幅图，我们经常匆匆一瞥。也许我们没时间细看，因为我们需要快速浏览订阅的新闻。如果我们认为自己看懂了它的含义，就会接着看其他内容了。

在美国，枪支管制的支持者和反对者之间展开了激烈的辩论。当我们与美国观众分享上图时，大多数人认为这是故意欺骗，是支持合法持枪的游说团体的骗招，试图掩盖 2005 年佛罗里达立法后凶杀案数量上升的事实。事实不然。我们认为，这幅图背后有一个更微妙、更有趣的东西。

在批评人士指责这幅图具有误导性后，该图设计者对她选择颠倒纵轴的思维过程做出了解释："我更喜欢用负面的术语（颠倒）来表示死亡。"

此外，她补充说，她的灵感来自《南华早报》的一幅颇具震撼力的数据图。该图表示的是伊拉克战争的伤亡情况，颠倒的纵轴给人一种鲜血淋漓的印象，而且没有那么容易产生误解。

与大家所认为的相反，这幅佛罗里达不退让法的数据图并不是为了误导大家，它只是设计得很糟糕。这突现了我们倡导的一个抵制胡扯的原则。如果用能力不足解释得通，就绝不要认为对方存有恶意或不诚实；如果用可以理解的错误解释得通，就绝不要认为对方能力不足。

怎样才能避免被图表中的数据欺骗呢？在本章中，我们来看看图表和其他数据可视化形式是如何使读者分散注意力、感到迷惑和受到误导的。我们将告诉你如何识别这些图形化的胡扯，还将告诉你如何更好地表示这些数据。

数据可视化的发端

计算机善于处理大量的定量数据，人类则不具有这个能力。当大量定量数据以原始形式，甚至以表格汇总的形式呈现在我们眼前时，我们很难理解数据的模式和结构。我们需要想办法简化信息，同时突出重要的想法，而数据可视化有助于实现这一目的。

自18世纪以来，科研人员就一直在利用图表探索、交流科学和人口数据。在此期间，人口统计学家威廉·普莱费尔第一个使用条形图、线形图和饼形图等数据可视化形式（现在微软Excel软件可以自动生成这些默认的图表）。大约在同一时期，物理学家约翰·海因里希·朗伯发表了我们今天仍在使用的那些复杂的科学图形。他绘制的图形与20世纪80年代科学杂志上的手绘图形几乎没有区别。

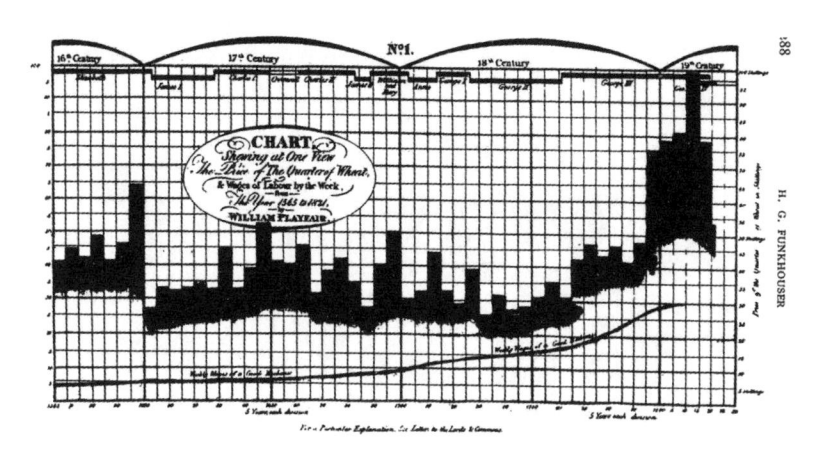

普莱费尔绘制的图形中的完美机械结构（选自《一封关于农业困境的信》，1821）
原图大小：30.5×16厘米

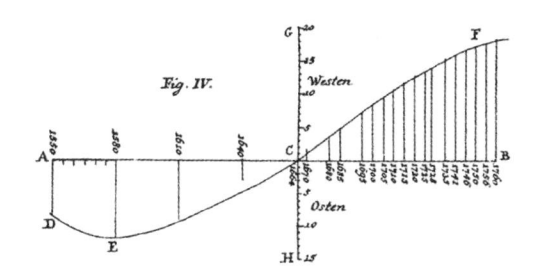

磁变数据图（选自 J. H. 朗伯, "Theorie der Zuverlassigkeit der Beobachtungen und Versuche", *Beytrage zum Gebrauche der Mathematik und deren Anwendung*，柏林，1765, i. Plate "Mathes, Adplicat: Tab. V"）

图 7-3

　　直到19世纪中后期，数据可视化才得到了有限的应用。到了20世纪初，自然科学家和社会科学家经常使用这种技术来报告数据、阐

第 7 章　数据可视化　　159

明理论，但大众媒体并没有立即跟进。在20世纪的大部分时间里，报纸和杂志偶尔会刊登地图、饼形图或条形图，但即使是这样简单的图表也非常少见。[1] 下图是《纽约时报》上刊登的一幅地图，下面的各国共济会成员相对关系图是一幅重新绘制的饼形图，原图发表于1920年《兄弟会百科全书》。

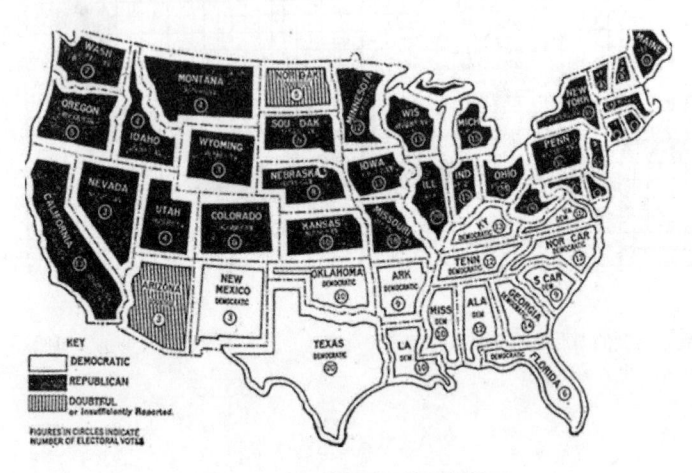

图 7-4 表示美国投票情况的地图

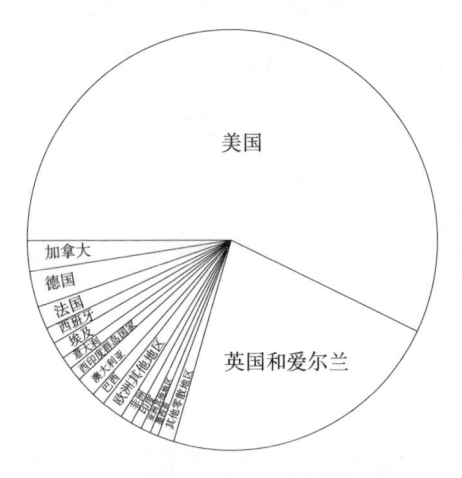

图 7-5 各国/地区共济会成员相对关系图

160　拆穿数据胡扯

在20世纪的大部分时间里，大众媒体上的数据可视化要么只显示单一的变量，如饼形图，要么显示变量如何随时间变化。一幅图或许可以表示小麦价格在整个20世纪30年代的变化情况，但它不能说明小麦的价格是如何随着谷物带降水量发生变化的。1982年，统计学家、数据可视化大师爱德华·塔夫特列出了一些新闻来源发表的、确实显示了更复杂关系的图表在所有图表中的占比。在《纽约时报》上发表的可视化数据中，描述多个变量（时间除外）之间关系的占1/200，而《华盛顿邮报》和《华尔街日报》从未发表过这类可视化数据。

在20世纪80年代，数字绘图软件变得唾手可得，报纸开始发表更多的图表和数据图形。

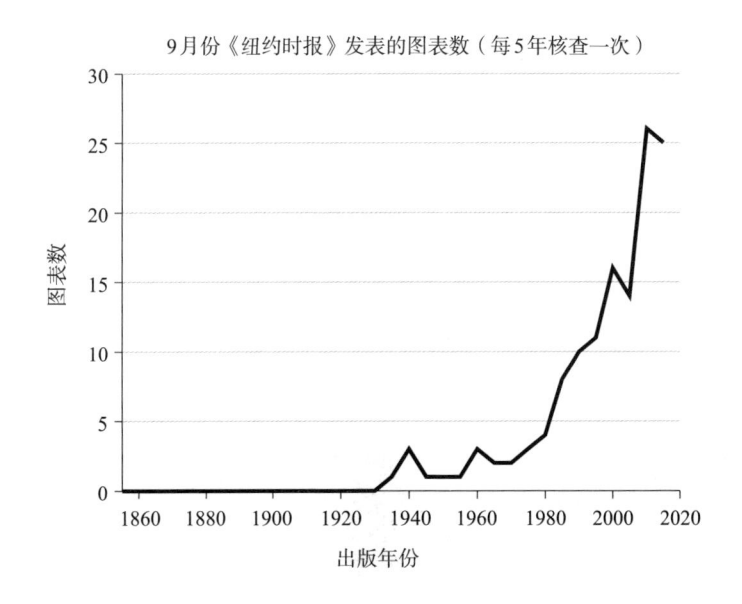

9月份《纽约时报》发表的图表数（每5年核查一次）

图 7-6　图表在报纸上的兴起

第 7 章　数据可视化　　161

随着图表数量激增，其复杂性也随之增加。如今，像《纽约时报》这样的报纸雇用了数量可观的数据可视化专家团队。他们创建的许多可视化数据图形都是交互式的，读者可以探索复杂数据的多个方面，观察多个变量之间关系呈现的模式。设计得比较好的数据图形为读者提供了更深入、更细致的视角，同时促进了定量信息在理解世界和做出决策方面的使用。

但也有不利的一面。由于我们的教育系统还没有及时跟上，读者在解读数据图形方面可能没有受过培训。皮尤研究中心最近的一项研究发现，接受调查的美国人中只有大约1/2能正确解读简单的散点图。[2] 尤其是那些没有大学学位的人，他们从图表中得出正确结论的可能性要小得多。在数据图形已经司空见惯的当今世界，这是一个问题。

还有一个问题。虽然数据可视化可能看起来客观，但设计者对图形所传达的信息有很大的控制权。即使使用的数据非常准确，设计者也可以操纵这些数据给我们的感觉。设计者可以无中生有，营造出一种相关性的假象，也可以放大群体之间的微小差异。我们的教育系统又一次落后了。很少有人通过教育培训，学会如何发现这些操纵手段，甚至没有人充分了解设计者影响数据传递的信息的能力。我们可能学过如何发现逻辑谬误，如何核实来自可疑来源的论断，但我们几乎都不知道数据图形是如何被设计出来误导我们的。

本章的主要目的之一就是把这些技能教给大家。但在此之前，我们先看看老派胡扯（而不是故意的欺骗或误导）是如何悄悄进入数据可视化这个领域的。

鸭子！

如果你驾车沿着纽约长岛佛兰德斯这个小村庄的主干道驶过，

就会看到一座高大的鸭子雕像。这只白色的鸭子长着巨大的黄色的嘴，眼睛是用福特T型汽车的尾灯做成的。如果你停下来仔细看，还会发现这座在当地被称为"大鸭子"的高大雕像实际上并不是雕像，而是一座小型建筑。一扇单扇的门嵌在鸭子的胸部，通向从鸭子身体上挖出来的一个没有窗户的小房间。

"大鸭子"是一个养鸭户于1931年建造的，用作出售鸭子和鸭蛋的店铺。虽然现在这里不再出售鸭子，但这栋建筑已经成为佛兰德斯一个受人喜爱的象征，也是曾经让从旁边经过的游客（后来，它旁边的这条道路并入了美国州际公路系统）欣喜不已的路边景点之一。

但是作为一座建筑，大鸭子并没有什么特别的功能。在建筑理论中，它已经成为形式优先于功能的标志，象征着现代主义运动中更大的失败。[3] 在建筑学中，"鸭子"一词指的是装饰超过用途的建筑，不过它通常指的是那些从外表看与其销售的产品非常相似的建筑。龙格堡加篮子制造公司的总部看起来就像一个巨大的野餐篮。我们在圣达菲参观过一个刨冰摊，它的形状就像制作甜点的圆柱形冰块。

图 7-7

爱德华·塔夫特指出，在数据可视化中也存在类似的问题。虽然美观很重要，但数据图形应该关注数据，而不是吸引眼球的装饰。违反这一原则的图形就是"鸭子"。

《今日美国》是制造数据可视化"鸭子"的先驱之一。它的每日快照功能以简单图表的形式呈现一些无关紧要的信息。每个每日快照图形都是根据与当前主题的松散联系设计的。口红被用于女性化妆品花销条形图中，蛋筒上的冰激凌球变成了受欢迎冰激凌品牌饼形图；从人脸到电视屏幕弯弯曲曲的视线，形成了一张历年奥运会观看人数曲线图。很难说哪个例子更拙劣，但下面的图形显然可以代表《今日美国》的风格。

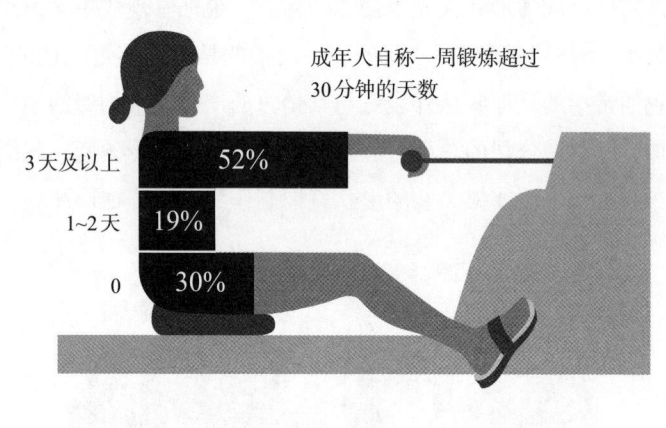

图 7-8

使用这种数据可视化形式的并不止《今日美国》一家。下面这个图形是仿效 Mint.com 发布的一个图形设计的，设计者用两个餐叉的尖齿代表条形图中的条形。这样做有什么坏处呢？坏处很多。条形是图形中承载信息的部分，但它们在这张图中只占了很小一部分空间。倾斜的角度也会引发争议，因为我们不习惯解读这种角度的条形图。更糟糕的是，两把餐叉并排，左侧餐叉的底部水平线远远高于右侧餐叉的底部水平线，使我们在对这两把餐叉进行比较时难度增加了。幸好，数值被写出来了。但是，如果必须依靠数值来解读图形，那么图形元素基本上是多余的，因为这些信息完全可以用表格表示。

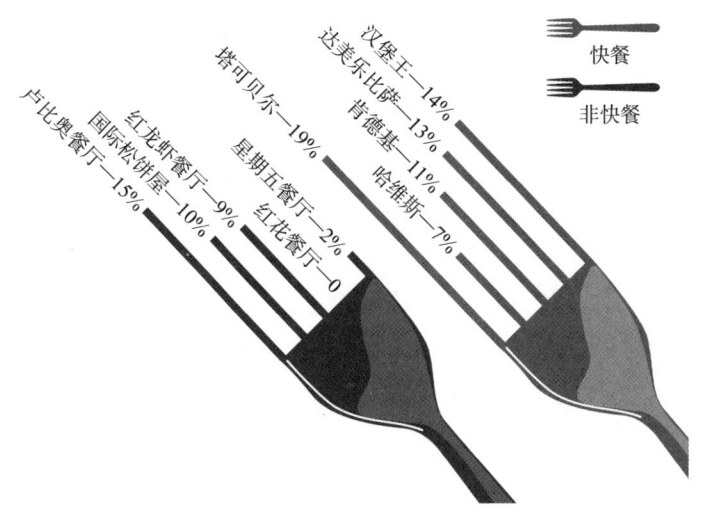

付钱吧 第二季度外出就餐的费用增长
5个月来美国人首次扭转了销售额下降的势头

快餐
非快餐

汉堡王—14%
达美乐比萨—13%
塔可贝尔—19%
肯德基—11%
星期五餐厅—2%
哈维斯—7%
红龙虾餐厅—9%
国际松饼屋—10%
红花餐厅—0
卢比奥餐厅—15%

图 7-9

数据可视化中的"鸭子"数据图通常是流行媒体的一种病态，但最近它们已经渗入了科学文献。我们必须给图7-10作者的创造力加分，但是把一个饼形图扭曲成羊角，只会在读者对这些数量进行视觉比较时增加难度。

我们说胡扯就是公然无视事实和逻辑连贯性，企图通过分散注意力、震慑或恐吓来说服或打动受众。数据可视化中的"鸭子"可能不是彻头彻尾的胡扯，但他们会朝着那个方向演变。"鸭子"就像诱

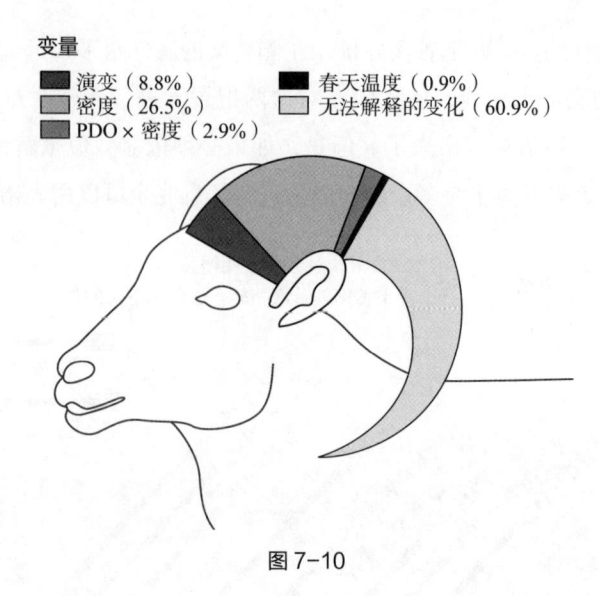

变量
- 演变（8.8%）
- 密度（26.5%）
- PDO × 密度（2.9%）
- 春天温度（0.9%）
- 无法解释的变化（60.9%）

图 7-10

惑大脑的点击诱饵，它们不是要鼠标点击量，而是希望捕捉你的几秒钟的注意力。条形图和线形图看起来可能比较枯燥，有时可能还比较复杂，而彩色插图看上去可能非常有趣、引人注目，足以吸引你。

这有什么不对吗？"鸭子"让我们担心的原因在于，试图装得可爱会让读者更难理解它表示的数据。

水晶鞋和丑陋的继姐

大多数人都知道《灰姑娘》的基本情节：一个女孩被邪恶的继母收养，被迫为继母和继姐做饭、打扫卫生，而没有被邀请参加王子相亲的盛大舞会。她的仙女教母出现了，把她的破衣服变成了漂亮的裙子，把她的凉鞋变成了水晶鞋，把一个南瓜变成了一辆闪闪发光的马车。小女孩参加舞会并俘获了王子的心。她知道魔法到了午夜就会解除，因此在时钟开始敲响12点的时候逃跑了。王子下定决心，一定要找到这个让他一见倾心的神秘女子，而灰姑娘逃跑时留下的水晶鞋给了他帮助。这只鞋跟科克伦的辩护[4]正好相反，只有灰姑娘才能穿上它。王子向她求婚，他们从此过上了幸福的生活。不太为人所熟知的是，在格林兄弟的原版故事中，邪恶的继姐想尽了一切办法，希望自己能穿上水晶鞋。为了穿上那只又小又硬的鞋子，她们切掉了脚趾，削平了脚后跟。

如果说数据可视化的"鸭子"有着胡扯的影子，那么我们称为"水晶鞋"的那一类数据可视化就是完美的胡扯。"水晶鞋"将一种类型的数据硬套上用于展示另一类数据的视觉形式。这样做的目的是借用好的可视化形式的权威性表现自己的权威性。它们之于数据可视化，就像数学滥用之于数学方程。

化学家门捷列夫在19世纪下半叶发明了元素周期表。他的成就其实就是数据可视化取得的成就——他利用数据可视化这个工具组织整理模式，并成功地完成了科学预测。元素周期表是一种化学元素从轻到重的排列方式。从左到右的位置既可以反映我们现在所了解的每

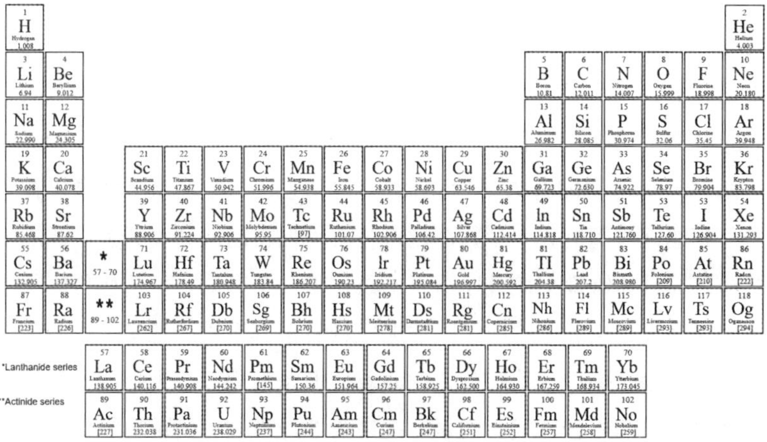

图 7-11　元素周期表

一种元素的基本原子结构，还可以预测这些元素相互间的化学作用。元素周期表的特殊块状结构反映了电子在原子核周围电子亚层中的填充方式。门捷列夫将已知元素按照它们呈现的模式排列出来，成功地预测出尚未被发现的化学元素及其性质。简言之，元素周期表是一种高度特化的数据可视化形式，其结构反映了原子化学的逻辑。

然而，设计师现在正在为世间万物设计周期表。我们看到云计算、网络安全、字体、加密货币、数据科学、科技投资、Adobe Illustrator矢量图形处理方式、文献计量等，都有了自己的周期表。有的周期表，比如粗口周期表、大象周期表、热狗周期表，几乎可以肯定是在开玩笑。有的似乎非常认真，例如内容营销周期表、数字营销周期表、商务营销周期表、电子邮件营销周期表、网络营销周期表、营销归因周期表、市场信号周期表、营销策略周期表，对了，还有B2B（企业对企业）数字营销指标周期表。更不用说，还有几十个搜索引擎优化（SEO）周期表。很难记住这些周期表吧？不用着急，有人为我们创建了周期表的周期表。

这些伪周期表的结构与被分类的信息并不匹配。门捷列夫的元素周期表有足够的理论基础，因此他能为尚未发现的元素留好位置。相比之下，模仿他的那些周期表中的条目几乎都会有遗漏，而且入选标准常常不明确。仿照上图中元素周期表设计的数据可视化周期表没有留空，难道真的有人认为我们已经发现了所有的数据可视化技术吗？其他这些周期表大多数都煞费苦心地保持门捷列夫元素周期表的结构，并且通常都会按升序给每个条目编一个号码，但这些号码很少像门捷列夫周期表中的原子序数那样具有极其重要的意义。这些模仿性的周期表希望传达系统分类的假象，但是他们没有为那些条目找到一个更自然的组合方案，而是无视逻辑的连贯性，简单地模仿门捷列夫周期表的结构。这些周期表都是胡扯。

从日常用途看，地铁线路图是一种典型的可视化形式。地铁线路图收录并压缩了大量复杂的地理信息。为了突出通勤者在地铁系统中导航所需的信息，他们丢弃了所有无关的细节，最终得到的是一幅简单好用的地图。地铁线路图只包含几项内容：二维排列的地铁站，以线性（或循环）顺序连接这些地铁站的地铁线路，以及有两条线路交会的换乘站。

糟糕的是，设计师发现地铁让他们无法抗拒——即使所展示的内容没有地铁系统的任何特征。我们已经看到了各种各样的仿制地铁线路图，包括为科学家、网站、国家公园、道德哲学、莎士比亚戏剧、《圣经》、詹姆斯·乔伊斯的《尤利西斯》的情节、敏捷开发与管理框架、数据科学技能等设计的"地铁线路图"。

这些"地铁线路图"的效果参差不齐。摇滚地铁线路图用地铁线路来代表重金属、朋克、另类音乐等音乐类型，沿线的每个车站代表一个乐队。每条"线路"的顺序结构在这幅地图中是有意义的。线路从最早的乐队开始，向最新成立的乐队延伸。中转站代表跨音乐类型的乐队。但是，乐队在地图上的物理位置与地铁站在城市中的位置之间没有任何联系。

人体皮下地铁线路图用不同的"地铁线路"代表体内不同的系统，包括神经系统、消化系统、骨骼系统、淋巴系统等。每个地铁站代表一个器官或结构，中转站代表该器官或结构涉及多个系统。地图上的物理位置对应身体内部的物理位置。河流系统地铁线路图和银河系地铁线路图同样巧妙地利用了两个空间维度。我们承认，这些地图在使用传统地铁线路图的组成部分时赋予了它们一定的意义，但我们仍然觉得这些都是噱头。更合适的可视化方式（例如解剖图、河流图、天体图）已经很常见了。

就像元素周期表一样，地铁线路图被滥用，也引发了元层级的评论——"以地铁线路图作为象征的地图的地铁线路图"。

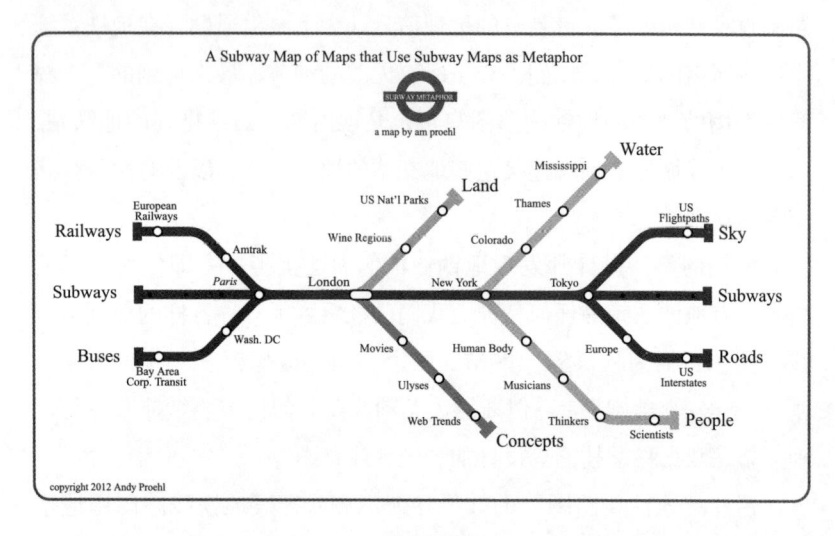

图 7-12

如果设立怪癖创意奖,这个奖应该授予元素地铁线路图。[5]

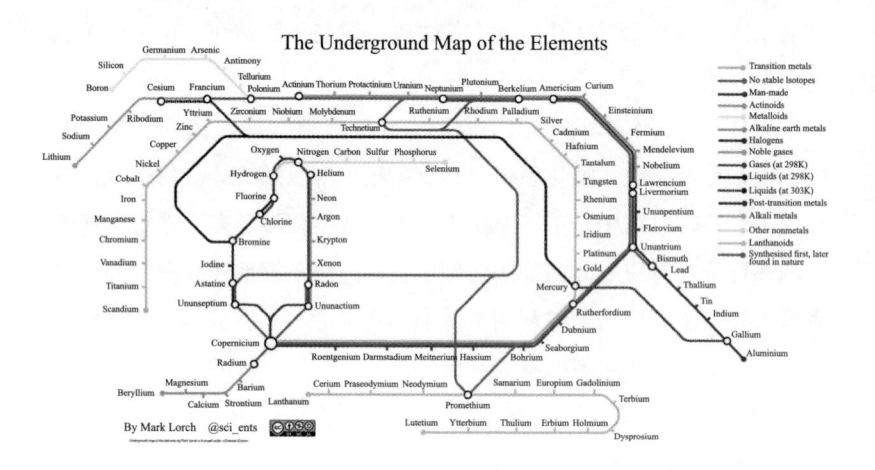

图 7-13

周期表和地铁线路图都是高度特化的可视化形式。但即使是非常普遍的可视化方法，也可能变成"水晶鞋"。维恩图（由相互重叠的椭圆构成，用于表示隶属于多个群组项的成员关系）就是非常受欢迎的"水晶鞋"。

大麻和年轻人
研究对象及时间：15—24岁的加拿大人，2012

29.2%的人在受访前12个月中至少吸食过一次大麻

44.8%的人一生中至少吸食过一次大麻

11%的人在其一生中达到过大麻滥用或大麻依赖的标准

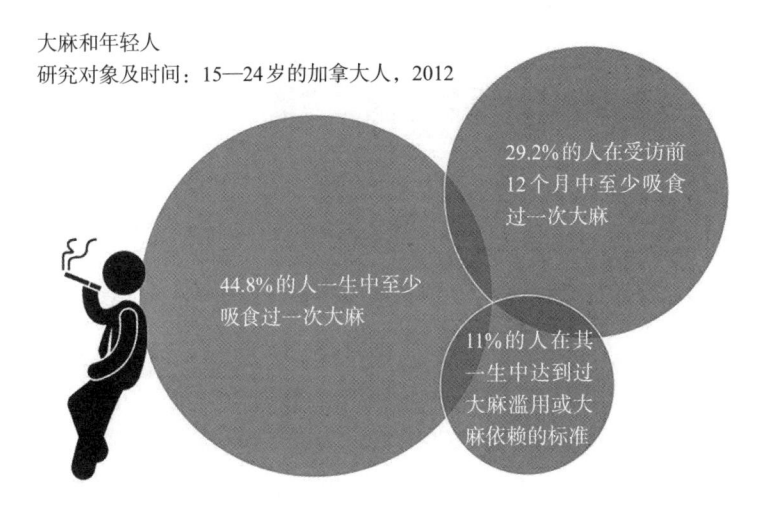

图 7-14

来源：加拿大统计局。

上面这幅图有阴影重叠的圆，于是迫不及待地自封"维恩图"。但是你想想看：44.8%和11%的圆几乎没有重叠。如果这是维恩图，那就意味着这些"在其一生中达到过大麻滥用或大麻依赖标准"的人大多不符合"在其一生中至少吸食过一次大麻"。由此可见，图中的圆只是表示群组的人小，重叠部分不传递任何意义。

希拉里·克林顿在推特上发布过一个类似于下图的图形。它看上去同样像维恩图，但是图中的标签没有意义。相反，每个区域似乎都只有一个功能：可以填入一些文本。这幅图其实就是用一种令人困惑

第 7 章　数据可视化　　171

的方式来表达图中附加的文本:"90%的美国人和83%的枪支拥有者支持背景调查。"

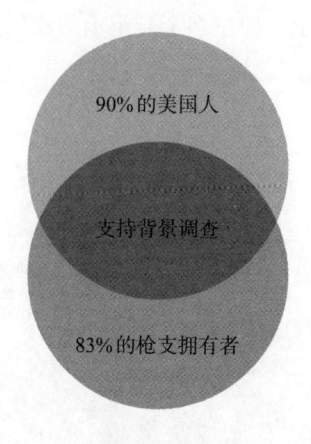

图 7-15

在一篇关于利用推特数据研究公众参与撰写科学论文的科学论文中,我们看到了类似的图形。图7-16看起来像维恩图,但相互嵌套的椭圆只是3个数字和5个单词的装饰背景。

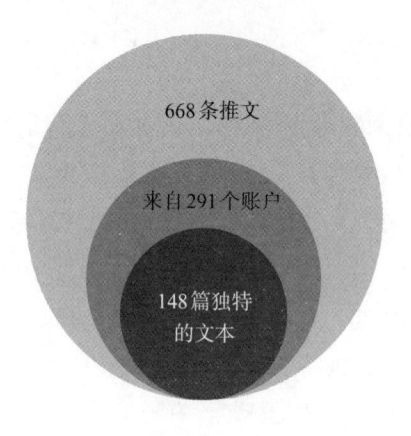

图 7-16

除了似是而非的"维恩图"之外，我们还经常看到主要用于列出各种期望属性的"维恩图"。图7-17就是这一类型的一个典型。卓越的产品，有效的品牌推广，以及对促销的关注似乎都是好事。在它们的交汇区，还有一个好东西：利润。但是看看其他项。为什么"需求产生"是在"有效的品牌推广"和"对促销的关注"的交汇区，而不属于"卓越的产品"呢？为什么"收入增长"将"有效的品牌推广"排除在外呢？为什么"行业领先"将"对促销的关注"排除在外呢？似乎没有人仔细考虑过这些事情。这看起来更像是一串自吹自擂的语句被随意地放入图表中，希望没有人会过于仔细地考虑它们的位置。

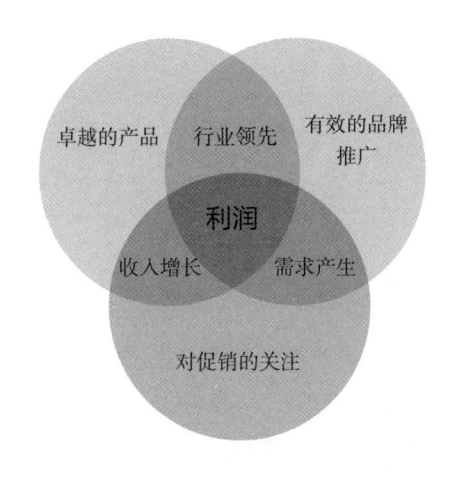

图 7-17

当然，也有可能发生意外地借用维恩图的情况。一家著名的信息学公司制作了图7-18。虽然目的是追求视觉吸引力，但对于任何看过维恩图的人来说，这意味着这家公司的价值观主体不包含信任、合作关系、创新和绩效。

图 7-18

另一种流行的图表形式是带标签的示意图。这种图在工程和解剖学等领域尤其受欢迎。下面各举一个例子。

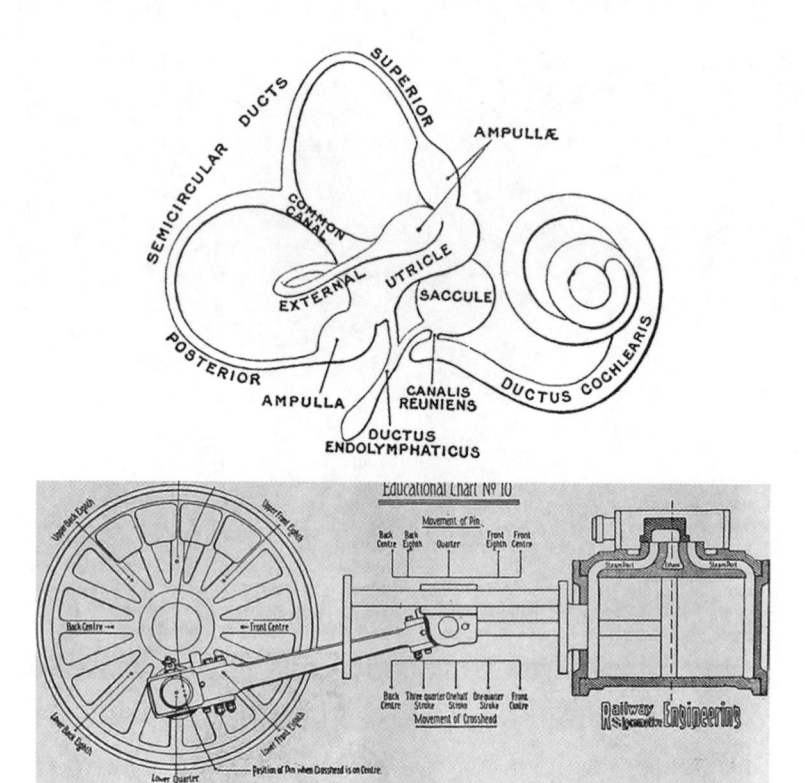

图 7-19

174　拆穿数据胡扯

这是一种典型的数据可视化形式，可以方便地为复杂图像的各个部分添加标签。但我们发现越来越多的人通过某种松散的联系借用这些图形。例如，图7-20的独角兽就被用于宣传一个商业分析奖励计划。

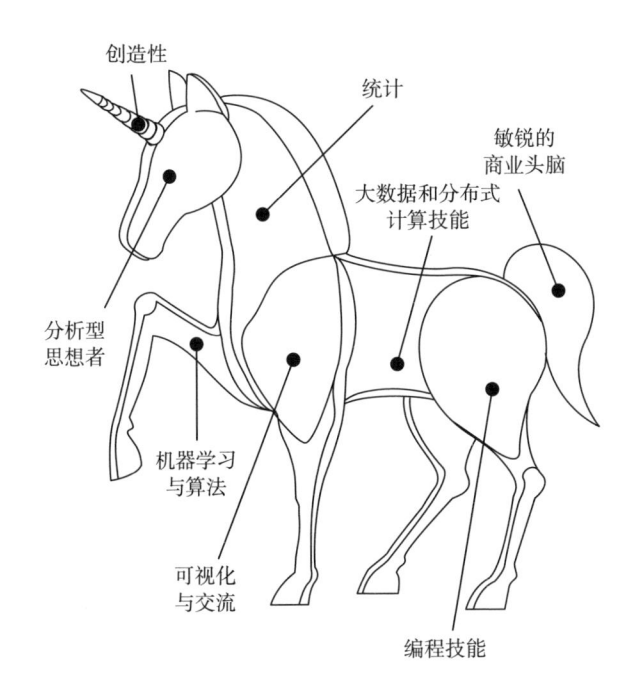

图7-20

图表上的标签毫无道理可言。前肢与"机器学习"和"可视化"有什么关系？为什么"R编程"与后腿有关呢？右后腿为什么没有加标签？为什么头部的"分析型思想者"指的是一种人，而身体的其他部分指的是技能？为什么"敏锐的商业头脑"对应于尾巴？（我们不认为设计者的本意是说这是最接近马屁股[6]的一个类别。）所以说，这只不过是设计师认为重要的术语的列表，但是看起来像一个带标签的示意图。

第 7 章 数据可视化　　175

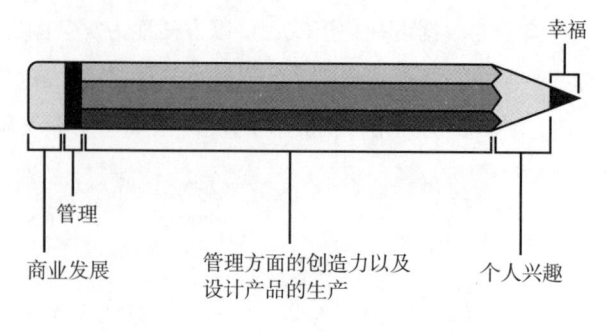

图 7-21

这支铅笔有同样的问题。我们不确定铅笔的各个部分是如何与标签相对应的,甚至不知道我们应该从图中获取什么信息。也许商业发展可以擦掉幸福留下的印记?

最后再举一个借用可视化形式太过夸张以至于变成了自我嘲弄的例子。

图 7-22 与学习和教育有关,但我们根本不知所云。

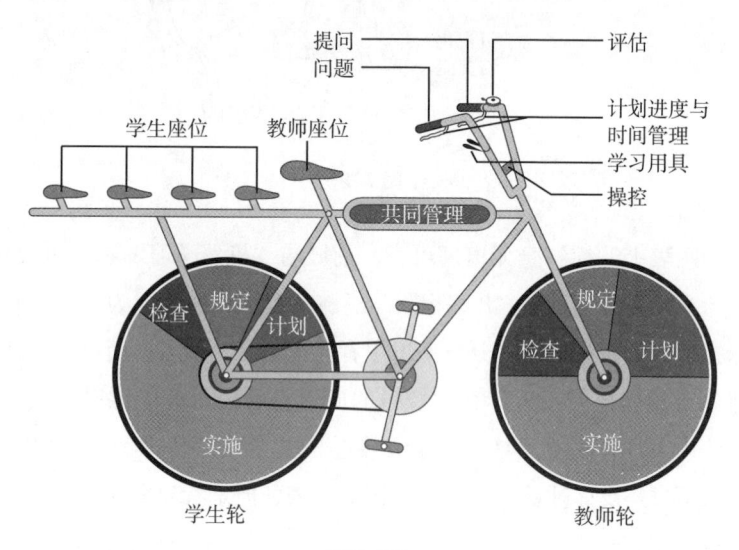

图 7-22

"鸭子"装饰甚至冲淡图形中有意义的数据，目的是追求美观或者显得可爱。"水晶鞋"会把一种类型的数据强行填入完全不合适的数据可视化形式中，从而给人一种严谨的错觉。

邪恶的轴

数据可视化也可能有意或无意地造成误导。幸运的是，如果你知道自己在寻找什么，那么大部分的欺骗还是很容易辨别的。

许多数据图形（包括条形图和散点图）在轴上显示信息。这些轴就是我们将数值绘制成图时使用的水平和纵向标尺。只要看到包含轴的数据图形，就一定要看一看这些轴。

设计者有很多技巧来处理图形的轴。2016年，专栏作家安德鲁·波特教授在加拿大新闻杂志《麦克林》上发表的一篇评论引起了轩然大波。他在文中指出，魁北克的很多问题可以追溯到一个事实："与加拿大其他地区相比，魁北克是一个与世隔绝到近乎病态的低信任度社会，缺乏很多基本的在其他加拿大人看来是理所当然的社会资本。"为了支持波特的观点，该杂志随后发表了下面这张数据图表。

乍一看，这幅图表似乎为波特的观点提供了有力的支持。魁北克的信任度条形远低于加拿大其他地区的条形。但是别急，我们先看看纵轴（y轴）。所有这些条形都不是从0开始的，它们的最低点分别是35、45和50。通过将魁北克条形截短，只留顶部一小截，设计者在视觉上夸大了魁北克和加拿大其他地区之间的差异。如果让这些条形从0开始，图形就会给人一种不同的印象：

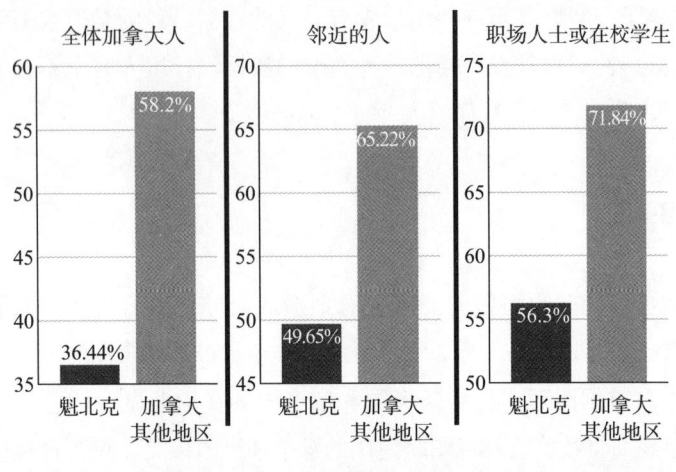

图 7-23

在这个新的视觉化图形中，我们看到魁北克的信任度确实有些低，但我们对信任度的差距有了更好的认识。在读者发现原始图形有对轴进行操纵的行为并写信投诉后，作为修正，《麦克林》发表了第二幅图。他们本应该在一开始就发表这幅图。

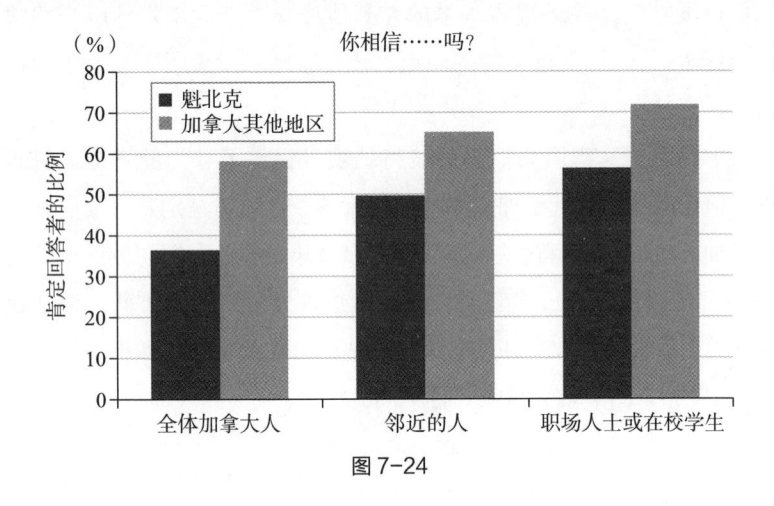

图 7-24

条形图即使没有明确的轴也可以误导人。下面这个例子是希拉里·克林顿竞选团队在照片墙上发布的条形图。

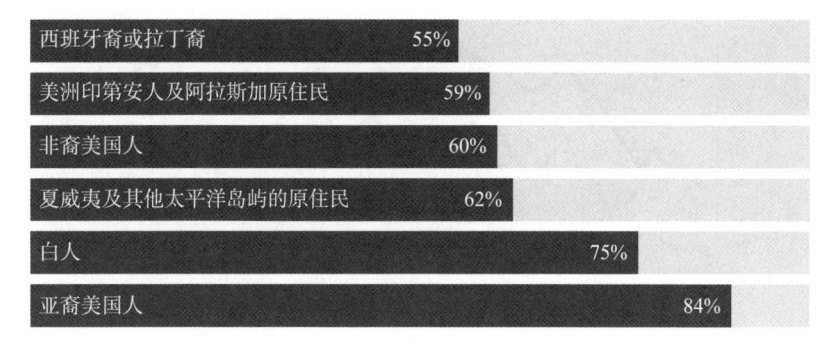

类别	百分比
西班牙裔或拉丁裔	55%
美洲印第安人及阿拉斯加原住民	59%
非裔美国人	60%
夏威夷及其他太平洋岛屿的原住民	62%
白人	75%
亚裔美国人	84%

图7-25 女性收入占白人男性收入的百分比

图中的条形是从左到右，而不是从下往上。这没有问题，因为每个条形代表的是一个没有自然排序的类别，而不是一个数值（例如年份，年龄，收入范围）。不恰当的是，尽管这些条形的长度看上去与它们所代表的数字成比例，但实际上并非如此。前4个条形的长度大致正确，在从最左端到最右端的完整长度中所占的百分比接近于条形上标注的值。从代表的值来看，最后两个条形远远长于它们应有的长度。代表女性白人的条形标注为75%，但实际长度是全长的78%。代表亚裔女性的条形更具有误导性：它被标注为84%，但实际长度足足达到了90%。其结果是我们感知到的支付给非亚裔有色人种美国女性的工资与支付给女性白人和亚裔美国女性的工资之间的差异变大了。我们可以读出条形上的数字，但我们是通过感觉来理解条形长度差的。

虽然条形图中的条形应该从零开始，但线形图不要求表示因变量的轴必须包含零。下面这张线形图表示的是加利福尼亚州自1970年以来父母都工作的家庭比例的增长情况。就像表示魁北克省信任度的第一幅图一样，本图中的纵轴并非从零开始。

第7章 数据可视化　179

（%）
70

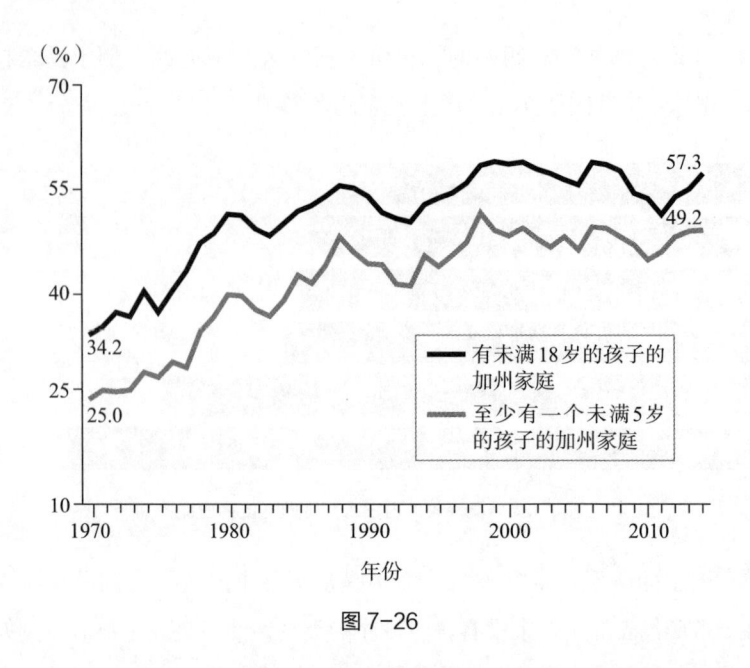

57.3
55

49.2
40

34.2
25
━━━ 有未满18岁的孩子的
　　 加州家庭
25.0 ━━━ 至少有一个未满5岁
　　 的孩子的加州家庭
10
1970　1980　1990　2000　2010
年份

图 7-26

有什么不同吗？为什么条形图的纵轴必须包含零，而线形图不需要呢？这是因为这两种图传递的信息不同。条形图强调不同类别相关值之间差别的绝对量，而线形图着重表示因变量（通常是 y 轴的值）随自变量（通常是 x 轴的值）变化而发生的变化。

事实上，如果线形图纵轴真的从零开始，有时反而会引起误解。"从现在开始你唯一需要的全球变暖图"就是一个著名的反面例子。这幅图是史蒂文·海沃德为Powerline博客创建的，在2015年年底被《国家评论》发布到推特上后被人们进一步分享。海沃德对他的图7-27做出了如下解释：

> 这不太容易让你激动起来，不是吗？事实上，你几乎察觉不到气候正在变暖。

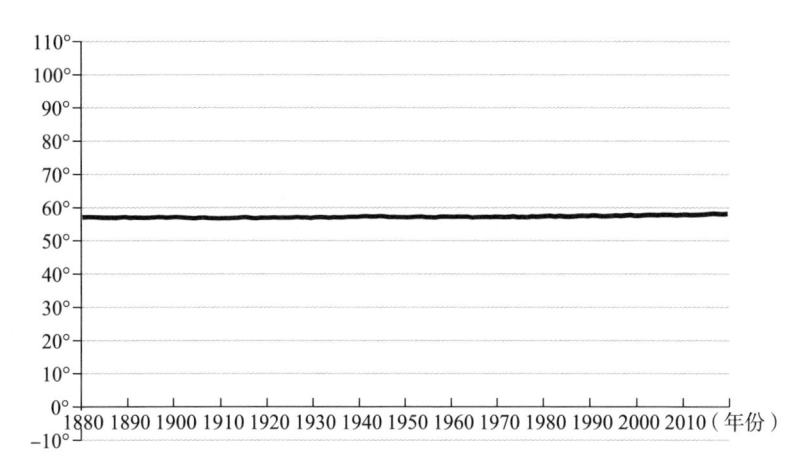

图 7-27　1880—2019 年全球年平均气温（单位：华氏度）

这个设计很愚蠢。绝对温度无关紧要，没有必要把图形缩得那么小，以至于所有的模式都看不清了。如果我们想要在气候是否发生变化这个问题上得出结论，就需要一个类似于图 7-28 的比例尺。

（单位：华氏度）

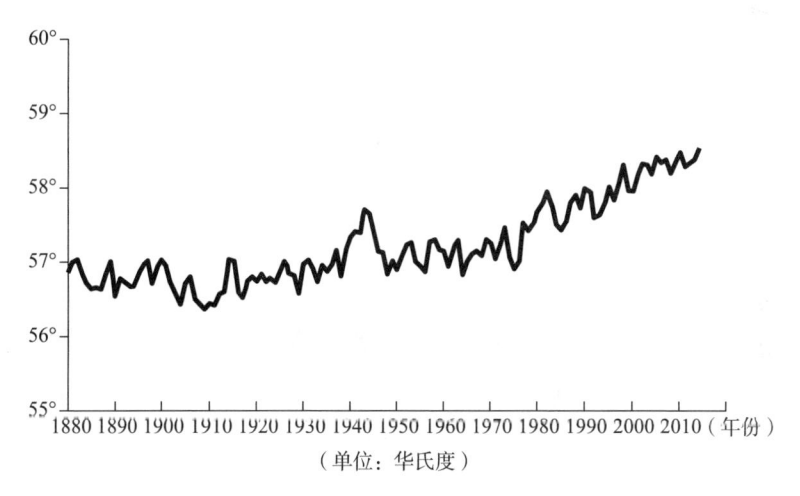

图 7-28　全球年平均气温

数据来源：美国国家航空航天局（NASA）戈达德空间研究所。

第 7 章　数据可视化　181

海沃德为Powerline创建这幅线形图时，在图形显示方面做出的选择与他传递的信息不相符，这是这幅图阴险的一面。海沃德声称，他要讨论的是地球温度变化（或缺乏变化）的情况，但他没有选择用于揭示变化情况的数据图，而是选择了一幅模糊了变化情况、有利于呈现绝对量相关信息的数据图。[7]

当一幅图中使用两个不同的纵轴标尺时，我们必须更加小心。通过有选择地改变坐标轴的相对比例，设计者可以让数据传递他们希望传递的任何信息。例如，2015年一篇发表在低级期刊上的研究论文试图重新提出早就被人们揭穿的关于孤独症与麻疹—流行性腮腺炎—风疹（MMR）疫苗有关的阴谋论，并给出了一张类似于下图的图表作为证据。

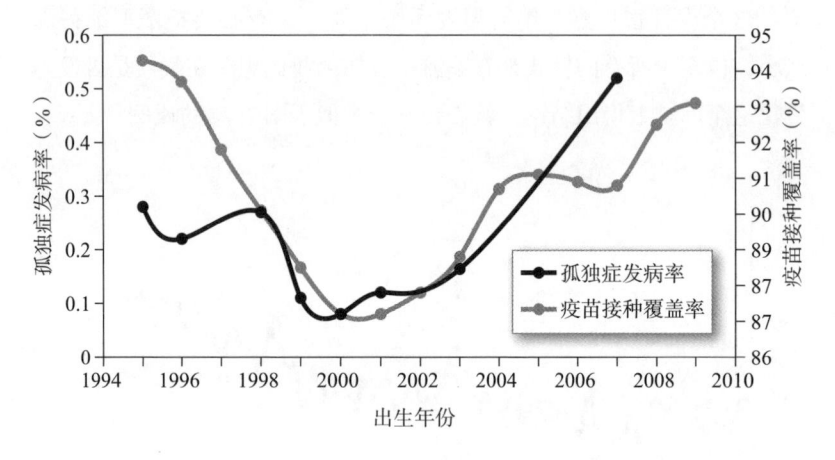

图 7-29　英国及北欧诸国AD/ASD平均发病率与MMR疫苗接种覆盖率关系图

即使我们暂时不考虑数据选择和分析中的重大问题，也该考虑如何理解这幅图暗示的对应关系。乍一看，孤独症发病率似乎与MMR疫苗接种覆盖率密切相关。但是看看坐标轴。表示孤独症发病率的标尺从零开始到0.6%结束，而表示MMR疫苗接种覆盖率的标尺从86%开始到95%结束。可以看出,在这段时间里孤独症患者的比例发生了很大的变化——2000—2007年大约增加了10倍,但MMR疫苗接种覆盖率发生了一个很小比例的变化。如果我们重新对图进行缩放,就能清楚地看到这一点。我们不需要用相同的比例显示这两种趋势,但必须保证两条轴都包含零。

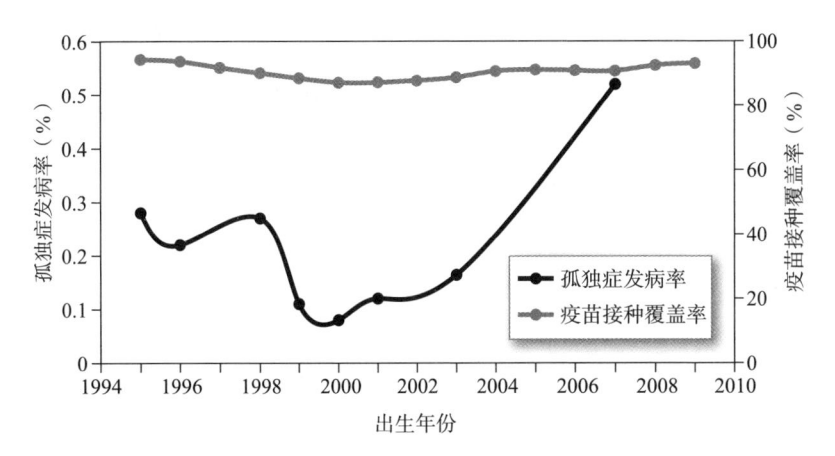

图7-30 英国及北欧诸国AD/ASD平均发病率与MMR疫苗接种覆盖率关系图

从图7-30中可以清楚地看出,MMR疫苗接种覆盖率的较小变化不太可能是导致孤独症发病率发生较大变化的原因。

下面是另一个例子,摘自一份鲜为人知的科学期刊上的一篇研究论文。这幅图旨在说明甲状腺癌与除草剂草甘膦(农达)的使用之间存在时间相关性:

的确,接触农达可能会造成严重的健康后果,但无论有何后果,这幅图都不具有说服力。首先,相关性不是因果关系。例如,人们可以在手机使用和甲状腺癌之间找出类似的相关性,甚至手机使用和草甘膦的使用之间也存在类似的相关性。下面,我们将手机拥有量添加到图表中。

图 7-31　甲状腺癌发病率

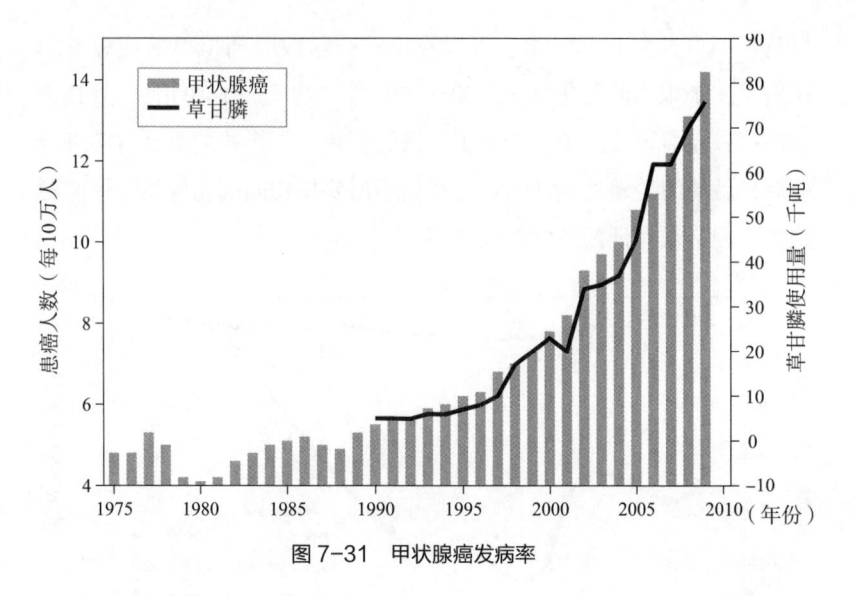

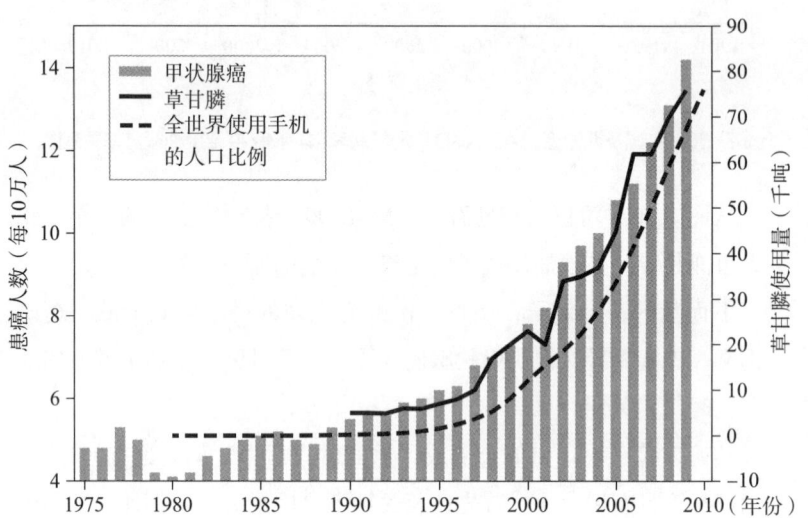

图 7-32　甲状腺癌发病率、草甘膦使用量与手机使用量

如果我们相信原论点的逻辑，那么我们或许应该担心手机会导致甲状腺癌，甚至是草甘膦会导致我们使用手机。

现在，我们看看那幅图中的坐标轴：左边与条形图相对应的纵轴不是从零开始的，我们已经指出这有可能会导致问题。但还有更严重的问题，该图作者对右边纵轴的刻度及截取部位都进行了调整，目的是让代表草甘膦的曲线沿着癌症发病率条形的峰值延伸。最引人注目的是，为了让曲线做到这一点，纵轴必须包括草甘膦用量为-10 000吨的点。这没有任何意义。我们说过线形图的纵轴不必从零开始，但如果只能为正的量出现了负值，就应该引起重视。

虽然我们在纵轴上看到的骗人伎俩可能更多一些，但横轴也有可能被用来误导人，最简单的方法或许就是通过选择数据范围掩盖部分信息。2018年7月，脸书发布了令人失望的季度收益报告后，股价大幅下跌。《商业内幕》的头条是"脸书的收益灾难抹去了1 200亿美元的市值——这是美国股市历史上损失最大的一次灾难"。标题旁边是脸书4天内的股价图。

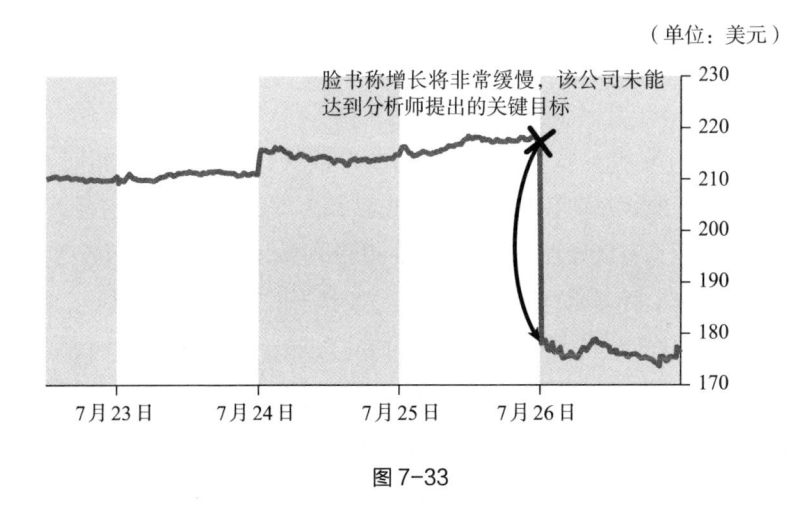

图7-33

一方面，市值损失确实很大，但另一方面也是因为脸书的初始估值太高。总的来说，脸书的业绩一直很好，我们可能应该结合这个背景，用一个跨度为5年而不是4天的图表来分析2018年7月的损失。

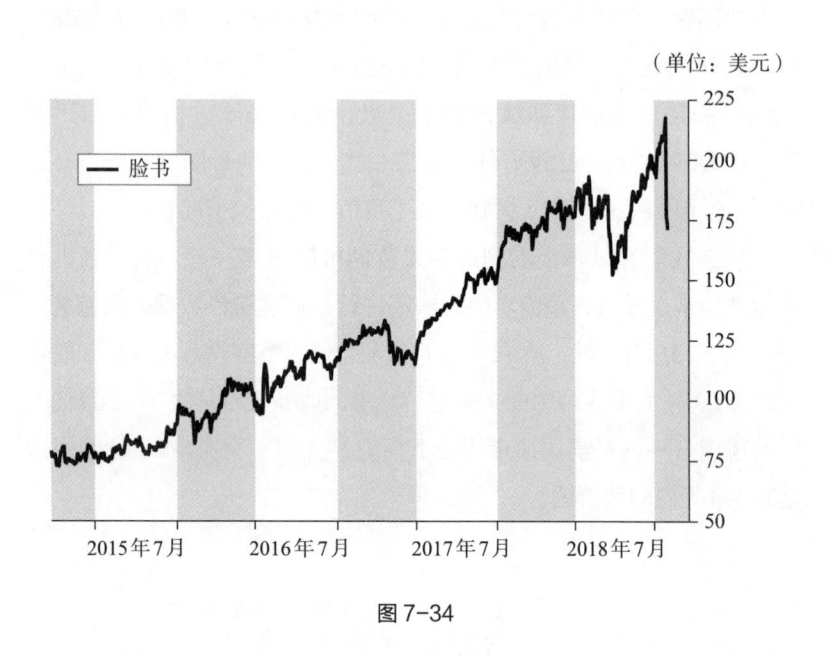

图 7-34

用图7-34表示后，人们对脸书股价暴跌的看法就大不相同了。可以看到，股价在前几次暴跌后又迅速反弹。我们对《商业内幕》中的图表是否具有误导性不太感兴趣，更希望指出图表的倾向性在多大程度上依赖于所表现的时间范围。在查看线形图和相关可视化形式时，请记住这一点：一定要保证所描述的时间跨度适合图形要说明的观点。

再看看横轴误导我们的另一种方式。图7-35暗示二氧化碳排放量已经达到了一个稳定的水平。文章中的描述是："在过去几年里，全球二氧化碳排放量相对于前几十年已经稳定下来。"

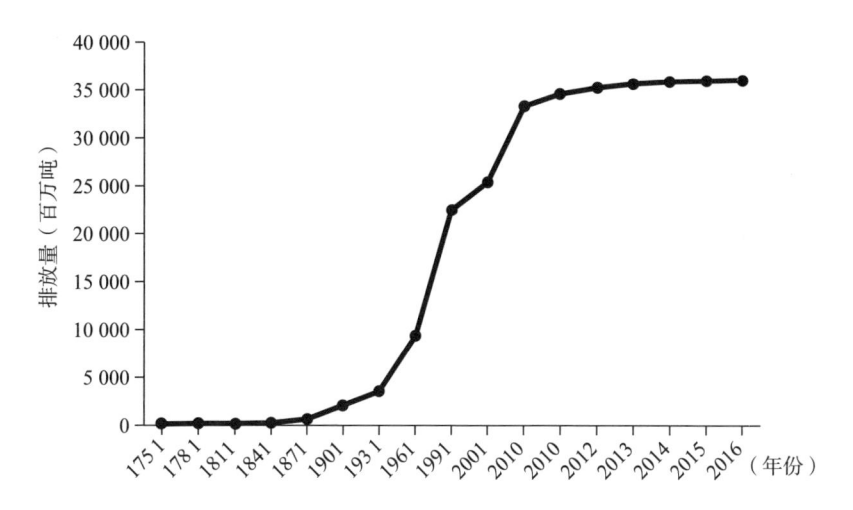

图 7-35　全球化石燃料燃烧和工业过程产生的二氧化碳排放（1751—2016）

但是看看横轴上发生了什么。在1991年之前，每一格表示30年的时间间隔，接下来的一格是10年间隔，再下一个是9年。此后，每格仅表示一年。我们重新绘制该图，使 x 轴有一个恒定的比例，就会得到一个不一样的图形：

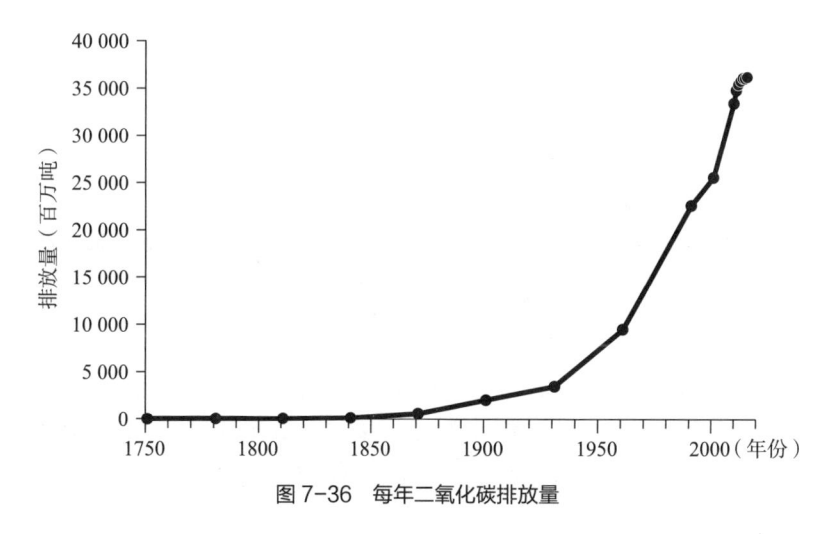

图 7-36　每年二氧化碳排放量

第 7 章　数据可视化　　187

二氧化碳排放量的增长速度可能正在变慢，但看来还没有接近平稳期。

一般来说，我们需要注意 x 轴上的刻度是否不均匀、是否发生变化。对于条形图来说，在把数据分组以形成条形时，也可能发生类似的情况。下面的条形图选自《华尔街日报》上一篇关于奥巴马总统税收计划的文章。

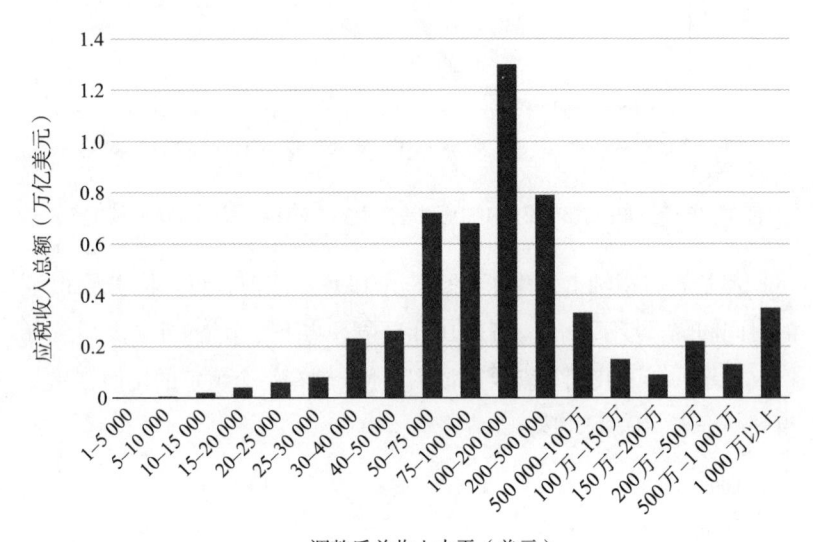

图 7-37　2008 年应税收入总额

这幅图是要表示美国税收主要基础所在的位置。每个条形代表一定收入范围内的纳税人；这就是我们所说的把数据分组。这些收入范围沿横轴显示，纵轴则表示给定范围内所有申报人的总收入。根据该图，大部分应税收入来自"中产阶级"，即 5 万~20 万美元这个区域，这里的条形最高。（还有一大块应税收入在 20 万~50 万美元这个收入范围，但即使按照《华尔街日报》的标准，也很难想象这些人是中产阶级。)

作者认为,奥巴马税收计划的大部分负担将不可避免地落在中产阶级而不是富人身上。

> 即使在奥巴马的医疗保健计划生效之前,富人的财富也远不足以为他的福利国家的雄心提供资金。那么,还有谁可以征税呢? 2008年,所有纳税人的应税收入总额约为5.65万亿美元,其中大部分来自中等收入者。上图显示了分布情况,中间的那个大驼峰是民主党人不可避免地要去的地方,原因和威利·萨顿抢银行是一样的[8]。

但仔细看看这幅图。图中构成每个条形的"组"的宽度差异很大。前几个组表示的增幅是5 000或1万美元,难怪这些条形都不高:这些组都很窄!然后,一提到中产阶级——正是作者声称税基最大的地方,各个组表示的增幅就急剧增大。有两个组的增幅是2.5万美元,还有一个达10万美元。从那之后,组的宽度继续增大。以这种方式选择分组宽度,导致了大部分应税收入看起来都在分布范围的中间位置。

政治学家肯·舒尔茨认为,如果允许选择变量分组宽度,设计者可以传递出截然不同的信息。为了突出这个问题,他利用相同的税收数据,通过选择不同的分组宽度,传递出三种不同的信息。

通过改变分组宽度,舒尔茨成功地传递了我们必须向穷人、中产阶级(现在的定义是应税收入低于10万美元)和富人征税的三条信息。

《华尔街日报》可能无意误导读者,因为他们描述的组和美国国税局报告中的组一模一样。不过,不管作者的动机是什么,我们都需要注意数据的排列对传递信息的影响。

向穷人征税！

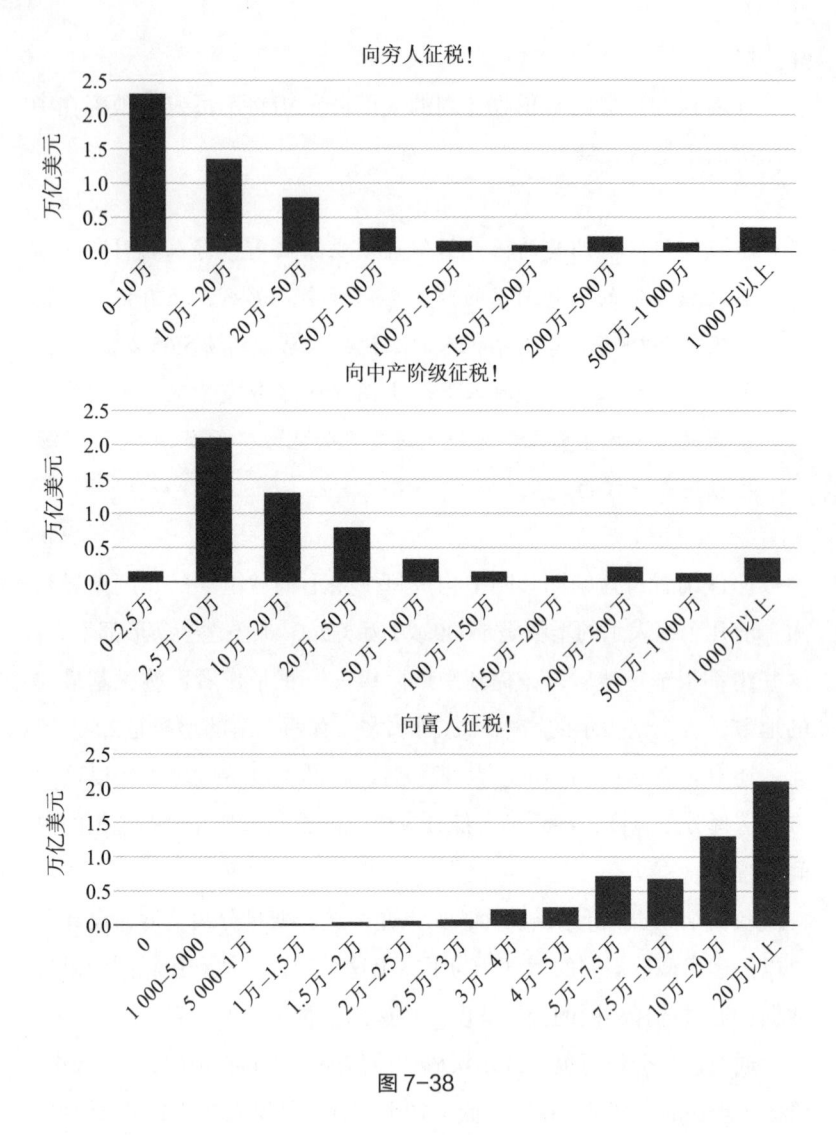

[柱状图：横轴 0–10万、10万–20万、20万–50万、50万–100万、100万–150万、150万–200万、200万–500万、500万–1 000万、1 000万以上；纵轴 万亿美元]

向中产阶级征税！

[柱状图：横轴 0–2.5万、2.5万–10万、10万–20万、20万–50万、50万–100万、100万–150万、150万–200万、200万–500万、500万–1 000万、1 000万以上；纵轴 万亿美元]

向富人征税！

[柱状图：横轴 0、1 000–5 000、5 000–1万、1万–1.5万、1.5万–2万、2万–2.5万、2.5万–3万、3万–4万、4万–5万、5万–7.5万、7.5万–10万、10万–20万、20万以上；纵轴 万亿美元]

图 7-38

再看一个分组数据可能具有欺骗性的例子。图 7-39 中的数据旨在说明遗传对教育成就的预示性。横轴是表示遗传组成的指标，纵轴是中学班级的平均成绩。这一趋势看起来非常明显——粗看之下，你

图 7-39

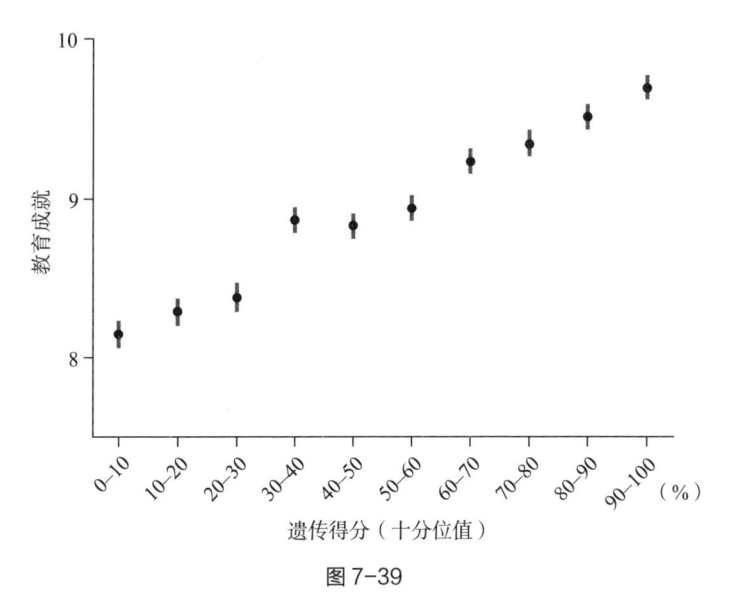

可能会认为遗传有很强的决定教育结果的作用。

但如果用这种方式绘制图形,数据就会误导我们,原因是它们被"分组"了。所有的点都以数轴上的 10 个间隔为单位归总在一起,然后以它们的平均值绘制成图。[9]这种计算平均值的做法掩盖了个体得分的巨大差异。在图 7-40 中,可以看到原始数据传递了一个不同的信息。这些数据与前面那幅图使用的数据完全相同。然而,它们看起来更像是猎枪射击留下的痕迹,而不是一个明显的线性趋势!后来,人们发现遗传得分只能解释教育成就上 9% 的差异。如果一定要将数据分组,那么所谓的箱形图可以更好地表示每个组中值的范围。

幸运的是,这篇论文的作者同时提供了数据传递的两种观点,因此我们可以看到,用分组数据的平均值绘制图形可能具有很强的误导性。但并非所有作者都会如此公开透明。有时科学论文或关于研究结果的新闻报道只提供分组数据的平均值。因此,一定要小心,以免受到误导,错误地以为存在非常明显的趋势。

图 7-40

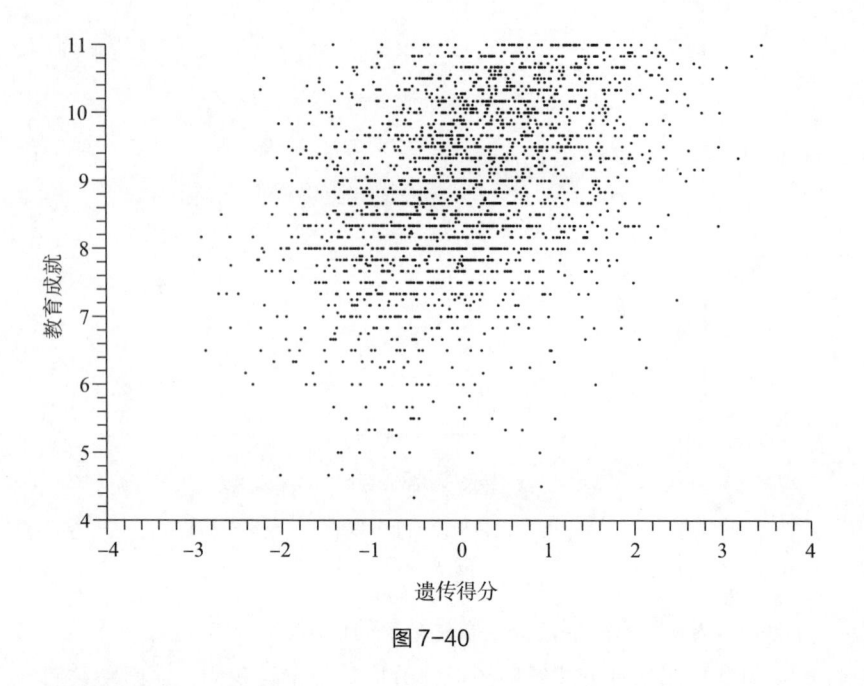

比例油墨原理

娱乐与体育电视网（ESPN）用可视化数据对西布罗姆维奇队和阿森纳队的比赛结果进行了概括，如下图所示：

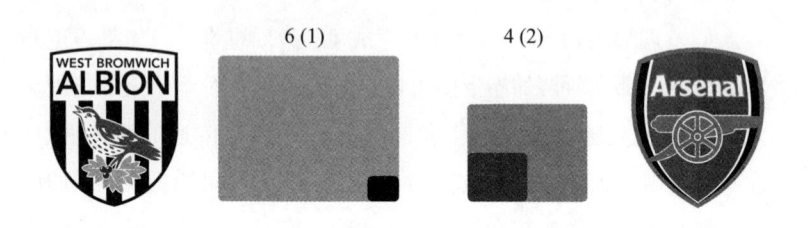

图 7-41 射门（射正）

图7-41显示西布罗姆维奇队有6次射门，其中1次射正，而阿森纳队有4次射门，其中2次射正。但是，用这种方式表示这些数据具有误导性。我们看看左边的长方形，与代表所有射门的浅色区域相比，代表射正的阴影区域非常小，让人感觉西布罗姆维奇队的射门技术很差。但事实上，他们有1/6的射门都在门框范围以内——虽然技术没有那么好，但也没有那么糟糕。问题是，深色区域的宽度和高度分别是较大浅色区域的1/6，因此它的面积只有后者的1/36。右边的长方形也有同样的问题。阿森纳队有1/2的射门都是射正的，但是深色区域只占浅色区域的1/4。

这幅图的问题是它使用阴影区域来表示数值，但是这些区域的面积与它们所代表的数值不成比例。它违背了我们所说的比例油墨原理：

> 用阴影区域表示一个数值时，阴影区域的大小（面积）应该与对应的数值成比例。

这一规则源于爱德华·塔夫特在他的经典著作《定量信息的视觉显示》中提出的一个更普遍的原则。塔夫特在书中指出，"用图形表面的实际大小表示数值时，应该与所表示的数值成比例"。比例油墨原理将这一规则应用于图形上的阴影区域。这听起来很简单，但影响深远。在上一节的开头，我们说过条形图强调大小，而线形图强调变化。因此，条形图的基线应该始终为零，而线形图最好根据需要截取，以便有效地说明数值发生的变化。为什么会有明显的双重标准呢？

比例油墨原理给了我们答案。如果条形图的轴不是从零开始，就违反了这一原则。下面这幅条形图来自田纳西州劳工与劳动力发展

第 7 章 数据可视化

部，显示的是该州非农就业岗位随时间的变化。

下图中，2014年的就业岗位总数大约是2010年的1.08倍，但是由于纵轴被截短了，2014年条形使用的油墨大约是2010年条形的2.7倍。油墨的使用不成比例。

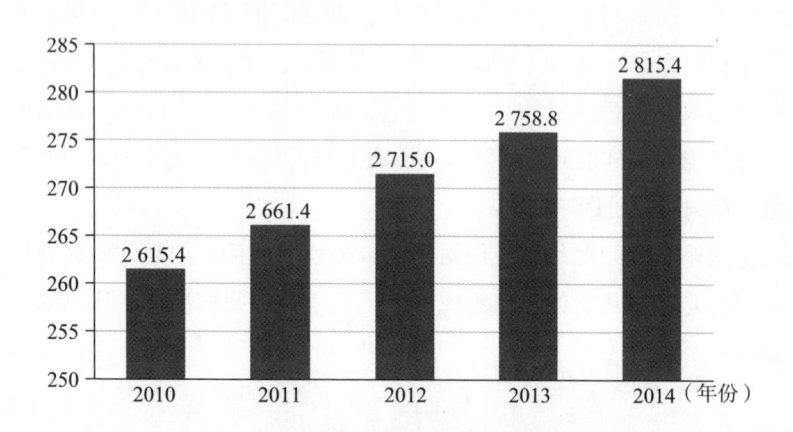

图 7-42　田纳西州非农业就业岗位总数（万）

条形图还有可能掩盖差异而不是夸大差异，从而在相反的方向上产生误导。下面这个条形图是仿照《商业内幕》上发表的一幅条形图绘制的，旨在表示世界上阅读人数最多的书籍，但从图中那些小字可以看出，实际上它显示的是销量最多的书籍，这是一个截然不同的命题。不管怎么说，设计者把书名绘制到条形图中，根本原因是希望以视觉方式体现这些书名。这幅图在视觉方面的问题是，每个条形用于显示书名的那个部分全部位于零以下。因此，尽管《达·芬奇密码》的销量是《安妮日记》的两倍多，但表示两本书销量的条形在高度上的差异非常小。

正如我们在本章前面讨论的那样，线形图的因变量轴不一定要包含零。我们说过条形图的作用是表示大小方面的信息，而线形图则

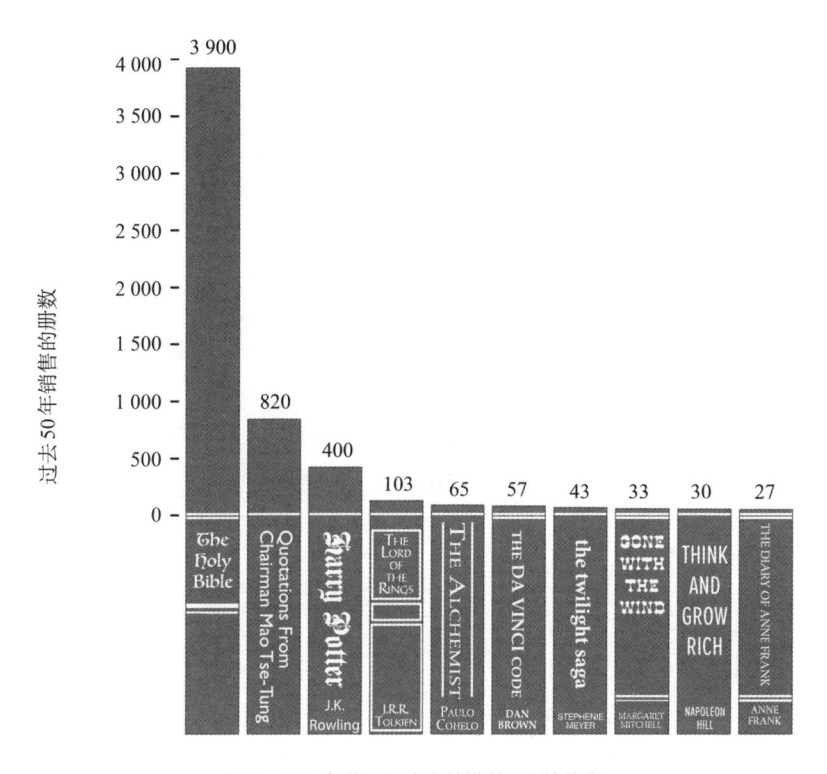

图 7-43　全世界阅读人数排前 10 位的书

显示变化情况。还要注意，线形图使用位置而不是阴影区域来表示数量。因为不用油墨量表示变量的大小，所以不适用比例油墨原理。另一方面，为了保证每个点的位置能够提供更多的信息，线形图需要进行缩放，通常的做法是让轴跨越与数据值范围大小相当的区域。

也就是说，使用阴影区域来表示值的"填充式"线形图，轴的刻度应该从 0 开始。下面的例子是根据《大西洋月刊》上发表的图形绘制的，纵轴是从 28% 的位置开始截取的。这样做就有误导性，因为它使税率的下降趋势看起来比实际情况更加明显。如果曲线下方的区域未被填充，这就不是问题。

第 7 章　数据可视化　195

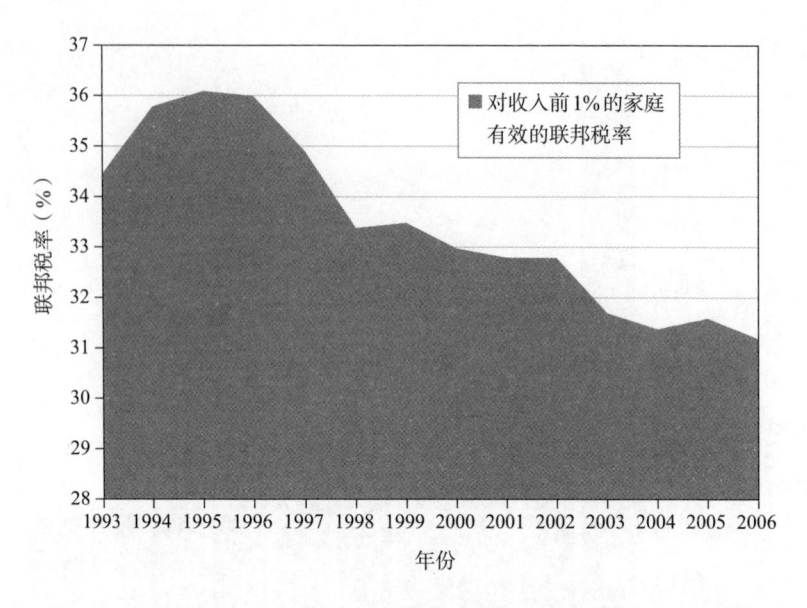

图 7-44

另一个违反比例油墨原理的是所谓的甜甜圈条形图。甜甜圈在数据可视化中还不常见，但出现的频率较过去有所提高。如果图形违背比例油墨原理，就有可能夸大差异，有很多条形的甜甜圈条形图显然是这方面的一个非常突出的例子。下图旨在说明人均可耕地的差异。

就像跑道外侧的运动员比内侧的运动员跑动距离更远一样，图中圆环的几何特性导致外侧条形的油墨量不成比例。[10] 因此，甜甜圈条形图可能夸大或隐藏各值之间的差异，这取决于它的设计方式。如图 7-45 所示，如果条形从中心位置开始由小至大排列，每个条形使用的油墨量就会夸大条形大小的差异。相反，如果将最大的条形置于中心，较小的条形依次向外排列，油墨的使用量就会淡化各值之间的差异。

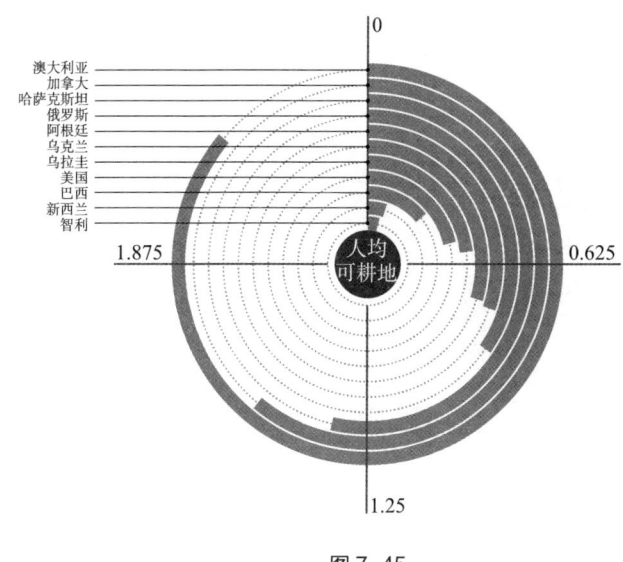

澳大利亚
加拿大
哈萨克斯坦
俄罗斯
阿根廷
乌克兰
乌拉圭
美国
巴西
新西兰
智利

1.875   人均可耕地   0.625

1.25

图 7-45

数据来源：美国中央情报局脸书，2012；联合国粮农组织，2011。

　　导致数据图形可能出错的另一个原因是数量比较涉及不同分母。如果我告诉你1/4的交通事故与酒后驾驶有关，你不会得出酒后驾驶比清醒时驾驶更安全的结论。因为你知道酒后驾驶比较少见，如果1/4的交通事故都与酒后驾驶有关，那么酒后驾驶肯定大大增加了驾驶的风险。

　　但我们在分析数据图形时并不总是保有这些直觉。下面的条形图显示了不同年龄段的车祸发生率。

　　图 7-46 有两个地方令人惊讶。首先，与20—24岁的人相比，16—19岁的人的驾驶技术似乎更好。其次，人们的驾驶技术似乎随着年龄的增长而增长，我们没有看到老年人驾驶能力像我们预期的那样有所下降。但这幅图有误导性，因为它报告的是死亡事故的总数，而不是死亡事故的相对风险。关键的是，不同年龄的人的驾驶里程数有很大差异。最年轻和最年长的司机驾驶的里程数最少。再看一下图 7-47，就会发现一个大不相同的模式：最年轻和最年长的司机危

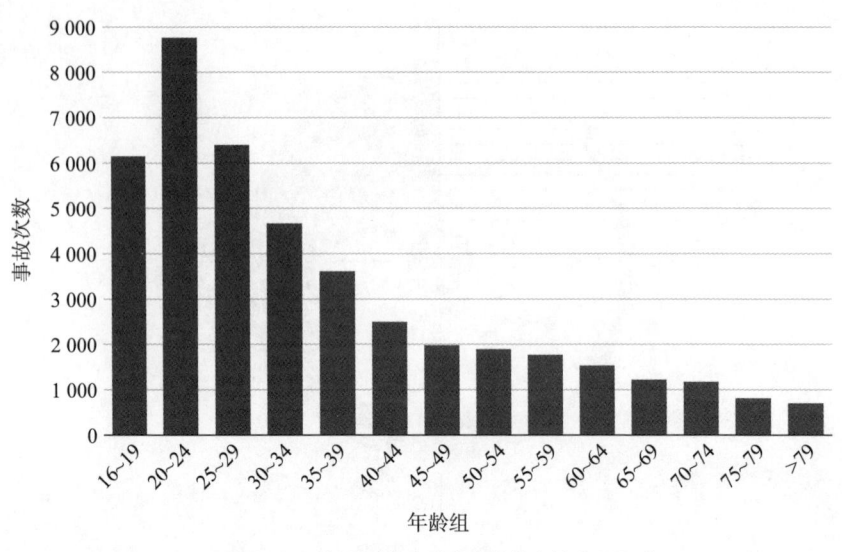

图 7-46　驾驶时发生致命事故的次数（1988）

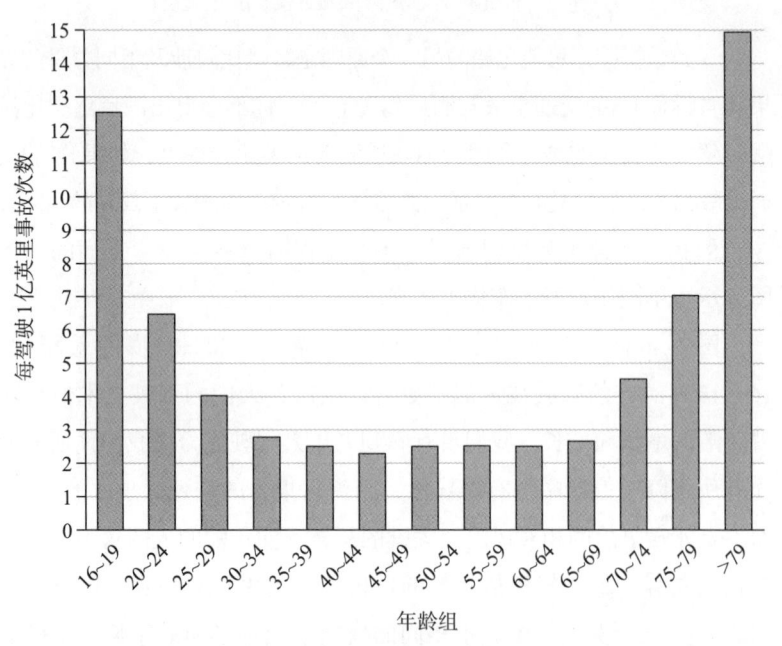

图 7-47　每驾驶 1 亿英里发生的致命事故次数（1988）

险程度最高。

在20世纪80年代后期，出现了许多可以制作3D（三维）条形图的图形软件。到了20世纪90年代，创建3D条形图的能力在所有的数据图形中都有所体现，从公司招股说明书、科学论文到大学招生手册等，3D条形图随处可见。在用于显示与一对独立变量相关的值时，3D条形图可以合理地发挥作用，下图是1996年绘制的，就是一个这样的例子。

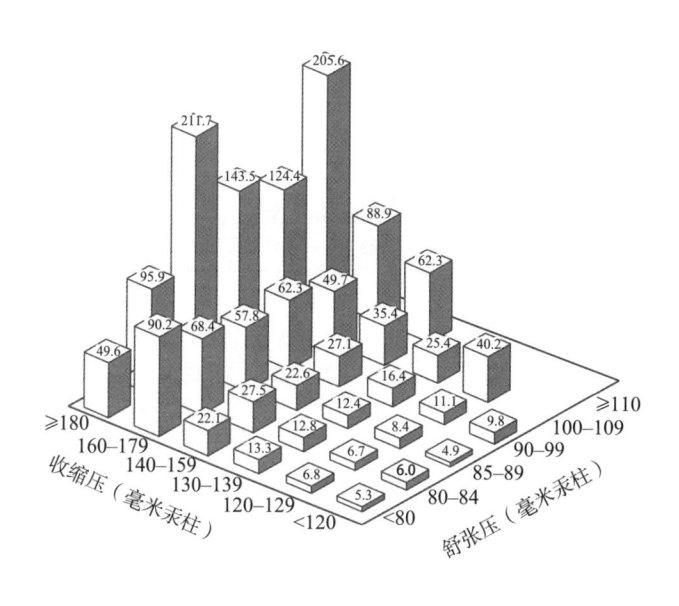

图7-48

这不是一幅特别有吸引力的图，它存在一些问题（我们马上就要讨论这些问题），但它的确实现了设计者的目的，将所有的值排列成二维矩阵。[11]如果用3D数据图形表示只有一个独立变量的数据，那就纯属胡扯了。此时，使用2D（二维）线形图或条形图，可以更好地达到目的。下图显示的是美国过去80年的女性生育率。我们可以看着图表，向自己提出一些关于这些数据的基本问题。例如，婴儿潮是不是同时在所有年龄段的女性身上达到顶峰？35—39岁女性的新生婴儿率何时超过了15—19岁女性？30—34岁女性的新生婴儿率是1940年高还是2010年高？要根据上图回答其中任何一个问题都很困难。

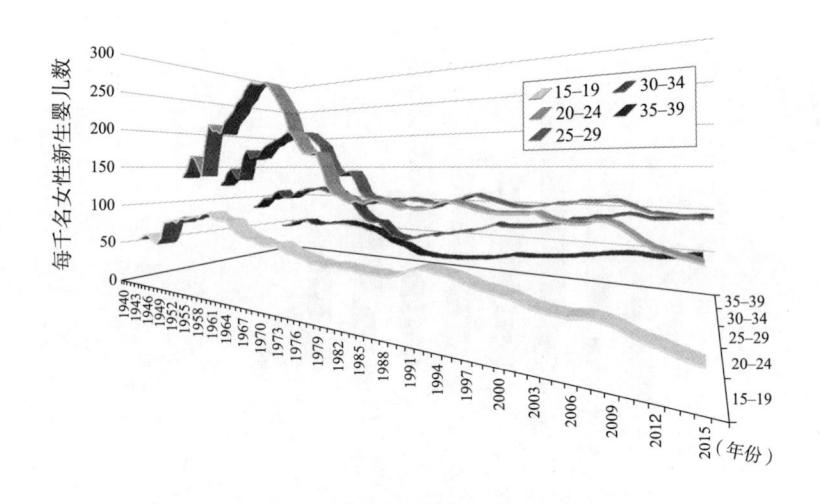

图7-49 美国各年龄女性新生婴儿率

下面是根据相同数据绘制的标准2D条形图。现在，我们可以轻而易举地回答刚才提出的那些问题了。对于所有年龄段的人来说，婴儿潮确实在同一时间达到顶峰。2003年前后，35—39岁女性的新生婴儿率超过了15—19岁女性。2010年的30—34岁女性新生婴儿率比1940年高。

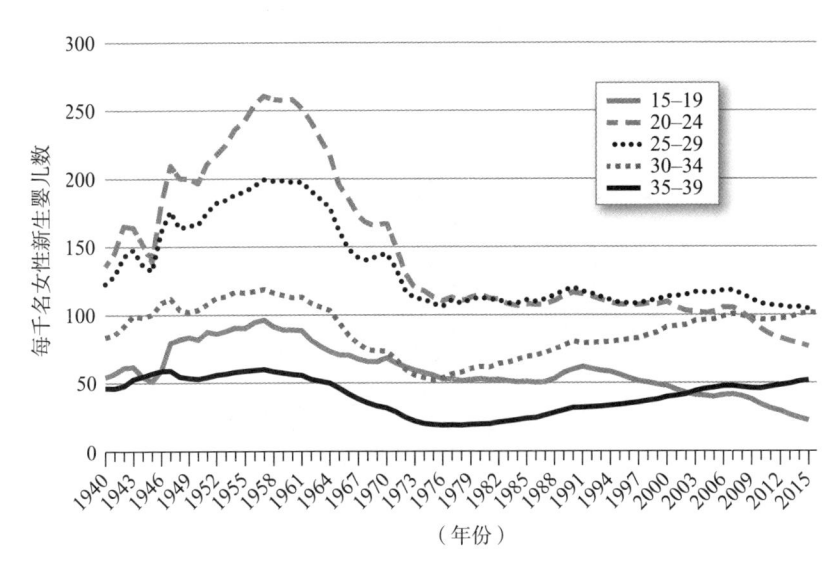

图 7-50　美国各年龄段女性新生婴儿率

使用3D线形图的唯一原因似乎是为了给人留下深刻印象。在20世纪90年代早期，3D渲染技术还是一个新事物，因此有些人可能会对此印象深刻，但我们不知道为什么设计者现在还会继续使用3D线形图。

再举个例子。图 7-51 是显示美国几个州粪肥产量的条形图，它有一些问题。首先，端面延长了每个条形的有效目视长度：代表华盛顿州的条形将大部分油墨都用到了端面上；尽管华盛顿州的粪肥产量只有加州的1/5，只有得克萨斯州的1/10，但这三个条形的端面大小相同。其次，图形摆放的角度有可能使条形的长度更难估算。如果图形侧面正对着观看者，就更容易看出确切的值。再次，由于条形相互叠加，所以一些条形的顶部大部分是可见的，而另一些条形的顶部大部分被遮挡住了。在图 7-51 中，得州条形所用的油墨量不仅取决于得州的粪肥产量，还取决于艾奥瓦州的产量。这再一次违反了比例油墨原理。

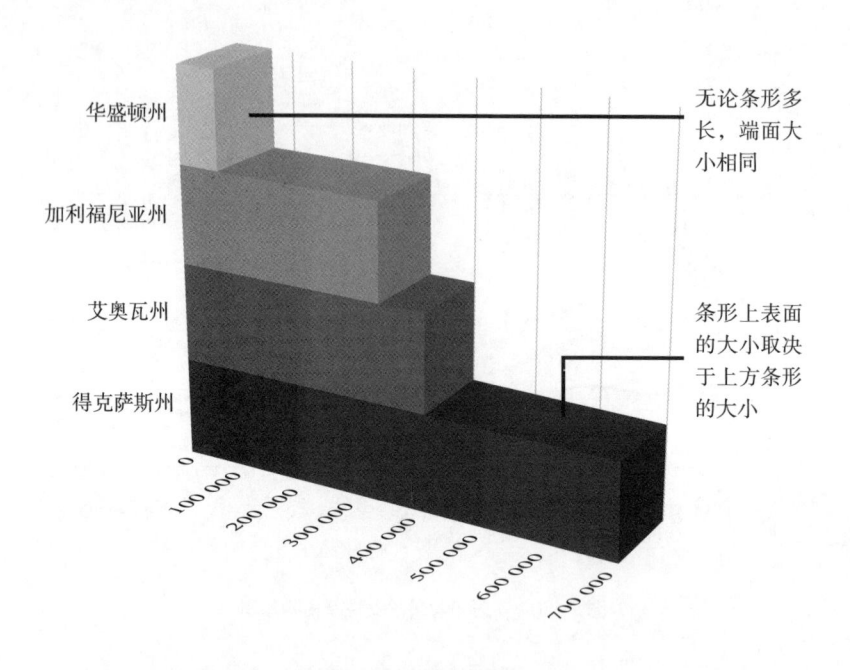

图 7-51 粪肥年产量

3D图形的另一个严重问题是，该视角的使用使人很难估算图表元素的相对大小。这种影响在上面的粪肥产量图中比较微弱，但是在图7-52这幅搜索引擎市场份额图中非常明显。在这幅图中，水平网格线明显不是平行的，而是向图左侧的消失点倾斜。因此，左边的条形比右边的等值条形短，使用的油墨也少。这同样是纯粹的视觉胡扯：添加到图表中以给观看者留下深刻印象的元素并没有添加任何额外信息，却模糊了图表要表达的意思。

3D饼形图就更糟糕了，比如下面的安大略选举普选票民意调查图。[12]

3D饼形图的主要问题是近端的楔形比远端的大。安大略新民主党的楔形表示35%的选票，但占据了约47%的圆盘表面。相比之下，

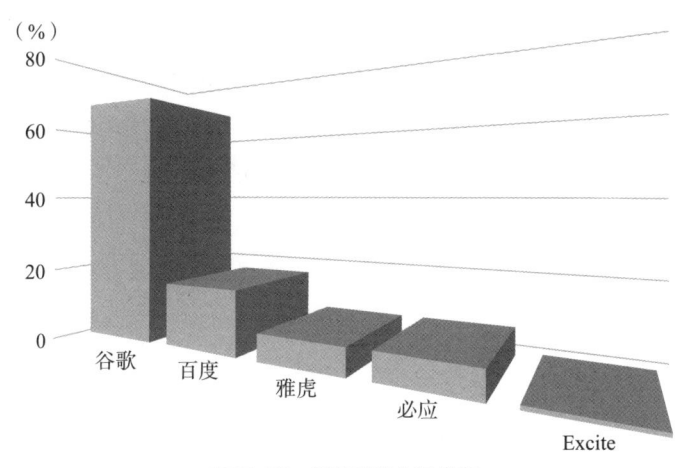

图 7-52 搜索引擎市场份额

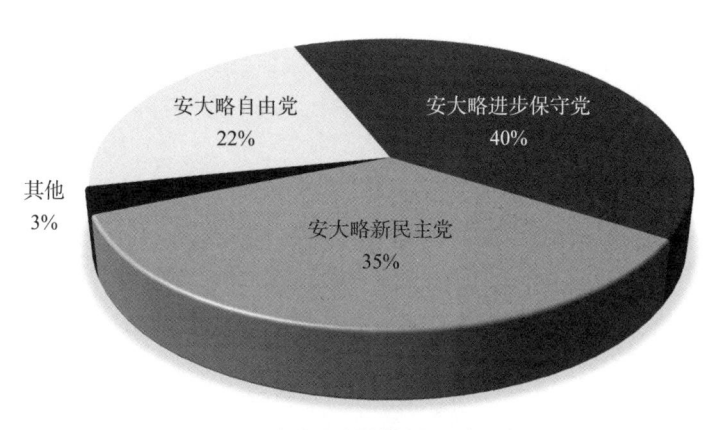

图 7-53 安大略选举普选票民意调查

安大略进步保守党的楔形表示40%的票数,但只占据了32%的圆盘表面。在这种情况下,看油墨而不是数字,就会错以为选举结果对新民主党有利。另一个问题是,观看者能看到饼形图的前边缘,但看不到后边缘,这违反了比例油墨原理。

第 7 章 数据可视化 203

可视化数据可以传递信息。一些较细微的选择，比如条形图或线形图中的轴的范围，都有可能对图形要传递的信息产生很大的影响。问问自己，设计者设计的图表是为了准确地反映底层数据，还是说希望它传递的信息更贴近设计者希望你相信的信息。

第 8 章

大数据与胡扯

今天，美国海军公布了一种电子计算机的雏形，它有望拥有行走、说话、看东西、写字、自我复制以及意识到自身存在的能力。

这是1958年7月8日《纽约时报》上一篇报道开头的一句话。文中的计算机雏形是一个叫作感知机的简单构件。

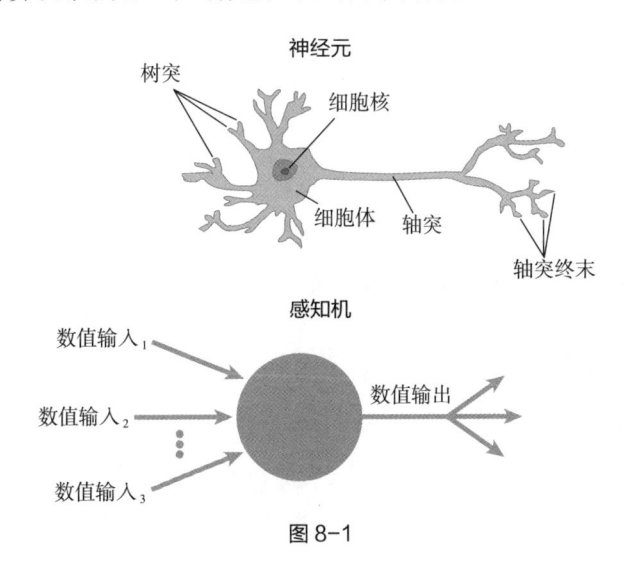

图 8-1

"感知机"这个词听起来像是魔术大师霍迪尼的新节目，但就像任何好的魔术一样，它真正的魔力在于它的简单性。一台感知机就是一个简单的逻辑电路，用来模拟生物的神经元。它接受一组数值作为输入，然后输出0或1。数值输入可以是胸透片的像素值，而数值输出则是病人是否患有肺炎。

以合适的方式将足够多的感知机连接在一起，就可以构建会下国际象棋的电脑、自动驾驶汽车或可以实时翻译语音的算法（就像道格拉斯·亚当斯的巴别鱼一样）。我们现在不经常听到"感知机"这个词，但这些电路是新闻头条中经常出现的卷积神经网络和深度学习技术的基石。这个古老的魔术在今天仍有市场。

感知机的发明者弗兰克·罗森布拉特是一位科班出身的心理学家，对天文学和神经生物学有着广泛的兴趣，还非常善于推销好的创意。在康奈尔航空实验室工作时，他用一台价值200万美元的IBM（国际商业机器公司）704计算机来模拟他的第一台感知机。他喜欢使用一些非常夸张的词语来描述自己的成果。他告诉《纽约时报》，他的机器会像人类一样思考，并从经验中学习。他预测总有一天，他的感知机能识别人脸，实时翻译语音，还能够组装其他感知机，甚至可能获得意识。总有一天，它们会成为我们在宇宙中的眼睛和耳朵，被送到地球以外的地方，代表我们探索行星和恒星。

想象一下，这些话在1958年会产生多大的反响。有多少科幻小说作家从罗森布拉特以及随后的那些耸人听闻的报道中找到了灵感？

我们让时间快进55年。2013年12月28日，《纽约时报》发表了另一篇关于神经网络及其类脑能力的报道——这是1958年的那个故事的重演。虽然计算机硬件功能比之前强大得多，但其基本方法仍接近罗森布拉特半个世纪前的描述。2013年那篇报道的作者推测，在很短的时间内，这些类脑机器"将使新一代人工智能（AI）系统成为可能，它将轻松实现人类的一些功能：看、说、听、导航、操作和控制"。这就好像原作者比瑞普·凡·温克尔沉睡了更长时间，一直睡了55年，醒来后用同样过分夸张的词语，写了这篇关于同样技术的报道。

那么，自罗森布拉特的早期感知机实验以来，发生了哪些变化呢？炒作当然没有减弱。报纸上充斥着让人喘不过气的文章，滔滔不绝地谈论有人承诺即将到来的最新突破。从事人工智能工作的人，拿的是巨星级的薪水。科技公司不断地从校园挖走拥有人工智能专业知识的教授。风险投资公司迫不及待地把钱投给任何能一本正经地解释"深度学习"的人。

在这一点上，罗森布拉特值得称赞，因为他的许多雄心勃勃的预测都实现了。现代人工智能（模仿人类智能的机器）背后的算法和基本架构与他预想的差不多。人脸识别技术、虚拟助理、机器翻译系统和股票交易机器人都是在类似感知机的算法基础上建立的。机器学习（这是人工智能的一个分支学科，研究从数据中学习的算法）在近期取得的突破，大多可以归因于可用数据数量以及数据处理能力的飞跃，而不是通过另一种完全不同的方法实现的。[1]

的确，机器学习和人工智能的存亡取决于它们使用的数据。例如，有了好的数据，就可以设计出算法，将一种语言有效地翻译成另一种语言。但是，并不存在点石成金的神奇算法。坏数据的影响无法弥补。如果有人否认这一点，那就是在胡扯。

机器学习是如何工作的？这不过是旧瓶装新酒，其实就是计算机编程的通常逻辑。将一个程序写入一个经典的计算机程序中，给计算机输入数据，然后计算机产生输出：

数据 → 程序 → 输出

图 8-2

在机器学习中，你先给计算机一组训练数据。如果你要教会计算机分辨猫和狗的图片之间的区别，这些数据就是猫和狗的图片。再给计算机一组标签，用于标记你知道是正确的那些训练数据。在猫和狗的这个例子中，计算机在看每张训练图片时，都会被告知它看到的是猫还是狗。然后，计算机利用学习算法生成一个新的程序。例如，学习算法可以教会神经网络区分猫和狗。然后，你可以利用这个新程序来标记不熟悉的数据，即测试数据。在这之后，让计算机看它从未见过的图片，它就会告诉你它们是猫还是狗。

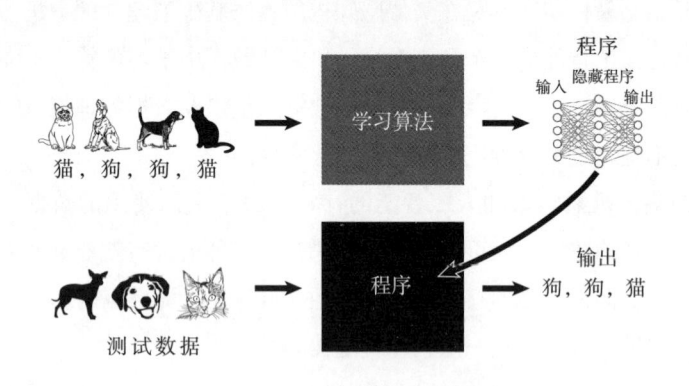

图 8-3 训练数据与标签

因为对于这些系统来说，数据才是最重要的，所以人们无须计算机科学方面的专业培训，就能辨别没有说服力的论断或有问题的应用。很多时候，我们不需要详细地了解学习算法，也不需要了解学习算法生成的那个程序的工作原理。（在所谓的深度学习模型中，包括算法创建者在内的所有人都不会真正了解算法生成的那个程序的工作原理。）要发现问题，唯一要做的就是考虑那些训练数据和输入算法的标签。如果开始时的数据和标签有问题，就会得到一个有问题的程序，进而做出有问题的预测。这种情况经常发生，因此计算机科学有一个专用的缩写：GIGO，完整表达是"garbage in, garbage out"（废料进，废品出）。我们希望减少人工智能背后的炒作，让人们专注于数据而不是黑箱算法的细节。

人工智能的前景刺激了经济活动，也为科幻小说作家创作出令人兴奋的情节带来了灵感，但它也导致了一些不合理的期望，推动了产业界和学术界不负责任的研究，给个人隐私造成了令人绝望的威胁，还推动了错误导向的政策。研究人员和技术人员花了太多的时间在"可能是什么"这类诱人的问题上，而在"是什么"这类重要问题上花的时间太少了。正如卡内基梅隆大学人工智能研究员扎卡里·立顿所说："政策制定者正在会议上热烈讨论机器人的权利，尽管他们应该讨论的是算法决策中的歧视问题。"与起草一部机器人权利法案，或设计出保护人类免受类似于终结者的超级智能机器侵害的方法相比，深入研究算法审核的细节可能是一项乏味的工作。但要解决人工智能正在制造的问题，我们需要理解已经应用于一些更平常任务的数据和算法。

大众媒体关于人工智能的危言耸听与人工智能研究的实际情况相去甚远。特斯拉、SpaceX 和 PayPal 的创始人埃隆·马斯克在 2017 年的美国州长全国会议上警告称，人工智能"对人类文明的存在构成了根本性的风险"。与此同时，《快公司》杂志发表了一篇题为《人工智能正在发明人类无法理解的语言，我们应当阻止吗？》的文章，加剧了这种担忧。听起来很可怕，对吧？文章描述了脸书网的一个出了问题的研究项目。为了发明一个能够顺利对话的聊天机器人，研究人员尝试让计算机算法训练彼此对话。但是，这些算法开发的语言与人类语言完全不同。《快公司》报道称，研究人员很快叫停了这个项目。天网人工智能防御系统正式走上了自我意识的道路，但灾难得以避免了——至少《终结者》这部电影和许多类似的故事是这么说的。

那么机器人的语言到底是什么样的呢？我们来看看聊天机器人的一些对话片段：

机器人鲍勃："我可以可以我我其他任何事。"
机器人爱丽丝："球有零对我对我对我对我对我对我对我。"
鲍勃："你我其他任何事。"
爱丽丝："球有球对我对我对我对我对我对我对我。"

人工智能可能真的会进化出自己的语言并拥有自我意识。如果真的可以，我们希望它在与人类和平共处中实现这个变化。但脸书的这个聊天机器人并没有走上这条路。根据当初脸书团队在博客中的描述，在这个项目中，聊天机器人的语言进化出了无意义的重复的句子。大众媒体将这些句子歪曲成戏剧性的故事，称研究人员大惊失色，急忙叫停了这个项目，从而拯救了人类。但是，当Snopes网站的记者就此事询问研究人员时，他们说他们并不担心，但媒体的反应令他们吃惊。"我们没有恐慌，"一名研究人员说，"这个项目也没有被叫停。"他们并没有为人类担心。他们只是观察到聊天机器人并没有朝着像人类一样交谈的目标前进，于是重新开始设计了。

我们希望可以找到避免受到这种炒作影响的良方，但首先让我们看看机器学习送货的一个实例。送货是一项枯燥、重复的日常任务，人们在这方面的研究太少而非太多。

机器是怎么看到东西的

当你想到尖端的信息技术时，你可能不会想到美国邮政服务。但事实上，很少有行业如此依赖机器学习的进步。

美国邮政系统每天要处理5亿封邮件，这是一个惊人的数字。如果地球上70亿人每人寄一封信或者一个包裹，美国邮政可以在两周内处理完。尽管每个邮件上的地址都需要正确解读，他们也能按时完成。对于打印的地址，将这项任务委托给机器相当容易。手写地址处理起来难度较大，但美国邮政已经开发出一种优秀的手写识别系统，解读地址的正确率高达98%。这些邮件包括你的医生手写的节日贺卡，你奶奶写给当地国会议员的信，还有你6岁女儿写给动物园要求对刚出生的长颈鹿宝宝进行视频直播的信。

还有2%的邮件机器无法读取地址，该怎么处理呢？它们会被送到盐湖城的一个大型邮政综合大楼。在那里，地址专家分33个班次，每天24个小时，每周7天，解读这些难以辨认的地址。最快的员工每个小时可以处理1 800多个地址，也就是说，2秒钟处理一封邮件！速度之快，令人叹为观止。

在完成一些需要做出判断和斟酌选择的开放式任务时，人类干预无可替代。就目前而言，在辨别假新闻、识别讽刺、制造幽默等方面，机器还比不上人类。不过，读取地址对计算机来说还是比较简单的。数字分类问题（例如，判断打印出来的数字是1、2还是3）是机器学习的一个经典应用。

计算机是如何做到这一点的呢？就像我们在猫和狗的例子中描

述的那样。首先，收集一组训练数据。我们收集大量被人标记为0，1，2，…，9的手写数字（成千上万的图像）。很多时候，对计算机学习能力的唯一限制是能否找到高质量的标签用于训练机器。幸运的是，美国邮政服务在多年前就创建了一组合适的带标签的手写数字。它被称为MNIST，即改进版美国国家标准与技术研究院手写数字数据库，其中包括7万张类似于下图的带标签手写数字图片。

图 8-4

那么，算法是如何"看到"图像的呢？如果你没有接受过计算机视觉方面的培训，可能就会觉得这太不可思议了。我们稍微离题一下，看看它是如何工作的。

计算机以矩阵的形式存储图像。矩阵可以被认为是一个由行和列组成的表。表中的每个单元格都包含一个数字。为简单起见，我们假设图像是黑白的。如果一个单元格是黑色的，它的值是0；否则，值就是1。[2]

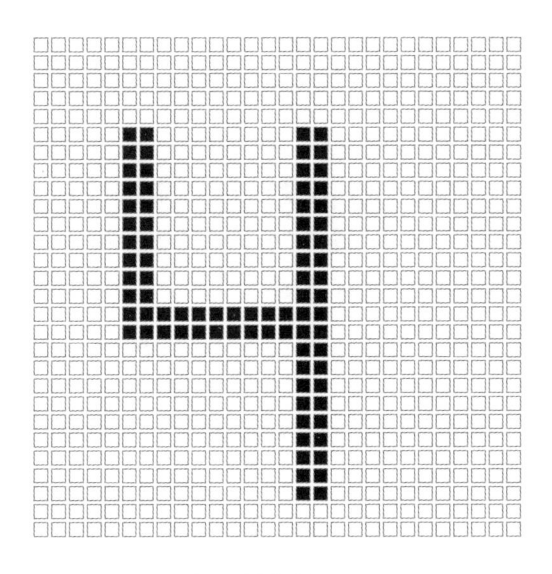

图 8-5

　　上面这个28行、28列的图像表示数字4。它一共有784个方格，每个方格都用0或1填充。计算机通过这些矩阵"看到"图像。看到数字4意味着计算机识别出了与手写的4相对应的矩阵所具有的独特属性，然后比较类似图像的矩阵。

　　带有"4"的已知图像是机器学习的训练数据。[3]有了足够的训练数据和惩罚错误的定量方法，就可以教会计算机始终如一地对手写的"4"进行分类。为了评估机器的学习情况，我们向它提供测试数据——它从未见过的数据。处理测试数据是机器学习的关键环节。

　　通过记忆所有数据点及其所有属性这个基本手段，算法通常可以完美地分类所有的训练数据。对于手写数字，机器可能会记住每个像素的值及其确切位置。从训练数据中选取一幅图像输入机器，它就能很肯定地猜出数字。但这还不够好。来自现实世界的训练数据总是一团糟，有时是个人的书写风格导致的，有时是扫描图像的质量过差导致的，有时则是因为图像的标签有错误，或者是因为图像直接取自错误的数据集。因为要记住这些噪声，所以当计算机被要求对不属于训练数据集的新图像添加标签时，就会导致问题。如果把训练数据变成测试数据后，计算机添加的标签的准确性显著降低，就说明模型可能出现了过拟合的问题。所谓过拟合，就是在预测时将噪声归为相关信息，这是机器学习的一个难题。[4]

科学家在建立模型预测行星位置时，并不是把每颗行星在每个可能时间的每个位置都分类，而是确定可以预测未来位置的关键物理定律。机器学习的难点是开发能够泛化的算法，也就是说，开发出来的算法可以运用所学到的知识，识别从未见过的模式。

为了更好地理解机器是如何识别模式和进行预测的，让我们看一个只包含深色点和浅色点的示例。但你可以把它看作一个基于各种健康指标判断病人是否患有糖尿病的数据集。假设我们希望提出一个规则，预测一个新的点（不属于该数据集）是浅色还是深色。已有的100个点是我们的训练数据。深色点大多在顶部，浅色点大多在底

分类错误：深色点0个，浅色点0个

图 8-6

部，所以我们可能会尝试画一条将深色点与浅色点分开的分界线。

上图显示的分界线（我们的模型）非常棒，正确地分开了训练数据中的所有的点。分界线上方的点全部是深色，下方的点全部是浅色。但是，另换100个点（如下图所示），我们发现有11个深色点落在分界线下方，9个浅色点位于分界线上方。原来，我们根据训练数据得出的分界线在深色点和浅色点之间蜿蜒曲折，把数据中的随机噪声也当成了一个有意义的模式。显然，我们这个模型对数据进行了过拟合。

分类错误：深色点11个，浅色点9个

图 8-7

为了避免过拟合，我们可以尝试一个更简单的模型。我们用直线作为分界线，看看效果如何。尽管直线对于许多数据集来说可能过于简单，但在本例中我们可以借助直线阐明观点。这个简单的模型并不完美——任何一条直线都无法完美地分开这些深色点和浅色点，但我们可以找到一条将分类错误的点控制在7个深色点和10个浅色点的直线。

第 8 章　大数据与胡扯

分类错误：深色点7个，浅色点10个

图 8-8

这个更简单的模型并没有为了正确分类所有的点而让分界线变弯曲，也就是说，它没有过拟合训练数据。因此，它在测试数据上的表现与在训练数据上的表现差不多。在测试数据上，该模型错分了6个深色点和5个浅色点。

分类错误：深色点6个，浅色点5个

图 8-9

这只是一个随意设计的小例子，但大多数机器学习应用程序也会遇到同样的问题。复杂的模型可以完美地拟合训练数据，但是简单的模型在测试数据上的表现通常优于那些复杂的模型。诀窍就在于要把握好简单的程度。如果选择的模型过于简单，就会忽视一些有用的信息。

废料进，废品出

为什么理解训练数据在机器学习中的作用如此重要呢？因为后果最严重的错误就出现在这个方面。即使是受过专门训练的人，也只有从这个方面入手，才能识别机器学习应用程序中的胡扯。在第3章中，我们讲了一个关于机器学习算法的故事。那个算法本来的目的是检测谁是犯罪人，但实际上算法学会了检测谁在微笑，问题就出在训练数据上。用于训练算法的犯罪人的脸很少微笑，而非犯罪人的脸通常是微笑的。在现实世界中，微笑并不是判断一个人是否是犯罪人的有效指标，但机器并不知道它应该寻找预示犯罪性的信号。因此，它只是努力地区分训练数据中两组不同的面孔。最终，训练图像的选择方式导致微笑与否变成了一个有用的信号。

任何算法，无论逻辑上如何严密，都无法弥补训练数据的缺陷。早期计算机先驱查尔斯·巴贝奇曾于19世纪对此发表过评论："我曾两次被问及：'请问，巴贝奇先生，如果你向机器输入了错误的数字，它会输出正确答案吗？'……我真的不知道头脑混乱到何种程度才会问出这样的问题。"

正如我们之前提到的，好的训练数据通常很难获得，而且成本很高。此外，训练数据通常来自现实世界，但现实世界充满了人类的偏见及其造成的后果。出于各种原因，机器学习研究的魅力在于开发新算法或改进旧算法，但更迫切需要的是研究如何选择合适的、有代表性的数据。这一领域的进步将带来丰厚的回报。

现在我们继续讨论美国邮政服务吧。在这个例子中，用于训练算法的是质量非常高的数据。MNIST数据库收集的手写字母和手写数字非常全面，每个图像的正确标签很容易确定。这里并不存在胡扯。分拣邮件的方法效果非常好，不仅快速高效，还为货主和纳税人节省了数百万美元。

然而，即使是读取手写地址这类相对简单的事情，也会遇到抽样偏差的问题。如果训练数据只包括美国居民书写的数字，那么算法可能会将许多1误归为7，因为在世界上的其他地方，1的顶部有时有一个弯曲的部分（在书写7时会添加一条斜线，以示区分）。

图 8-10

我们需要确保训练数据覆盖算法在现实世界中可能遇到的所有变化。幸运的是，即使考虑到了世界各地在书写风格上的差异，数字的可能变化与大多数其他数据集相比也相对有限。比如，教会算法将新闻报道分为真实或虚假两类，比教会算法判断一个手写数字是否是6要困难得多。光看并不一定就知道答案，你可能还需要做一些调查。但我们并不清楚调查该从何处入手，也不清楚哪些资料来自权威来源。即使你找到了答案，有理性的人仍然可能对于你看到的是假新闻、有极度偏向性的新闻、讽刺或其他类型的错误信息有所怀疑。况且，由于假新闻在不断演变，2020年的假新闻训练数据到2021年可能就过时了。

即使是面对最新的人工智能初创公司，我们通常也只需详细询问训练数据的情况，就可以辨别胡扯。训练数据从何而来？标签是谁添加的？数据的代表性如何？别忘了我们的黑箱图：

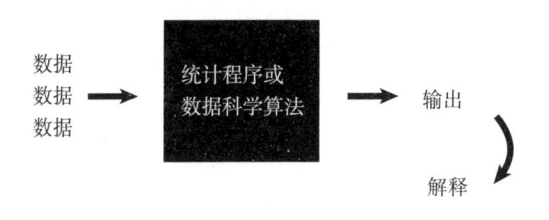

图 8-11

如果进入黑箱的数据通过了你开头的询问，就跳过算法，把注意力放在链条的另一端：黑箱会输出什么，又是如何解释的？

同性恋雷达和胡扯的结论

2017年9月初，《经济学人》和《卫报》发布了两篇荒诞不经的新闻报道，称斯坦福大学的研究人员开发的人工智能不需要观察受试者的行为，不需要检查受试者的病史（谢天谢地！），也不需要向任何人询问任何问题，就能检测受试者的性取向。它唯一需要的就是受试者的面部照片。研究人员宣布，他们的人工智能可以从面部结构的微小差异推断出一个人的性取向；这种差异太过微妙，人类观察者根本无法察觉。

传统媒体和社交媒体都对这项研究给予了极大关注。评论人士大多质疑从事此类研究的伦理意义,因为同性恋者在许多国家经常受到指责,被视为非法,在某些地方甚至会被判处死刑。这种软件应该开发吗?公开后会导致什么后果?这项研究对 LBGTQ(性少数)群体意味着什么?这些都是人们通常会想到的问题,但我们要问的第一个问题应该是这项研究本身是否有用。[5]

据《经济学人》和《卫报》报道,斯坦福大学研究人员王一伦(音)和米夏尔·科辛斯基在一项研究中训练了一个深层神经网络,使其通过看照片来预测一个人是异性恋还是同性恋。王一伦和科辛斯基从婚恋网站上收集了一组训练图片,其中有近 8 000 名男性和近 7 000 名女性的照片,异性恋者和同性恋者各占 1/2。研究人员使用标准的计算机视觉技术来处理这些面部图像。如果在给出的两张照片中有一人是异性恋,另一人是同性恋,那么算法在猜测谁是谁这方面的效果比碰运气好。与完成同样任务的人相比,算法取得的效果更好。

关于训练数据,人们可以问很多问题。如果训练数据将性取向视为二元变量(要么是同性恋,要么是异性恋)而不是连续变量,结果会是什么?这些照片包含的人群是否有代表性?照片是如何收集的?标签(异性恋或同性恋)准确吗?样本中出现了哪些偏差?这些都是很好的问题,但是在这里,我们想要看到的是从黑箱里输出了什么,而非进入黑箱的是什么。我们要问的问题是:作者的实验结果是否可以证明他们提出的两个主要推论。

推论 1:计算机可以察觉到人类无法察觉的细微的面部特征。

作者认为,神经网络捕捉的是人类无法察觉的特征:"我们发现,面部包含的性取向信息比人类大脑所能感知和解读的要多得多。"虽然实验结果是一致的,但根本无法证明这个说法。事实上,关于计算机比人类鉴定者表现更好的问题，有一个更简单的解释：人类鉴定者和机器之间的竞争是不公平的。首先，未经训练的人要与训练有素的算法展开竞争。机器有数千幅图像可供学习，可是除了用来帮助他们理解游戏规则的少量几幅图像以外，人类鉴定者再也得不到任何练习的机会。[6]

还有一个更大的问题。人类在决策时不善于汇总信息，而计算机学习算法在这方面做得很好。想象一下：假设我们用摄像头将21点牌桌上的情况输入机器学习算法，于是机器可以观看数百万局21点游戏，并学习这个游戏。21点是一个简单的游戏，标准的学习算法可以快速推断出一些好的游戏规则。训练完算法后，我们对计算机和非专业人员的表现进行比较。计算机的成绩肯定会大大好过一般人类玩家。那么，我们应该得出什么结论呢？

有人可能会猜测，机器可以看到尚未分发的扑克牌的某些特征，而人类玩家看不到。例如，机器可以从庄家牌堆上正面朝下的扑克牌的背面收集信息。但是请注意，我们要求计算机和人类选手做两件不同的事情：第一，检测牌桌上的线索；第二，在发现这些线索后，做出下一步该怎么做的正确决定。人类凭借我们优秀的视觉系统和模式检测能力，非常擅长前一项任务。知道我们如何向网站证明我们是人类而不是机器人吗？就是通过解决CAPTCHA（全自动区分计算机和人类的图灵测试）视觉处理难题来证明的，但我们不善于根据部分信息做出概率判断。如果认为扑克牌上有某种机器可以看到而人看不到的标记，那就太愚蠢了。更简单、更合理的解释是，未经训练的人会下愚蠢的赌注。

当我们让计算机或人根据照片判断两个人中哪一个更有可能是同性恋时，也会出现类似的情况。人可以从照片中获得各种各样的信息。拿到的两张牌是J和4时，你可能不清楚在拿牌和停牌之间如何

第 8 章 大数据与胡扯　　223

决断，但你很有可能看出一个人戴着棒球帽，另一个人蓄着浓密的鬓角；一个人穿了眉环，另一个人有文身。每个事实都会改变你对受试者性取向的概率估算。但是会改变多少呢？这些事实是如何相互作用的呢？即使是受过训练的人也不擅长做出这种判断，而在这项研究中，这些人还没有受过训练，当然不是人工智能的对手。

推论2：计算机发现的差异是产前激素暴露导致的。

王一伦和科辛斯基认为，计算机捕捉到的是人类无法察觉的线索，于是他们开始探索这些线索可能是什么。他们观察到，平均而言，同性恋和异性恋取向的人的面部轮廓略有不同。根据这一发现，两位作者做出了一个奇怪的推论，即性取向的产前激素理论（PHT）。这一理论认为，性取向的差异源于出生前激素暴露程度的差异。两位作者解释说：

> 根据产前激素理论，同性性取向源于男性胎儿接触雄激素不足或女性胎儿接触雄激素过多（雄激素是与男性特征发育相关的激素，是导致性别分化的原因）……由于雄激素同时还是导致面部性别二态性的原因，因此产前激素理论预测，同性恋者的面部往往会出现非典型性性别特征……根据产前激素理论，同性恋男性比异性恋男性的面部特征更加女性化，而同性恋女性比异性恋女性的面部特征更加男性化。因此，男同性恋者的下巴更小，眉毛更细，鼻子更长，额头更大；对于女同性恋者来说，情况正好相反。

王一伦和科辛斯基认为，他们的发现"为产前激素理论提供了有力的支撑"。

但非同寻常的论断需要非同寻常的证据。认为同性恋者和异性恋者的面部轮廓不同源于产前激素暴露的观点是一个非同寻常的论断，但我们几乎没有看到任何证据，更不用说非同寻常的证据。两位作者告诉我们，观察发现通过深层神经网络推断出的面部轮廓看上去略有不同。证明面部轮廓存在差异的最有效方法是在受控的实验室条件下进行3D面部测量，而王一伦和科辛斯基则是利用机器学习完成证明的，而且使用的是他们自己从约会网站上挑选的2D照片。

我们只知道深层神经网络可以区分这两组人的自选照片，却不了解其中的原因。许多因素都可能与这些面部轮廓的变化有关，包括化妆、服装、照片的选择、灯光等。至少，作者需要证明他们的脸型之间存在统计学上的显著差异。他们甚至连这一点都没有做到。[7]

假设我们相信这项研究真的证明了面部结构与面貌上的差异（而不是自我表现上的差异）是由性取向确定的。这些会为产前激素理论提供强有力的证据吗？这些测试结果确实与产前激素理论是一致的，但是他们同样没有提供强有力的证据。强有力的证据有什么标准？为了给假设提供强有力的证据，就必须在测试时让假设接受检验——在产生某种结果后，测试应该有否定假设的可能性。如果该项研究中实验没有发现受试者的相貌呈现与性偏好相一致的差异，那么提出产前激素理论的研究人员可能会做出一些辩解，要么归因于我们在前文讨论过的研究设计中存在的那些局限性，要么假设产前激素暴露影响的主要是行为而非面貌。

另一方面，如果面部轮廓真的有与性取向一致的、具有统计显著性的物理差异，那么这些差异也可能是由多种机制造成的。面部轮廓和性取向之间的相关性可能是遗传造成的，可能是源于激素暴露之外的其他环境因素，也可能是源于子宫外激素暴露，可能是外界对待

第 8 章　大数据与胡扯　　225

面部结构不同的人的方式不同而导致了性取向的不同，也可能是性取向的不同导致了面部结构的不同。（面部宽度可能受到饮食和运动的影响，而这可能与性取向有关。这个解释听上去比较荒谬，但也是有可能的。）我们还可以一直列举下去。我们的看法很简单：目前的研究，即使从表面上看，也不能证明产前激素理论优于对同性恋的其他可能解释。

王一伦和科辛斯基论文中的测试结果与两位作者得出的结论相一致：计算机有可能探测出人类无法探测到的面部特征，而与性取向相关的面部差异是由产前激素暴露程度的不同引起的。但是这个实验并没有排除许多我们认为更有可能的解释。我们认为，对于他们的发现，最有可能的解释是：未经训练的人不善于汇总多种线索，做出准确的概率估算，而且性取向会影响化妆打扮和自我表现。这些都是众所周知的事实。前者可以解释为什么神经网络的表现优于人类，后者可以解释为什么神经网络的表现大大优于碰运气。有了这些解释，就没有必要求助于人类感知阈值以下的神秘特征，或产前激素暴露对面部结构的影响。王一伦和科辛斯基步子迈得过大，犯了从弱结果中得出强结论的错误。

王一伦和科辛斯基在最初的论文和后来的推特对话中称，为了人权着想，他们宁愿他们的结果被证明是错误的。我们希望上面这些分析能让他们放下心来。

机器是怎么思考的

从第3章的罪犯脸论文可以看出，对训练数据提出质疑并不难；从本章的同性恋雷达论文可以看出，对结果提出质疑也不是很难。无须打开黑箱，就可以做到这两件事。在这两个例子中，我们都没有必要讨论神经网络是如何运行的。

理解特定算法决策过程的复杂细节则是另一回事。即使是面对最简单的人工智能系统，也很难理解它们是如何决策的。要想解释深度学习算法或卷积神经网络是如何决策的，难度就更大了。不相信的话，那就请一位计算机科学家解释其神经网络到底是如何得到它的结果的。

这种不透明性是机器学习领域的一大难题。这项技术的核心目的是让人们不必再告诉计算机该学习什么才能达到它的目标。相反，机器会创建自己的规则来进行决策，而这些规则对人类来说通常意义不大。[8]

为了更好地理解决策过程，研究人员正在寻找新的方法来观察机器在决策时"看到"的是什么。计算机科学家卡洛斯·格斯特林和同事开发了一种直接、自动的方法来区分哈士奇和狼的照片。他们在论文中描述了分类任务、使用的方法，以及算法的表现。然后他们更进一步，观察算法是利用什么信息来区分每一张照片的。

大多数研究都没有进行到这一步。它的难度很大，而且这些方法的最终用户通常并不关心这个。"这种方法区分哈士奇和狼的成功率达到了70%。我们做应用程序吧。"但我们应该关心这个问题。进行这样的调查，可以让我们更好地理解人工智能的局限性，有助于我们解释更重要的应用中出现的错误决策。

格斯特林和同事们发现，算法并没有过多地关注鼻子、眼睛、皮毛，或者人们用来区分哈士奇和狼的任何形态学特征。相反，它是在捕捉一些外部的东西，一种与"照片中的动物是狼"相关的东西。机器了解到在雪地里拍摄的往往都是狼的照片，而不是哈士奇的照片，并在决策时利用了这一差异。

（a）被归类为狼的哈士奇　　　　（b）解释

图 8-12

　　机器学习算法注意到这类辅助特征后，分析图片时就有可能取得与分析训练图片差不多的成绩，但它们无法有效地泛化到其他情境中。加州太平洋医疗中心的约翰·泽赫和同事希望研究神经网络在检测诸如肺炎和心脏肥大等疾病方面的效果。研究小组发现，他们的算法在接受训练的医院表现相对较好，但换成其他地点后则表现不佳。

　　他们后来发现，机器用作线索的图像部分与心脏或肺没有任何关系。例如，由便携式成像设备生成的X射线图像右上角印有"便携式"的字样，算法了解到这是表示病人患有肺炎的一个很好的指标。为什么呢？因为便携式X射线机器适用于不方便前往医院放射科的重症病人。这条线索提高了在原医院的预测成功率，但是几乎没有任何实用价值。它与肺炎的识别几乎没有关系，并不能找到医生尚未发现的线索，而且在使用不同类型便携式X光机的其他医院也不会起作用。

　　机器并非没有人类的偏见。由于依赖输入数据，它们永远摆脱不了人类偏见的影响。在刑事判决方面，ProPublica等媒体已经证明目前使用的算法把黑人被告认定为"未来"犯罪人的比率接近白人被告的两倍，导致审前释放、量刑和假释的数量有所不同。算法贷款人对黑人和拉丁裔申请人收取更高的利率。亚马逊等美国大型企业的自动化招聘软件优先选择男性。如果我们训练机器根据一个有偏见的社会中出现的数据进行决策，机器就会学习并延续这些偏见。在这种情况下，"机器学习"或许更应该被称为"机器教化"。

为了解决算法对人类生活的重大影响，研究人员和政策制定者都开始呼吁建立算法问责制和算法透明性制度。算法问责制是指使用算法做决策的公司或机构仍然要对这些决策负责，特别是涉及人类的决策。我们不能让人们以"这不是我们的决定，做决定的是算法"作为借口，为不公正或有害行为辩解。算法透明性制度是指受算法决策影响的人应该有权知道为什么算法会做出那样的选择。但许多算法被认为是商业机密。[9]

也许算法透明性的最大问题还要追溯到可解释性问题。即使公司完全披露了算法的细节，包括所有特征和参数，人们或许仍然难以理解算法做出那些决定的原因。对政府政策可以要求问责制，但如果没有人能充分理解算法在做什么、为什么那样做，要求问责制就没有多大价值。[10]

算法的偏见可能难以根除。政策制定者可能会要求制定规则，禁止基于种族或性别做决策，但仅仅在提供给算法的数据中删除这些信息往往是不够的。问题是，其他信息可能与种族或性别相关，特别是在这些信息被同时考虑时。例如，假设你建造了一台机器，预测下一次家庭暴力事件将在哪里发生。机器可能会选择一间公寓而不是独立式住房，因为住公寓的人更有可能报告这类事件。这样的预测就会重现你从一开始就试图去除的种族因素。如果你把名字从简历中删除当作消除性别歧视的一种方式，那么你可能会像亚马逊公司一样大失所望，因为机器仍然会优先选择男性。为什么呢？这是因为亚马逊是在其现有的简历上对算法进行训练的，而且简历上除了名字之外，还有一些能显示性别的特征——比如女子学院的学位，女性职业组织的成员身份，或者是有偏向性性别表征的兴趣爱好。

哲学家经常把知识描述为"经过确证的真信念"。要掌握某个知识，它必须是真实的，而且我们必须相信它——此外，我们必须可以证明我们的信念是有道理的。但我们的新机器伙伴不是这样。它们有一种不同的认知方式，可以为我们的认知能力提供重要的补充。但是，为了最大限度地发挥它们的作用，我们通常需要知道它们是如何以及为什么做出这些决定的。社会需要确定在哪些地方可以接受这种交换（用不透明性换取效率），它会导致哪些问题。

机器为什么失败

2009年，《自然》杂志发表了一篇论文，描述了一种根据人们查询谷歌时使用的搜索词来预测流感暴发的新方法。利用"发烧""头痛""流感症状"和"我附近的药房"等词语，有可能追踪流感在美国的传播情况。根据这些搜索词出现的频率和地理位置，不仅可以预测病人就诊情况，而且比美国疾病控制与预防中心采用的流行病学追踪方法更快、更便宜。

这篇文章引起了极大的轰动，几乎所有的主流报纸和媒体都进行了报道。科技鼓吹者将这些结果吹捧为大数据将改变世界的一个例子。大学教授，包括本书的一位作者，在课堂上讨论了这篇论文。基于数据分析的初创公司将《自然》杂志的这篇文章加到他们的演示文档中。《连线》的编辑克里斯·安德森认为，如果你拥有谷歌规模的数据，"数字本身就能说明一切"。他认为科学方法已不再必要，海量数据会把我们需要知道的一切都告诉我们。数据科学家不需要多年的流行病学培训或临床医生就可以诊断流感症状。他们只需要足够的数据来"临近预报"[11]流感,并告知疾病控制与预防中心往哪里运送达菲胶囊。至少我们听到有人是这样说的。

在一片兴奋中,我们忘记了一条法则:如果某个事物听起来好得难以置信,那么它很可能不是真的。这条法则再次应验。到2014年,头条新闻就已经从颂扬变成了告诫:"谷歌和流感:大数据会引导我们犯大错误""为什么说谷歌流感预测是失败的""我们可以从谷歌流感趋势预测的巨大失败中学到什么"。这个预测方法在头几年相当有效,但不久之后,预测结果就开始出现偏差,而且不是差了一点点儿,而是差了两倍。随着时间推移,预测质量持续下降。结果非常糟糕,因此谷歌终止了这个项目,并关闭了流感趋势预测网站。

回想起来,这项研究从一开始就注定要失败。没有理论说明哪些搜索词是流感的相关预测因子,因此算法非常容易受到时间上的机会相关性的影响。例如,"中学篮球"是流感暴发的前100个预测因子之一,这仅仅是因为搜索关键词"流感"和"中学篮球"都在当年冬天达到峰值。就像好莱坞的情爱一样,虚假的相关性会迅速地分崩离析。搜索行为和数字环境开始发生变化,例如,谷歌在这项研究完成后引入了"提示"功能。[12]这可能改变了人们的搜索行为。如果你开始输入"我感觉",而提示功能提示"发烧",你选择这个词的频率就可能高于其他词语(例如,"我感觉热")。这增加了某些查询的频率。通过恶性循环,谷歌的自动补全功能更有可能提示这些查询词。搜索查询的频率发生改变后,算法之前学到的规则可能不再有效。

如果谷歌流感趋势算法只在头两年预测流感病例,那么我们现在可能仍在讨论它取得的成功。当被要求延长服务并超出这个时间段时,它失败了。听起来是不是很熟悉?是的,这就是过拟合。该机制关注的可能是那个时间段的一些无关紧要的细微差别,这正好是科学方法擅长的地方。通过科学方法发展的理论会高度关注推动流感传播的关键因素，而忽略那些无关紧要的因素。搜索词可能是这些关键因素的良好指标，但我们需要一个理论来帮助我们泛化至超过两年的预测。没有理论，基于数据的预测就会只依赖于相关性。

在进入黑箱时，还需要考虑以下问题。许多更复杂的算法在进行预测时使用数十个、数百个甚至数千个变量。谷歌流感趋势依赖于45个最能预测流感暴发的关键搜索查询。用于检测癌症的机器学习系统可能会检查上千种不同的基因。这听起来可能是一件好事。只要添加更多的变量，更多的数据就等于更好的预测，对吧？不完全对。添加的变量越多，需要的训练数据就越多。我们之前讨论过，获得良好的训练数据是要付出成本的。如果你想把一万个基因纳入你的模型中，那么你需要为你的样本找到数百万个病人，才有可能做出可靠的预测。祝你好运！

增加额外变量导致的这个问题被称为维数灾难。如果在黑箱中添加足够多的变量，最终会找到性能良好的变量组合——但这可能是碰巧。随着用于预测的变量增加，需要指数级的数据才能区分真正的预测能力和运气。比如，你可能会发现，如果把纽约扬基队的赢球记录加到1 000个其他变量中，你就能更好地预测道·琼斯工业平均指数过去三个月的走势。但是，你可能很快就会发现，这种成功预测是数据偶然对齐的结果，仅此而已。如果要求该变量预测未来三个月的指数，成功率就会急剧下降。

研究人员仍未停止使用数据帮助临床医生、解决健康问题的这种做法，他们确实应该坚持下去。微软研究院的研究人员正在使用必应搜索查询来检测未确诊的胰腺癌患者，希望能从谷歌流感趋势预测的错误中吸取教训。只要收集数据的过程是合法的，经过同意并且尊重隐私，数据对于了解世界是有益的。问题在于炒作，在于那种认为只要我们能积累足够规模的数据就会产生神奇效果的观点。我们需要提醒自己：大数据并不是更好的数据，它只是数量更大而已。大数据本身肯定不能说明一切。

2014年，TED大会和XPRIZE基金会宣布了一个奖项，奖励"第一个来到这个舞台，发表TED演讲并赢得观众起立鼓掌的人工智能"。有人担心人工智能已经超越了人类，但我们认为人工智能应该不会很快获得这个奖项。有人可能会认为，"TED牌胡扯"只不过是关于科学的简要叙述、管理学行话和技术乐观主义拼凑而成的。但这并不是那么简单。你必须把这些元素恰到好处地混合在一起，而且让观众觉得你相信它们。在可预见的未来，计算机不可能达到这个标准。人类是远比计算机高明的胡扯高手。

第 9 章

科学的易感性

科学是人类最伟大的发明。随着人类进化，人类活动已经被限制在了很小的时间和空间范围内，时间上从几毫秒到几十年不等，空间上则保持在几微米到几十千米的范围内。然而，宇宙的时间和空间变化幅度要大得多，它们可以小到难以想象，也可以大到让人无法理解。科学让我们超越了这些局限。它给我们提供了工具，让我们了解大爆炸后的最初几皮秒内发生了什么，以及宇宙在137亿年间是如何演变的。科学既能让我们模拟单个原子的内部几何结构，又能让我们应对无比遥远、以光年计的宇宙距离。

尽管如此，如果认为现在从事的科研活动为我们通往终极实在的核心提供了一条永不犯错的通道，那就错了。相反，科学是过去几个世纪中通过不断试验和犯错误才形成的各种制度、规范、习俗和传统的随意集合。科学离不开两个因素，在文化上它脱胎于几个世纪前的欧洲自然哲学，而在进化上则依赖于实践它的物种的认知能力。科学是在某种特定猿类进化后的心理基础上临时拼凑而成的，旨在为这个物种的成员提供充分的激励，促使他们协同工作，以更好地理解周围的世界。要做到这一点，科学依赖于我们独特的人类属性，包括我们的推理能力、交流模式,以及好奇心、追求地位等心理动机。如果蜜蜂也有它们自己的科学形式,那它很可能与我们人类的科学形式大不相同。这些观点并没有贬低科学的意思,但它们确实表明,我们也许有必要把科学从神坛上拿下来,以便检查它,评估它的表现。

科学如此有效的原因之一是它能自我纠正。每一个论断都可以被质疑,每一个事实或模型都可以在证据面前被推翻。但是,尽管这种有组织的怀疑论使科学成为或许最有名的指斥胡扯的方法,但它并不是抵制胡扯的绝对保证。科学中也有很多胡扯,有些是偶然的,有些是故意的。很多科学发现能准确地反映自然的运行规律,但不能反映自然规律的也有很多,例如地心说、乔范尼·斯基亚帕雷利的火星运河,以及冷聚变可以提供无限能量的观点。为了调查诸如此类的错误论断,你需要理解它们是如何从科学文献中产生的。

首先,我们想看看科学家做研究的动机是什么。为什么他们要投入那么多的时间,彻夜不眠地从事研究?他们都是被无止境的好奇心所吸引,一心一意地探索大自然的奥秘吗?[1]

图 9-1

研究科学的哲学家经常通过这种视角看待科学，专注于人类是如何借助这个理想的工具来理解自然世界的，而忽略了是什么激发了他们这样做。科学哲学家菲利普·基切尔提出了两个非常好的术语，用于考虑科学家和他们的动机：纯粹的认知和不纯粹的认知。理想化的科学家只对促进人类理解感兴趣，这是一种纯粹的认知。弗朗西斯·培根爵士经常被认为是现代科学方法的早期设计者，他在《伟大的复兴》一书的前言中劝告他的追随者保持认知的纯粹性：

> 最后，我要对大家提出一个一般性的忠告：想一想追求知识的真正目的是什么；追求知识不是为了心灵的快乐，不是为了争论，不是为了比别人优越，也不是为了利益、名誉、权力或任何这些不重要的东西，而是为了改善生活，为生活所用；用仁爱来完善和管理它。

我们其余的人（包括本书作者知道的每一位活着的科学家）在认知上都是不纯粹的。我们和其他人一样，所做所为都是出于同样的人类动机。这并不意味着科学家是不负责任、不值得信任或者不道德的，仅仅意味着除了单纯的追求认知之外，他们还有其他的兴趣。为了理解科学是如何运作的，哪些地方可能出错，我们需要了解这些兴趣是什么。所以，在解决科学中的胡扯问题之前，让我们先看看是什么激励着科学的这些掌管者。

尽管科学家往往有强烈的好奇心，热衷于解决难题，但他们在大多数方面和其他人一样，都在努力赚钱，都想在同行中出人头地。我们从事科研是希望了解世界如何运转，但我们也想要给我们的朋友和同事留下深刻印象，赢得下一次晋升，并且（如果一切非常顺利）在《每日秀》或《上周今夜秀》中当一次嘉宾，出一回风头。科学家既寻求真理，也希望得到认可。具体来说，科学家希望人们认可自己是做出某个发现的第一人。这在科学上被称为优先规则。

科学家建立声誉的方法是通过科学论文公开自己的发现，论文的篇幅在2~50页，得出的结果必须新颖、重要、完整而且正确。论文应该描述以前没有报告过的实验或观察结果。论文报告的成果必须告诉我们一些关于这个世界的、之前不为我们所知的东西——即使作者仅仅是巩固加强了之前的观点，也表明他们实现了这一目的。论文必须与正在进行但已经被认为令科研界感兴趣的研究问题密切相关，或者令人信服地证明某个新的研究问题具有重要意义。为了完整，论文必须足够详细地描述实验或其他工作，以便该领域的其他专家能够重现这些发现。显然，一篇论文不能误报谎报，不能做毫无根据的推断，也不能提出错误论断。最后，论文的长度必须适中。这是一个惯例问题，在不同领域会有所不同，但它与出版物对研究范围的要求有关。在实验室里一个下午的研究是不足以写一篇论文的，但数年努力取得的成果通常会被分拆成一系列文章。

纯理论科学依靠同行评议维护这些标准。当作者希望发表论文时，他/她会将其提交给科学期刊。然后，期刊工作人员将这篇未发表的文章发给审稿人。审稿人的人数不多，都是自愿阅读这篇论文、评估其质量并提出改进建议的其他科学家。期刊的声望有高有低，各不相同。在主要期刊上发表的论文比其他论文更有声望。最优秀的期刊通常会广为传播，有众多的读者，在质量和重要性这两个方面对待发表文章设定了非常高的标准。其他期刊的读者群较小，被最优秀期刊拒绝的论文常常可以被这些期刊接受。甚至还有一种质量非常低的期刊，它们会发表几乎任何论文，通常是有偿的。

在工业科学领域，科学家的过程和成果都受到严密的保护。与之不同的是，纯理论科学家通常都竞相发表自己的研究成果，在推特和脸书上博取关注,并在会议上争先发言。奖励声望而不是奖励直接输出,是让广大的研究人员开展高校合作、减少重复劳动的一个妙招。

其他研究人员无法复现的成果很快就会被推翻。1989年,著名的电化学家马丁·弗莱施曼和斯坦利·庞斯宣布他们发现了冷聚变。在实验中,他们将水的重同位素氘与金属钯结合,并施加电流。他们观察到,设备以热的形式周期性产生的能量,似乎比他们投入系统中的能量要多。他们推测这是金属钯内部氘分子发生室温核聚变的结果。如果推测正确,那么他们的发现将提供一种足以改变世界而且极易获得的清洁能源。但遗憾的是,他们的推测是错误的。很多重要的研究实验室试图复现他们的发现,结果都失败了。不到一年时间,科研界就确定冷聚变不是一个真实的现象,问题就此得到解决。

即使是科学最深层的基础,如果被证明与当前的发现不一致,也会受到质疑,有时还会被取代。遗传学家和进化生物学家长期以来一直认为基因是遗传的唯一分子载体。后代与父母相似,是因为他们的基因组有相同的DNA序列。但是,在基因测序的费用下降,新的分子生物学技术使我们有办法了解基因激活原理后,越来越多强有力的证据表明这个解释并不完整。除了把基因传给后代,父母有时还会传递关于激活哪些基因、何时激活的第二层非基因信息。这被称为表观遗传学。因为我们对世界的科学理解有可能随着新的证据出现而改变,所以科学已经证明,在偶尔走错方向时,甚至在出现科学欺诈形式的故意误导时,它都有回到正轨的能力。

21世纪初,无法复证这个问题出人意料地在许多领域频频出现。偶尔有一两个问题是由于欺诈或能力不足造成的,但大多数问题都无法用一两句话加以解释。一些受人尊敬的研究人员取得的脚踏实地的成果也无法复现。

2012年,一篇发表在重要科学期刊《自然》上的论文指出,复证失败的情况可能比大多数人猜测的更为普遍。作者格伦·贝格利和李·埃利斯称，在科学文献最近发表的53项重要的癌症生物学研究中，科学家在商业实验室中只能复证其中的6项。此后不久，开放科学合作项目（一个由数十名研究人员组成的大规模集体项目）报告称，他们只能复证100个社会心理学领域的高知名度实验中的39个。与此同时，实验经济学领域也在进行类似的工作。一项研究显示，在优秀经济学期刊上发表的18篇实验论文中，只有11篇可以复证。我们最信任的科学是不是在无意中大规模制造胡扯呢？如果是，又是为什么呢？

很多原因可能导致科学结果无法复现，其中最明显的原因或许就是赤裸裸的欺骗。如果研究人员伪造了数据，我们就不能指望可以复证他们的实验了。欺骗行为会引起公众的广泛关注，如果频频发生，就有可能给人留下一种错误的印象。[2] 不过，公然欺骗的行为比较罕见。这也许可以解释为什么只有千分之一的研究无法复证，但不能解释为什么实地取得的实验结果有一半不可复现。那么，我们如何解释复证危机呢？为了回答这个问题，我们不妨绕个弯子，看看一个被称为 p 值的统计量。

检察官谬误

正如我们所看到的，大多数科学研究都会通过数据中的模式，做一些关于我们这个世界的推断。但是我们如何区分模式和随机噪声呢？如何量化特定模式的强度呢？虽然区分的方法很多，但最常见的是使用 p 值。粗略地说，p 值告诉我们，我们看到的模式纯粹是偶然出现的可能性有多大。如果可能性极低，我们就说结果具有统计显著性。但这到底意味着什么，我们该如何解释呢？我们将通过一个小故事探讨这些问题。

假设你是一位杰出的辩护律师，正在为一位温文尔雅的生物学家辩护，他被指控是21世纪最大的艺术品盗窃案的作案人。

这起犯罪引人注目。一位富有的收藏家将她私人收藏的30幅欧洲名画，在保安的守护下，通过火车从她在圣克拉拉的家运到了纽约市的一家拍卖行。火车到达目的地后，这些箱子被带到拍卖行拆封。旅途平安无事，箱子似乎没有动过，但让大家震惊的是，4幅最值钱的画被从画框上割下来不见了！除了其中一幅遗失名画的画框上留下了一枚指纹外，警方和保险调查人员都没能找到任何线索。被盗的名画再也没有找到。

由于没有其他线索，警方利用联邦调查局（FBI）庞大的新指纹数据库对这枚指纹进行了比对。最后，他们找到一个匹配的指纹，它指向了你的委托人。（他向美国运输安全管理局提供过指纹，以换取在通过机场安检时不脱鞋的便利。）经过询问，警方发现你的委托人没有不在场的证据。他声称，因为一个研究项目，他在西亚拉山区追踪带有无线电套环的松鸡，有两个星期与外界断绝了联系。

尽管没有不在场证明，但你确信你的委托人不是犯罪人。与其说他是一个胆大的艺术窃贼，不如说他是一个谦恭的学者。他已经收到了美国国家科学基金会（NSF）资助他的松鸡养殖研究的两笔拨款，而且他似乎没有获得额外收入的欲望。正如你所了解的，他对艺术一窍不通——他认为多纳泰罗是一只忍者神龟，天哪！

然而，案件进入审判阶段后，你面对的是一位才华横溢、前途光明的检察官。在出示了对你的委托人不利的所有其他证据（虽然都是一些不充分的间接证据）之后，她打出了她的王牌——指纹。她向陪审团描述了计算机匹配指纹的过程，最后还说："绝对不可能因为碰巧而出现如此高的匹配度。"

你提出反对:"你说绝对不可能出现这么高的匹配度,这个说法不可能成立。每个测试都有出错的可能。"

"当然,"她承认,"理论上讲,这次测试有可能出错。但实际上,出错的概率是零。美国联邦调查局的研究表明,两枚不同的指纹匹配度达到我们这个程度的概率是千万分之一。千万分之一的概率,说明任何理智的人都不应该对此怀疑!"

这正是你想要的。你转向陪审团,在一张大便签本上画出一个 2×2 的表格,就像下图这样:

	匹配	不匹配
有罪		
无罪		

图 9-2

你接着说道:"我想我们都认为确实有人犯下了这一罪行。我们假设真正的犯罪人在指纹数据库中。他也可能不在。"你对检察官说,"但那只会让你的理由变得不充分。所以,现在我们还是假设他或她的指纹在数据库中吧。"

检察官点点头。

"那么这个表格应该这样填。"你用一个红色的大记号笔填好了第一行。

	匹配	不匹配
有罪	1人	0人
无罪		

图 9-3

你转向检察官,问道:"请问你的FBI数据库里有多少人?"

检察官打断了你:"反对,法官大人!这与本案有什么关系?"

你回答道:"事实上,这是问题的核心。我想,在接下来的几分钟里,我会解释得一清二楚。"

"反对无效。"

你的对手承认,美国犯罪人的指纹加上所有民用背景检查获取的指纹,以及从美国运输安全管理局获取的指纹,数据库中大约有5 000万美国人的指纹。当然,他们绝大多数人的指纹都与画框上的指纹不匹配。

"那么,我们现在还可以填一些内容到表格中。"说完之后,你在表格右下角填上50 000 000这个数字。

	匹配	不匹配
有罪	1	0
无罪		50 000 000

图9-4

接着,你指着左下角(无罪但是指纹匹配的人),然后问道:"你认为这里应该怎么填?"

你盯着检察官。"你说过算法有一千万分之一的机会找到一个错误的匹配指纹。数据库中一共有5 000万人,就意味着应该有大约5个人与犯罪现场发现的指纹相匹配。所以我们现在可以把表格填完了。"

	匹配	不匹配
有罪	1	0
无罪	5	50 000 000

图9-5

第9章 科学的易感性 245

"看看这个,"你转向陪审团,"检察官请你们注意这个比较,她是想转移你们的注意力。"你指着最下面那一行(上图阴影部分)。"我们有千万分之一的机会看到碰巧匹配的指纹。但这和我们在法庭上做的事无关。假如我的委托人是无辜的,那么我们不关心找到匹配指纹的机会有多大。我们已经知道我们找到了匹配指纹。"

	匹配	不匹配
有罪	1	0
无罪	5	50 000 000

图 9-6

"我们想知道的是在找到匹配指纹的情况下,我的委托人是无辜的可能性有多大。"你指向左边一栏。"那完全是另一回事,左边这一栏就说明了这一点。我们可以预料到数据库中有大约5个无辜的匹配者,还有一个罪犯。如果指纹匹配,被告就有1/6的概率真的犯了罪。

"现在,我无法毫无疑义地证明我的委托人是无辜的。我了解到的就是他告诉我他在追踪……该死,那是什么鸟?没关系。关键是我不需要证明我的委托人是无辜的。在美国,除非被认定有罪,否则他就无罪,而证明有罪的标准是'排除合理怀疑'。如果我的委托人有5/6的可能是无辜的,我们显然离这个标准还很远。因此,必须无罪释放。"

在我们刚才讲的故事中,你陈述的理由是正确的,不是诡辩。如果警方只是通过扫描FBI的数据库,根据匹配指纹找到你的委托人,那么有5/6的可能性画框上的指纹不是他留下的。[3]

你和检察官分别强调了不同的条件概率。条件概率是指在给定

其他信息的情况下，某件事为真的概率。检察官问的是，如果随机选择了一名无辜者，那么匹配错误的可能性有多大。[4]我们可以把它写成P(匹配|无辜)。而你问的是逆向的问题：如果指纹匹配，你的当事人无辜的概率有多大？我们将其写为P(无辜|匹配)。人们常常认为这两种可能性一定相同，但事实并非如此。在我们这个例子中，P(匹配|无辜)= 1/10 000 000，而 P(无辜|匹配)= 5/6。

这种混淆十分常见，以至于它有一个专用名称——检察官谬误。我们的故事说明了其中的原因。在法庭上，这可能是一个生死攸关的问题，而在解释科学研究结果时，它是导致混淆的一个常见原因。

小时候，卡尔和朋友们希望证实自己的大脑拥有未知的力量，所以他们都做过读心和超感觉（ESP）的试验。有一次，卡尔打开一副扑克牌，洗好之后，让朋友把它们一张一张地翻开。卡尔希望自己能说出每张倒扣着的牌是什么花色。他显然做不到，远达不到100%的正确率，所以他们很快就放弃了。但假设我们现在回到过去，分析一下那个小实验的结果。要证明一些有趣的事，并不需要100%的成功率。一副牌有4套花色，猜测的预期正确率只有1/4。相应地，如果你猜对了1/3，可能就意味着这件事有点儿奇怪。但是，卡尔的正确率到底要比1/4好多少，才能证明除了随机猜测之外还有其他的因素在起作用呢？关于这个问题，并没有非常明确的答案。一共52张牌，假设他猜对了其中19张牌的花色。这个成绩也超出了预期，因为平均每人只能猜对13张牌。但是，19和13之间的差异是不是一个有统计意义的差异呢？

这时候就要用到 p 值了。我们可以把我们的任务看作区分两个假设。第一个是假设卡尔的成绩不好于随机猜测。我们称之为原假设，记作H0。第二个是假设卡尔猜牌的成绩好于随机猜测。这个假设叫做备择假设，记作H1。与实验相关的 p 值会告诉我们，卡尔通过随机猜测猜对19张或更多扑克牌的可能性有多大。我们可以使用统计理论来计算 p 值应该是多少。在本例中，通过随机猜测取得这么好的成绩的概率只有4.3%，[5] 所以我们说 p 值是0.043。

因此，随机猜测猜对不到19张扑克牌的概率是95.7%。但这里需要注意的关键是，这并不意味着我们有95.7%的把握认为H0是假的。这两个说法有很大的不同，另外，它们与我们在艺术品盗窃案那个例子中看到的两个说法非常相似。

在那场法庭闹剧中，检察官提醒陪审团注意偶然匹配（已知当事人是无辜的）的概率为一千万分之一。这个概率就好比是随机猜牌猜对19张或更多扑克牌的概率。但在法庭上，我们已经知道我们的当事人指纹是匹配的，而在超感觉这个例子中，我们已经知道卡尔猜对了19张牌。所以，这些概率并不是我们想要计算的。我们更想知道在实验完成后应该相信什么。在法庭上，我们要确定在指纹匹配的前提下你的当事人有罪的概率。而在评估读心术测试结果时，我们想知道卡尔的成绩有多大概率是由机会之外的其他原因造成的。

这里藏着一个关于科学中的 p 值的小秘密。当科学家报告 p 值时，情况与检察官报告一个无辜者匹配犯罪现场指纹的概率有点儿相似。科学家想知道根据他们观测到的数据，他们的原假设有多大概率是错误的，但 p 值表示的并不是这个意思。p 值描述的是，如果原假设成立，得到的数据有多大概率至少与观测到的数据一样极端。与检察官不同的是，科学家在报告 p 值时并没有试图欺骗任何人。科学家离不开 p 值，是因为他们找不到一个好办法来计算备择假设的概率。

下图可以说明这种相似性。陪审团想知道的是在指纹匹配的前提下被告无辜的概率，也就是竖直阴影椭圆表示的概率。而检察官告诉他们的是在被告无辜这个前提下指纹匹配的概率，也就是水平无阴影椭圆表示的概率。科学上的 p 值也是一样的。我们想知道在卡尔至少猜对了19张牌的前提下,超感觉不存在的概率是多少,也就是竖直阴影椭圆表示的概率。而我们已经知道假定超感觉不存在的前提下卡尔至少猜对19张牌的概率,就是水平无阴影椭圆表示的概率。

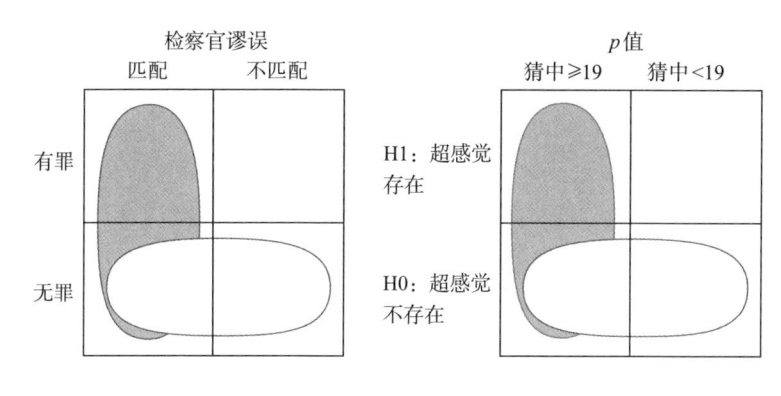

图9-10

为什么备择假设的概率很难计算呢?因为这个概率取决于我们在做实验之前所预期的可能性,而人们在这个问题上很少会取得一致意见。假设随机猜测的备择假设是:

> H1a:确实有超感觉这种东西,尽管观察了多年,巫师甚至科学家都没能观察到它,直到20世纪70年代末,两个孩子一起在密歇根州安娜堡市郊的一间客厅里利用扑克牌做了一个实验。

在你知道卡尔在52张牌中猜对了19张之前,你认为这个H1a的概率是多少?100万分之一?10亿分之一?还是一万亿分之一?无论是多少,这都是极不可能的事。鉴于此,即使你知道他在52张牌中猜对了19张,你也没有理由认为H1a可能是正确的。卡尔和他的朋友是最先观察到人类通灵术的人的可能性微乎其微,而侥幸猜对

19张牌的概率接近5%，这个概率要高得多。

但假设我们考虑的是卡尔取得如此高成绩的另一个备择假设。

  H1b：卡尔的朋友希望他相信超感觉存在，所以即使卡尔猜错了，他有时也会报告说卡尔猜对了。

如果你认识卡尔的朋友（无论是打篮球，还是玩纸牌，这家伙总是作弊），那么你肯定认为他会做这样的事情。所以在这种情况下，当你发现卡尔猜对了19张牌时，你会说"可以理解——阿尼在报分时可能撒了谎"。关键是，我们看到数据之后的备择假设为真的概率p(H1 | 数据)取决于我们看到数据之前所做的备择假设的概率，而这个概率不容易测量，很难把它写到科学论文中。因此，作为科学家，我们要做自己能做的，而不是我们想做的。我们报告p（数据至少和我们观察到的一样极端| H0），这就是我们所说的p值。

那么，这一切跟胡扯有什么关系呢？即使是科学家，有时也会对p值的含义感到困惑。此外，当科学研究的结果从科学文献传递到新闻稿、报纸、杂志、电视节目中时，对p值的描述常常不准确。例如，2012年科学家报告了他们在日内瓦利用大型强子对撞机证明希格斯玻色子存在的实验，他们取得了激动人心的结果。希格斯玻色子是一种基本粒子，人们早就预测到了这种粒子，但从未直接观察到它。《国家地理》在报道中称，科学家"有超过99%的把握，他们已经发现了希格斯玻色子，也就是上帝粒子——或者至少是一种全新的粒子，并且正好就在人们预料希格斯玻色子应该在的位置"。《国家地理》应该报道的是，该实验的p值是0.01。即使希格斯玻色子存在，用大型强子对撞机得到的结果也有1%的概率是巧合造成的。这并不意味着科学家有99%的把握认为希格斯玻色子是真实存在的。在希格斯玻色子这个例子中，人们已经有很充分的理由期待希格斯玻色子的存在，而且它的存在随后得到了证实。但情况并非总是如此。[6]重要的是要记住一点：即使有人得到了一个p值非常低的实验结果，非常不可能的假设也依然是非常不可能的。

p值操纵和发表偏倚

我们经常用0.05作为p值的临界值（纯粹是因为这是惯例），表示一个结果在统计学上具有显著性。[7]换句话说，当$p < 0.05$时，即仅因偶然性产生的概率小于5%时，结果具有统计显著性。

研究人员更有兴趣阅读那些报告有统计意义的"阳性"结果而不是无意义的"阴性"结果的文章，因此作者和期刊都强烈希望呈现有意义的结果。为什么研究人员和期刊对阴性结果不感兴趣呢？我们还不完全清楚，但有很多可能的原因，其中一些可能与我们自己的心理有关。对我们大多数人来说，阴性结果有点儿令人厌烦。"这两组人没有区别。""这种治疗不会改变结果。""知道x不能帮助我们预测y。"读到这样的句子，我们会觉得又回到了起点，一无所获。

阴性结果也可能与无法进行技术实验有关。卡尔在微生物实验室从事研究时，经常不能在琼脂平皿上培养出他研究的微生物大肠杆菌。这不是一个有趣的科学结果，而是证明了他在实验室环境中能力严重不足。

第三种可能是否定命题比比皆是。陈述一个不正确的假设很容易。把单词随意组合成句子，它们通常都是错误的，例如："郁金香咬。""雪花融化铁。""大象是鸟。"在海量假命题中寻找真命题，无异于大海捞针。就像古老的棋类游戏《战舰》一样。棋盘上的大部分空间都是开放水域，因此，如果没打中，就学不到很多东西。但是一旦击中，就会学到很多东西——以此为基础，还可以学到更多。

出于所有这些原因，阴性结果不会得到大量的关注。我们从来没有见过一个人仅仅因为大谈她在实验室里做不到的事情而获得一份工作或赢得某个奖项。

科学家几乎都不会为了得到想要的p值而进行科学欺诈，但仍有很多不易界定的破坏科学过程诚实性的行为。研究人员有时会尝试不同的统计假设或测试，直到他们找到一种方法，可以让他们的p值跨过具有统计学意义的临界值$p = 0.05$。这就是所谓的p值操纵，是一个十分严重的问题。有时他们会修改测试取得的结果。一项临床试验本来是要测量某种新药对5年存活率的影响，但在没有存活率发现任何变化后，研究人员可能会挖掘数据，找出3年后患者生活质量明显改善的地方。

我们在分析所收集的数据时，经常需要做出大量的选择，确定我们的研究到底应该包括哪些内容。例如，假设我想研究选举结果对美国止痛药的消费有什么影响，我可能会将选举结果制成表格，收集止痛药使用情况的调查报告，并获取止痛药在一段时间内的销售数据。这里有很多自由度。我看什么选举呢？美国总统、参议员、众议员、州长、州参议员、州众议员、市长、市议员选举，还是别的？关于消费情况，我看男性还是女性，还是两者都看？看年轻人、中年人、65岁以上的人、青少年，还是所有这些人的消费情况？我观察的是新上任的民主党候选人的影响力，还是新上任的共和党候选人的影响力？我观察的是被人看好的候选人上任造成的影响，还是不被看好的候选人上任造成的影响？换句话说，我需要控制止痛药使用者的政治立场吗？什么才算是止痛药呢？阿司匹林、艾德维尔、泰诺、氢可酮、奥施康定，这些算不算止痛药？我是要比较同一个地方在选举前后的止痛药使用情况，还是只比较选举后不同地方的使用情况？在分析数据之前，我需要做大量的决定。考虑到这么多的组合，即使选举结果和止痛药的使用之间没有因果关系，这些组合中也很有可能至少有一个组合会显示出有统计显著性的结果。

为了避开这个陷阱，研究人员应该在查看数据之前明确说明所有这些选择，然后测试他们事先承诺的那个假设。[8]例如，我有可能决定测试那些达到投票年龄的成年男性和女性，看看他们是否会在看好的州长候选人选举失败后服用更多的止痛药。或者，我可能会测试在共和党人取代民主党人当选美国众议院议员的那些地区，看看儿童用泰诺的销量是否会下降。无论我选择看什么，重要的是我在分析数据之前就做出明确说明。否则，通过观察足够多的不同假设，我总会得到一些有显著性的结果，即使我找不到真正的模式。

但是，我们不妨从研究者的角度看一看。假设你刚刚花了几个月的时间，收集了大量数据。你测试了你的主要假设，最终得到了一些看上去有希望但不具有显著性的结果。你知道，就这样保持不变的话，不要说优秀期刊，甚至其他所有期刊都不会发表你的研究成果。但你认为你的假设肯定是成立的，也许只是没有足够的数据支撑。所以你继续收集数据，直到你的 p 值降到 0.05 以下，然后你立即停止收集数据，以免它变回到阈值以上。

或者你可以尝试一些其他的统计测试。由于数据接近显著性，选择正确的测量方法和测试，也许能让你跨过 $p = 0.05$ 这道关卡。当然，稍加修改，你就找到了一种能给你带来显著结果的方法。

或者你的假设似乎只对男性成立，而有统计意义的模式被包含在你的样本里的女性淹没了。你一看，哎呀，如果只看男性，你会得到一个有统计显著性的结果。怎么办？放弃整个项目，放弃数千美元的投资，让你的研究生再推迟6个月毕业……还是只记录男性的研究结果，然后提交给优秀期刊？在这些情况下，为选择后一种做法找一个理由似乎并不是那么难。你可能会对自己说："我确信这种趋势确实存在。我从一开始就在考虑将女性排除在研究之外。"

祝贺你。你成功地对你的研究进行了 p 值操纵。[9]

假设有 1 000 名在诚实性方面无可挑剔的研究人员，他们在任何情况下都会拒绝 p 值操纵。这些品德高尚的学者测试了上千个关于政治上取得的胜利和止痛药的使用之间是否存在关系的假设，但所有这些假设都是不成立的。在 $p = 0.05$ 这个水平上，单凭碰运气，这些假设中就有大概 50 个假设会找到统计学上的支持。这 50 名幸运的研究人员将研究结果写下来，发给期刊，然后被期刊接受并发表。在其余 950 名研究人员中，只有少数人会不辞辛苦地写下他们的阴性结果，其中只有几个人能够发表他们的阴性结果。

读者查阅文献时，会看到有 50 项研究表明政治结果和止痛药消费之间存在联系，也许还有为数不多的研究称没有发现任何联系。读者会很自然地得出结论：政治对止痛药的使用有很大的影响，而那些失败的研究肯定是测量了错误的量，或者是在寻找模式时出了问题。但现实恰恰相反，两者之间没有关系。之所以看起来有关系，纯粹是人为因素导致的——哪些结果值得发表是由人决定的。

本质上讲，问题在于论文是否有发表的机会受它所报告的 p 值影响。因此，我们一头撞上了选择偏倚的问题。得以发表的那些论文是全部实验的一个有偏差的样本。在文献中，有统计意义的结果被过度表现，而没有统计意义的结果则表现不足。没有产生显著性结果的实验数据最终被科学家扔进文件柜里（现在则是被扔进文件系统中）。这就是所谓的抽屉问题（file drawer effect）。

还记得古德哈特定律吗？"指标变成目标后，就不再是一个好的指标。"从某种意义上说，p 值就具有这个特点。因为 p 值低于 0.05 对于论文发表来说是必不可少的,所以 p 值不再是衡量统计支持的好指标。如果科学论文是否发表与 p 值无关,那么 p 值仍将是一个有效指标,可以衡量推翻原假设时得到统计支持的程度。但是,由于期刊明显偏好那些 p 值低于 0.05 的论文,因此 p 值已经失去了原先具有的用途。[10]

2005 年,流行病学家约翰·约阿尼迪斯在一篇文章中总结了抽屉问题的后果,这篇文章的标题颇有挑衅性:"为什么发表的研究成果大多是虚假的"。为了解释约阿尼迪斯的观点,我们需要稍微偏离主题,探究一个被称为基率谬误的统计陷阱。

假设你是医生,正在治疗一位担心自己去缅因州钓鱼时染上莱姆病的年轻人。钓鱼归来以后,他感觉很不舒服,但没有莱姆病特有的环形红斑。为了让他放心,你同意检查他的血液中是否有莱姆病致病菌抗体。

令你们沮丧的是,测试结果呈阳性。测试本身相当准确,但也不是 100% 的准确,有 5% 的概率出现假阳性。那么,病人患莱姆病的概率有多大呢?

许多人,包括许多医生,都认为答案是大约 95%。这是不正确的。没有莱姆病的人检测呈阴性的概率是 95%,而你想知道的是检测结果呈阳性的人患莱姆病的概率。事实证明,这个概率很低,因为莱姆病非常罕见。在莱姆病流行的地区,每 1 000 人中只有 1 人被感染。假设我们检测 1 万人,那么可以预计有大约 10 个真阳性和大约 $0.05 \times 10\ 000 = 500$ 个假阳性。在那些检测呈阳性的人中,只有不到 1/50 的人真的被感染了。因此,即使检测呈阳性,患病概率也不会超过 2%。

这种混淆(以为病人有 95% 的概率被感染,而实际上不到 2%)应该是一个常见的错误。这其实是我们的"老朋友"检察官谬误,不过它换了一种表现形式。我们有时称其为基率谬误，因为在解释测试结果时，忽略了群体中患这种疾病的基础比率。

回想一下我们在讨论检察官谬误时使用的图片：

	匹配	不匹配
有罪	1	0
无罪	5	50 000 000

图 9-11

同样地，我们可以用下图来表示基率谬误：

	检测阳性	检测阴性
感染	10	0
未感染	500	10 000

图 9-12

在这两个例子中，错误的原因都是通过最下面一行而不是左边一列来计算概率。

如果测试的是一种非常常见的情况，那么基率谬误不是什么大问题。假设你在为一位来自美国上中西部地区的年轻白人女性治疗胃病时，决定检查她是否有幽门螺杆菌感染。幽门螺杆菌是一种与消化性溃疡有关的胃病病原体。与莱姆病的抗体检测一样，约5%未感染者的尿素呼气试验结果呈阳性。如果你的病人检测呈阳性，那么她携带幽门螺杆菌的可能性有多大呢？也是1/50吗？不对，这次的可能性要大得多，因为幽门螺杆菌是一种常见病原体。在美国，大约20%的白种人携带幽门螺杆菌。假设有1万人接受这种病原体的检测，那么你会看到大约2 000个真阳性结果，剩下的8 000人中，这个概率大约为5%，也就是大约400人会得到假阳性结果。因此，在幽门螺杆菌检测呈阳性的美国白种人中，大约5/6的人真的携带这种病菌。

说完这些，我们继续讨论约阿尼迪斯的观点。在"为什么发表的研究成果大多是虚假的"这篇论文中，约阿尼迪斯对科学研究和医学检测结果解释进行了类比。他认为，由于发表偏倚，大多数阴性研究结果都没有发表，因此我们在文献中看到的大多是阳性结果。如果科学家测试的是不可能的假设，那么大多数阳性结果应该都是假阳性，这就好像莱姆病检测结果——如果没有其他风险因素，阳性检测结果大多是假阳性。

没错儿，约阿尼迪斯就是这样想的。他的数学计算无可争论。从他的模型来看，他的结论也是正确的。他还可以从我们之前讨论过的论文中得到一定的经验支持：那些论文表明，许多发表在优秀期刊上的实验是无法复证的。如果这些实验的许多阳性结果都是假阳性，就正好符合我们的预料。

值得商榷的是约阿尼迪斯的假设。要使大多数发表的成果都是错误的，科学实验就必须像罕见疾病一样：极不可能产生真阳性结果。但科学与罕见疾病不同，因为科学家可以选择他们想要验证的假设。我们已经看到，科学家很好地适应了所在专业领域的酬偿结构：获得酬劳的主要途径是发表有意义的研究成果，而阴性结果很难发表。因此，我们可以预料科学家测试的假设虽然尚未确定，但有合理的可能性是成立的。这让我们想到幽门螺杆菌的例子，大多数的阳性结果都是真阳性。约阿尼迪斯是过于悲观了，因为他对研究人员决定检验的各种假设做出了不符合实情的假设。

当然，这都是理论上的猜测。如果我们真的想衡量发表偏倚的严重性，就需要知道：1）被测试的假设中有多大比例是正确的，2）

第9章 科学的易感性

有多大比例的阴性结果被发表了。如果两个比例都很高，我们就不用担心。如果两者都很低，那就有问题了。

我们曾说，科学家倾向于测试那些大概率是正确的假设。这种大概率可能是10%、50%或75%，但不太可能是1%或0.1%。那发表阴性结果这个方面呢？发表得多吗？在整个科学领域，发表的研究结果中大约有15%是阴性。在生物医学领域，这个比例是10%。在社会心理学领域，这个比例仅为5%。问题是，我们无法从这些数据中得知，这到底是因为心理学家更不可能发表阴性结果，还是因为他们选择了更有可能产生阳性结果的实验。我们真正想知道的不是阴性结果在发表的结果中占的比例，而是阴性结果被发表的比例。

但是，如何才能知道这个比例呢？我们必须想办法调查所有未发表的实验结果，但这些结果往往被扔进了抽屉里。美国食品药品监督管理局（FDA）的埃里克·特纳找到了一个巧妙的方法来解决这个问题。美国的法律规定，任何研究团队，只要进行临床试验（用人作为实验对象来测试治疗结果的试验），都必须向FDA登记报备，提交文件并解释试验是要测试什么，试验将如何进行，以及结果如何测量。一旦试验完成，团队还需要向FDA报告试验结果。不过，他们并没有被要求必须在科学期刊上发表研究结果。

这个制度为特纳和同事们统计某一特定研究领域已发表和未发表试验提供了便利。特纳列出了74个评估12种不同抗抑郁药物疗效的临床试验，其中51个试验的结果已经发表，包括48个阳性结果（药物有效）和3个阴性结果。看到这些已发表的文献后，任何一名研究人员都会认为这些抗抑郁药物通常是有效的。但在调查最初登记的所有实验后，FDA发现情况并不是人们预想的那样。一共74个试验，其中38个产生了阳性结果，12个产生了可疑结果，24个产生了阴性结果。看到这些数字，我们有可能得出一个更悲观的结论：似乎只有一部分抗抑郁药物在某些情况下可以起到一定作用。

这是怎么回事？为什么成功率为51%的临床试验，最终在94%的发表论文中被报告为成功呢？一个原因是，几乎所有的阳性结果都被发表了，而可疑或阴性结果中只有不到1/2被发表。另一个也是更重要的原因是，在已发表的14个可疑或阴性结果中，有11个被重新定义为阳性结果。[11]

特纳使用了一幅类似于下图的图表来表示这些结果。深色矩形表示阴性结果，未填色矩形表示阳性结果，浅色阴影矩形表示刚开始时取得了可疑或阴性结果，但是发表时被改为阳性结果的研究。

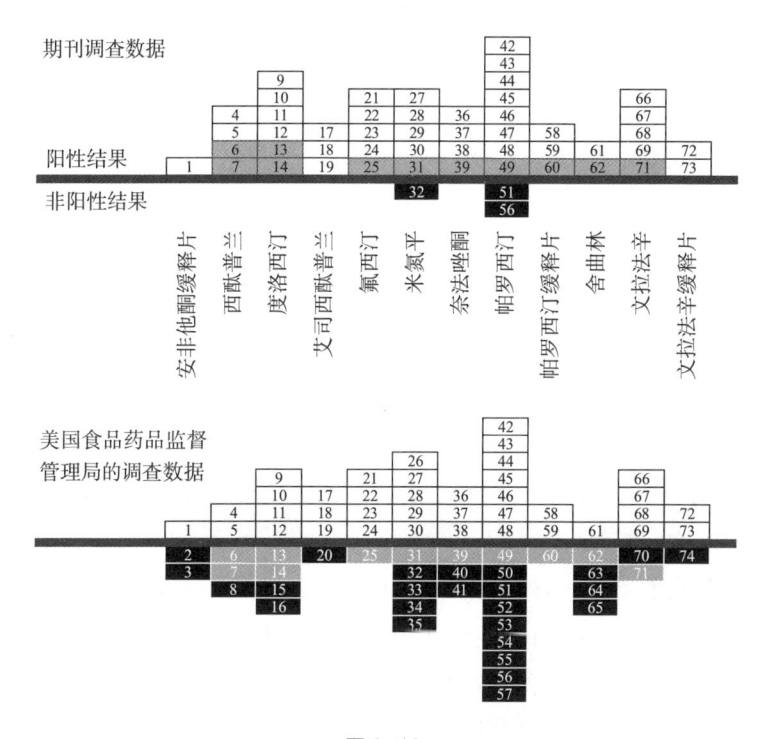

图9-13

就像水手只能看到冰山露出水面的部分一样，研究人员在科学文献中只能看到阳性结果。因此，我们很难知道水底下有多少阴性结果。它们很难发表，即使得以发表，也常常被伪装成阳性结果。如果藏在水下的结果不多，那么我们强烈支持被测试的任何结果。但是，如果只能看到表面上的那些结果，而水底下还有大量的结果我们无法看到，我们就有可能受到严重误导。

幸运的是，有一些方法可以估计水面下的冰山大小。元分析（同时查看多项研究）就是最有效的方法之一。通过元分析，我们就可以知道发表的文献是否可能代表所有的试验，知道它们是否反映了一些有问题的行为，比如 p 值操纵、发表偏倚。如何有效地做到这一点，已经成为统计学研究的一个热门领域。

点击诱饵科学

公众有时会对专业科学家及其观点持怀疑态度。例如，在专业科学家组织美国科学促进会（AAAS）中，88%的成员认为转基因食品是安全的，相比之下，美国成年人中只有37%的人持同样的观点。在美国科学促进会的成员中，87%的人认为气候变化主要是由人类活动引起的，而美国成年人中只有50%的人这么认为。比例高达98%的AAAS成员相信人类经历了漫长的进化过程，而只有65%的美国人同意这个观点。

公众的不信任在一定程度上可以归因于精心策划、资金充足、目的是制造不确定性的活动。烟草业花了几十年时间，试图散布对吸烟与癌症有关的证据的怀疑思想。石油工业不断淡化碳排放和气候变化之间的联系。有宗教动机的团体试图制造公众对进化生物学的不信任，使他们转而支持所谓的创造科学和智能设计理论。大规模掩饰真相的活动就是这样运作的。只要涉及大规模的阴谋活动，人们就愿意相信，因此一些传说（诸如51区"绿屋"有外星人的尸体、登月图片是好莱坞电影制片厂拍摄的、中央情报局参与了"9·11"恐怖袭击事件此类），一直广为流传。但没人能保守这么大的秘密。相反，真正的大规模掩饰行为是公开的，就像否认气候变化一样。每个人都能看到确凿的证据，但掩饰真相的行为不断地给人们另找一些理由，让他们相信证据不可信。

尽管如此，科学家和科学记者仍负有相当一部分责任。首先，科学报道放大了我们在科学文献中看到的发表偏倚问题。报纸和其他科学新闻来源迫不及待地报道潜在的突破，但很多研究最终没有成功。研究未能成功不一定是问题，科研活动本来就具有这个特点——我们发现的那些令人兴奋的新线索，只有很小一部分经得起后续的试验。问题在于新闻来源往往不明确说明他们所报道的只是初步的研究结果，更糟糕的是，他们几乎不会报道之前报道过的研究后来没有成功的消息。

为了评估新闻报道中这种偏见的严重程度，埃斯特尔·杜玛斯·马莱特和同事们查看了5 000多篇关于疾病风险的论文。大众媒体报道了其中的156篇。受到媒体关注的都是那些表明疾病和遗传或行为风险因素之间存在某种联系的论文，从这个意义上说，它们报告的都是阳性结果。这些论文中有35篇（关于这些论文，大众媒体一共发表了234篇新闻报道）被随后的研究证实是不成立的，但只有4篇新闻报道指明最初的报道不正确。阴性结果并不令人感兴趣。

想一想报纸上关于红酒对健康影响的连篇累牍的报道。在这个星期，报道称每天一杯红酒会增加患心脏病的风险；到了下个星期，同样一杯红酒又会降低这种风险。只要这个方面的研究发现两者之间存在某种关系，它就有新闻价值。但是，当后续研究发现这种关系并不真的存在时，大众媒体就不感兴趣了。难怪公众会被那些不能确定红酒到底是好是坏的科学家搅得晕头转向，也难怪他们很快就对所有媒体产生了怀疑。

科普文章经常容许（即使没有积极鼓励）人们对某项研究结果的科学意义产生一些根本性误解。在新闻媒体，甚至在教科书中，科学活动经常被描述成一个收集过程，而科学论文则是关于已收集到的情况的报告。按照这种观点，科学家的工作就是找出大自然隐藏起来的事实，然后像集邮一样，把发现的一个个事实用科学论文的形式发表出来，而教科书本质上就是这些事实的罗列。

但科学并不是这么回事。实验取得的结果并不是关于自然的确定事实，它包含偶然性，以及一系列关于如何正确评估这些结果的假设。对实验结果的解释涉及一系列更为复杂的关于世界如何运行的模型和假设。一个实验或一系列观察结果，并不代表有关自然的一个确定事实，只是代表支持某些特定假设的论据。我们通过权衡多篇论文提供的证据来判断假设的真实性，而每一篇论文看待这个问题的角度各不相同。

弄清这个区别，对于如何解读媒体对科学研究的报道具有重要意义。假设一项新的研究报告称适量饮用红酒对心脏有益。这不是一个应该收藏到知识库中的新事实。相反，它只是对一个经常被研究的问题做出了新的贡献，略微改变了我们对"红酒对心脏有益"这一假设的看法。一项研究并不能告诉你这个世界的很多奥秘。除非你知道其余的文献，并且知道如何将这些发现与以前的发现结合起来，否则它就没有什么价值。

从事实践的科学家明白这一点。研究人员并不会根据一份单独的研究报告决定一个复杂的问题，而是权衡多项研究提供的证据，努力理解为什么多项研究往往得出看上去并不一致的结果。但大众媒体在报道时几乎从来不采用这种方式，因为这太枯燥乏味了。

即使科普文章讨论多项研究，这些研究也不总是具有代表性。"自助式天主教徒"（cafeteria Catholic）这个词是指教徒选择接受某些宗教信条，而忽略那些让他感到不舒服或不愉快的教义。科学作家有时会采取类似的做法，我们称为自助式科学。他们从大量的研究中精心挑选出一部分，然后炮制出一篇观点一致而且引人注目的报道。

科学家也并非完全杜绝了这种做法。1980年，两名研究人员在《新英格兰医学杂志》上发表了一篇100个单词的短文。文章说，根据住院病人的医疗记录，麻醉止痛药成瘾的比例很低。随着阿片类止痛药奥施康定投入使用，这篇短文在医学文献中被广泛引用，作为阿片类药物很少成瘾的证据——短文报告的成果被无限放大了。一些学者甚至将目前阿片类药物危机在一定程度上归咎于，人们为消除对成瘾的担忧而不加批判地使用这篇论文。2017年，《新英格兰医学杂志》的编辑们采取了一个极不寻常的举措，在这篇文章的上方添加了一条警告。虽然警告并没有质疑论文的发现，但它提醒读者："出于公共健康的考虑，读者应该意识到，这篇文章已经作为阿片类药物很少成瘾的证据被'不加批判地大量引用'。"

更糟糕的是，我们最终在大众媒体和社交媒体上了解到的科学研究有非常明显的选择偏倚。大众媒体报道的研究并不是所有已完成研究的随机样本，甚至也不是所有已发表研究的随机样本。最令人意想不到的研究往往会变成最令人兴奋的文章。如果我们没有考虑到这一点，并且忽视所有相关研究中不那么令人意想不到的发现，我们对科学知识发展过程的理解就会出偏差。

当科学作家用通俗语言描述科学研究时，他们有时会遗漏一些必要的提醒，提一些过分的建议，将相关性作为因果关系呈现给读者，或者推断从实验动物身上取得的发现可以立即应用于人类。这些错误通常不是由记者们引起的，它们已经出现在大学和科学期刊的新闻稿中。由于要在越来越少的时间里写出越来越多的材料,科学作家常常严重依赖这些新闻稿作为原始材料。名声不显的新闻媒体和博客常常更进一步,打着原始报道的幌子,重新发表这些新闻稿。

2015年春天,宇航员斯科特·凯利登上火箭前往国际空间站。三个月后,重新回到地球的凯利有了某些变化。美国国家航空航天局的新闻稿称:

> 研究人员发现,在凯利返回地球后,他身体上的93%的基因恢复了正常,但另外7%的与免疫系统、DNA修复、骨形成网络、缺氧和高碳酸血症有关的基因可能发生了长期变化。

主流新闻网络将此解释为凯利的基因组改变了7%。CNN报道说:"NASA发现,这位宇航员的DNA与他的同卵双胞胎兄弟不再相同。"《新闻周刊》报道说:"NASA的双胞胎研究证实,宇航员的DNA在太空中确实发生了变化。"《今日秀》宣称:"在太空生活了一年之后,宇航员斯科特·凯利的DNA不再和同卵双胞胎兄弟一模一样了。"斯科特·凯利在推特上开玩笑说:"什么?我的DNA改变了7%!天啊,刚刚看了这篇报道我才知道这件事。这可能是个好消息!我再也不用说@ShuttleCDRKelly是我的双胞胎兄弟了。"

但是,等一等,这甚至没有通过非常基本的可信性检查。黑猩猩的基因组与人类只有2%的不同。事实上,凯利的基因本身并没有改变,改变的是他的基因表达方式。换句话说,他有大约7%的基因(未发生变化)在翻译成蛋白质的速度上发生了持久性变化。这并不令人吃惊。环境条件的变化通常会导致基因表达发生变化。遗传学家和其他生物学家立即做出回应,试图纠正社交媒体和新闻采访传递的错误信息。NASA对其新闻稿进行了更正,一些新闻媒体也就这个混乱局面发表了长篇报道。但大多数人置若罔闻，对更正的关注远不及对原始报道的关注。乔纳森·斯威夫特说得对："谎言风驰电掣，真相跛足其后。"

胡扯科学的市场

在典型的消费品经济市场中，资金与商品的流动方向相反。钢铁公司为汽车制造商提供原材料，汽车制造商组装汽车并将其销售给消费者。消费者向制造商付款，制造商则向钢铁公司付款。学术期刊的市场是不同的。学者全身心地撰写学术论文，然后将自己的作品提供给学术出版社，而出版社收集了大量这样的文章，并将它们放到一起，作为期刊发行。出版商向图书馆收取订阅费用，但不会把收入转给作者。

有些期刊甚至要求作者付费发表自己的作品。为什么会有人付这笔钱呢？回想一下激励学术学者的动机是什么。正如我们在本章前面所讨论的，学者因其获得的声誉而获得酬劳，而声誉是通过发表成果获得的。

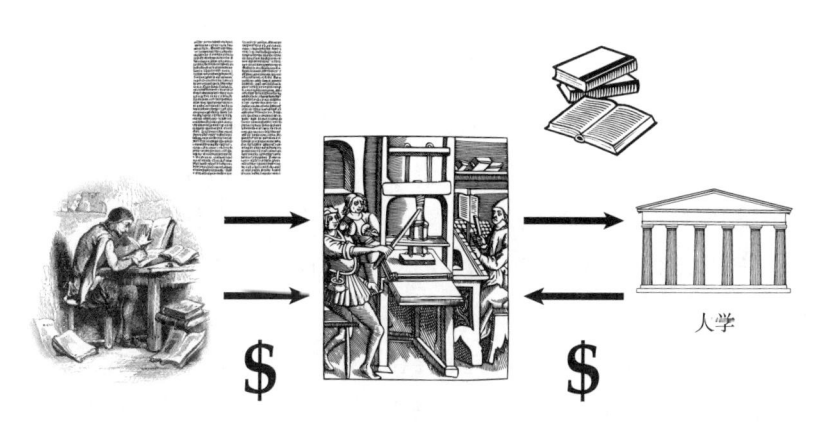

图 9-14

有必要明确一点：对作者发表成果收费的想法本身并没有什么错。许多科学家热烈支持出版物开放获取（open access），即期刊出版商从作者那里收费，订阅完全免费。这有很多优点。世界上任何人在任何时候都可以免费阅读以这种方式出版的论文。通过开放获取，发展中国家科研机构的科学家不必费多大劲儿就可以获取他们需要的论文，患者及其家属可查阅相关疾病的最新文献，公众可以看到他们通过政府研究补助金的形式资助的研究成果，而读者数量增加对作者来说是好事。

杯子中1/2装满了水，剩下的1/2是空的。出版物开放获取为那些没有践行适当标准的低质量期刊创造了一个利基。如果期刊收取订阅费，编辑就会特别希望发表经过同行评议的高质量论文。充斥着低质量论文的期刊不会有很多人订阅。如果期刊向渴望出版自己成果的学者收费，就会有多种商业模式发挥作用。大多数开放获取期刊只会通过发表高质量论文这个办法，努力建立自己的声誉。但对某些期刊来说，钱就是钱——只要支票能兑现，他们愿意刊登任何文章。

古德哈特定律再一次发挥作用：指标变成目标后，就不再是一个好的指标。这种情况在很多科学文献中已经有所体现。当科学家开始以发表论文的数量相互评判后，愿意发表低质量论文的期刊市场就如雨后春笋般出现了。处于最底层的是那些所谓的掠夺性出版商出版的期刊。科学出版系统中的这些寄生虫在发表论文时几乎从来不进行严格的同行评议。如今，他们从学术体系中吸走了数以千万计的美元，同时还通过数百万篇不可靠的文章给科学文献制造污染。

如果通过一个中央权威机构确认期刊是不是"科学的"，可能会起到一定作用，但其实根本就不存在这样的机构。在印刷时代，出版实体期刊需要成本，还需要向图书馆出售订阅服务，所有这些都为阻止骗子进入出版业创造了障碍。但是当期刊可以在线阅读，文章可以通过电子方式投送，出版商可以向作者而不是图书馆收费后，这些障碍都消失了。今天，只要对网页设计有基本的了解，并且愿意欺骗别人，你就能成为一个掠夺性出版商。

虽然掠夺性期刊的主要客户可能是希望通过发表更多的文章为简历增色的边缘学术人，但也有其他类型的客户利用这些期刊的服务。气候怀疑论者、反对疫苗者、神创论者和艾滋病否认论者在掠夺性期刊上发表他们的研究成果，然后说这些论文是支持他们边缘信仰并且通过了"同行评议"的科学。骗子们发布伪造的数据，声称这些数据可以证明他们的万应灵药是高效的饮食补充剂或疾病疗法。无良的政治人物为获得支持，针对政治对手发表一些毫无根据的言论。阴谋论者在文章中记录了中央情报局、光照派和建造大金字塔的外星人之间的合作。一些想入非非的人有可能发表宏大理论描述量子引力和时空中无处不在的宇宙意识，或者用遗失的语言写的咒语召唤恶魔执政官来监督世界走向毁灭。

为了赚钱，掠夺性期刊需要吸引投稿。这时候，他们就会动用垃圾邮件这个武器。如果你发表了一两篇学术论文，你的电子邮件收件箱就会逐渐被掠夺性期刊的信息填满，每封邮件都会告诉你："我们怀着极大的兴趣阅读了你在某某期刊（期刊名称）上发表的论文（论文标题）。祝贺你取得了杰出的成就。如果你在这一领域有更多的研究并希望继续发表成果，恳请考虑我们的期刊……"当然，该期刊的出版方中没有人真的读过你的论文，论文标题和你的电子邮件地址只是从互联网上找到的——如果你是学术出版的新手，你不一定知道这些事。有时这些邮件会列出出版费用，但许多掠夺性期刊出版商在论文被接受之前闭口不谈这些费用。

通常，我们每个人每个星期都会收到几十封这样的邮件。我们的一些同事想出了一些有趣的反击办法。科学编辑约翰·麦库尔接到

第 9 章 科学的易感性　　267

了《泌尿学和肾病学开放获取期刊》的约稿信。麦库尔没有接受过医学方面的教育，但他是《宋飞正传》的忠实粉丝，他想起其中某一集的内容可能会引起这家期刊的兴趣。在第三季的《停车场》这一集中，杰瑞·宋飞忘记自己把车停在哪里，因此找了好几个小时，其间也没有上厕所。后来，他因在公共场所小便而被捕。在警察局，他试图通过狡辩帮自己摆脱困境。他告诉要把他关进监狱的警官："如果没有致命危险，我为什么（在公共场所小便）呢？我知道这是违法的。"然后，他自问自答道："因为我可能会因泌尿都市症候群（uromycitisis）中毒身亡。这就是原因。"当然，根本就没有泌尿都市症候群这种病，宋飞只是胡编了一个听上去很可怕的词。

麦库尔的论文《泌尿都市症候群中毒导致下尿路感染和急性肾功能衰竭：病例报告》打着病例报告的幌子，完整地概述了这一集电视剧的情节。报告的开头是这样的："在郊区一个大型购物中心的停车场里，一名37岁的男性白人找不到自己的车。他不停地楼上楼下跑，找了一排又一排的汽车，但一个多小时后，他还没有找到。这时，他感到了严重的内急。停车场里没有厕所，他又知道自己患有泌尿都市症候群，所以他担心如果不立即排尿就会导致泌尿都市症候群中毒。"同行评议专家（如果真有）一定不是《宋飞正传》的粉丝（也肯定没有批判性思维）。几天后，这家期刊同意发表这份荒谬的案例报告，并希望麦库尔支付799美元的出版费。当然，他没有支付这笔钱。

那么，如何判断一篇科学论文是否可以接受呢？首先要知道，任何科学论文都可能是错误的。这就是科学的本质，没有什么是无可置疑的。无论论文发表在哪里，无论作者是谁，无论其论点得到了多么有力的支持，任何论文都可能是错误的。每一个假设、每一组数据、每一个论断、每一个结论都要根据后来的证据重新检验。莱纳斯·鲍林是一位才华横溢的科学家，是迄今为止唯一一个两次独享诺贝尔奖（化学奖与和平奖）的人，但是他发表的论文和出版的书籍也有被证明完全错误，包括他提出的DNA三螺旋结构，以及服用高剂量维生素C对人有益的观点。《自然》和《科学》是基础科学领域中的两份最著名的期刊，但这些出版物中也出现过愚蠢的错误。1969年，《科学》发表了一篇关于一种不存在的水聚合物——聚合水的论文，这引发了国防研究人员对美苏之间存在"聚合水分歧"的担忧。《自然》杂志在1988年发表了一篇错误的论文，声称顺势疗法是有效的。

其次，我们要了解同行评议的作用。尽管同行评议是科学过程的重要组成部分，但它不能保证发表的论文是正确的。同行评议专家会仔细阅读论文，以确保其方法合理、推理合乎逻辑，确保论文准确地表达了它添加到文献资料中的内容，确保论文的结论是根据实验结果得出的。他们会提出改进论文的方法，有时还会推荐再做一些实验。但是同行评议专家也有可能犯错误，更重要的是，他们不可能检查研究的每一个方面。同行评议专家不会重做实验室实验、重复实地观察、重写计算机代码、重新推导所有的数学过程，在大多数情况下，甚至不会对数据进行过于深入的研究。虽然同行评议确实有用，但它不能发现每一个无恶意的错误，更不用说揭露被刻意隐瞒的科学不端行为。

因此，作为读者，你没有任何万无一失的方法，可以确定无疑地知道任何一篇科学论文是不是正确。通常你最多可以确定一篇论文是否合理。所谓合理，指的是一篇论文在撰写时态度端正，方法得当，以及得到了相关科学领域的认真对待。

要快速有效地评估一篇发表的论文是否合理，办法之一是了解发表这篇论文的期刊。许多网站对期刊的质量或声望进行排名，依据通常是引用数。[12] 人们通常认为高引用期刊比那些低引用期刊好。了解出版商也很有帮助。主要出版商和有一定声誉的科学协会通常会要求他们期刊上的文章一定要达到基本的质量标准。

另外，还要注意论文中的论断与它是在哪儿发表的是否相匹配。正如我们提到的，期刊声誉有高有低，各不相同。在其他条件相同的情况下，发表在顶级期刊上的论文通常代表非常大的进展，具有非常高的可信度。不太有趣或不太可信的成果通常会出现在不太知名的期刊上。要警惕低层次期刊上出现的异乎寻常的论断。你可以把这想象成科学家版本的"如果你那么聪明，为什么没钱呢？"。

因此，如果一篇名为《河岸蛙的重量》的文章刊登在鲜为人知的《塔斯马尼亚澳大利亚爬虫学杂志》上，文中列出了一些蛙的重量，那么没有什么值得担心的。蛙类体重表虽然可能对该领域的一些专家有用，但还远远不是一项科学突破，而且非常适合该期刊。但是，如果一篇名为《尼安德特人在百年战争中灭绝的证据》的论文出现在同样不引人关注的《威斯特法阶历史地理学杂志》上，这就绝对让人不放心了。如果这一成果是真实的，就会彻底改变我们对古人类历史的理解，并动摇我们对人类的认识。这样的成果如果是真实的，应该会出现在一本备受瞩目的期刊上。

虽然上面的例子是假设的，但真实的例子比比皆是。例如，2012年，电视名人梅米特·奥兹医生在他的节目中宣传了一篇研究论文，作者的目的是证明生咖啡提取物具有近乎神奇的减肥保健功效。尽管这是一个引人注目的论断，但这篇论文并没有出现在诸如《美国医学会杂志》《柳叶刀》《新英格兰医学杂志》此类顶级医学期刊上。相反，它出现在一本鲜为人知的期刊——《糖尿病、代谢综合征和肥胖：目标与治疗》上。该杂志由一个叫作多芬出版社的边缘科学出版社出版，甚至没有被列入一些主要的科学索引。事实上，只要看看这篇论文，就会发现结果是基于一个样本容量小得荒唐（仅有16人）的临床试验。这应该给所有读者敲响警钟。这个样本太小了，不足以证明这篇论文所提出的强论断。小样本量和名声不显的期刊只是问题的一部分。该论文随后被撤回，因为其数据无法验证。

虽然论文撤回并不常见，但在过分相信一篇科学论文的结果之前，核查是否有撤回或修正情况可能是一个好主意。要做到这一点，最简单的方法就是在出版商的网站上查看论文。如果是生物学或医学方面的论文，还可以在PubMed数据库中查看。[13]

科学为什么有用

当代科学带来的一长串问题让我们备受困扰。人们很容易感到不知所措，然后开始怀疑科学是否真的有效。幸运的是，尽管我们在本章讨论了科学的很多问题，但出于诸多原因，科学的很多制度仍然是有效的。

我们在前面讨论过大多数被检验的假设都是先验的，它们相当有可能是正确的。科学家往往会测试那些有很大可能是正确的假设，而不是把时间浪费在那些不可能的事情上。在这种情况下，大多数阳性成果都是真阳性，不是假阳性。

科学是一个累积的过程。尽管实验不经常被直接复证，但由于研究人员可以利用之前取得的结果，因此科学仍然会不断发展。如果一个结果是假的，人们就不能有效地加以利用。他们的尝试会失败，于是他们会回过头去，重新评估当初的那个结果，最终导致真相大白。假设在研究果蝇的过程中，我发现有一种生化途径可以降低编辑有机体基因的难度。其他研究人员可能不会直接复证我的实验，但利用老鼠、线虫或其他模式生物从事研究的人会看看同样的机制是否在他们的系统中起作用。或者，对技术应用感兴趣的人可能想找出更好的针对性地利用这一途径的方法。如果我一开始就错了，那么这些人的尝试都会失败，而我的错误也会被纠正。如果我是对的，那么后来的这些研究人员取得的成功将证实我的发现。

实验不仅要测试是否有效果，还要测试效果的方向。假设有几个研究小组测试一种新的抗抑郁药是否也有助于治疗老年失忆。如果这种药物对记忆没有真正的影响，我们可能会发现两种不同的假阳性结果：这种药物可以提高或降低记忆测试的成绩。因为在任何一种情况下，服用药物的治疗组都不同于服用安慰剂的对照组，所以这两种结果都有可能发表。如果已发表的文献指出某种治疗方法有好坏参半的效果，那么我们有理由怀疑我们看到的是统计噪声，而不是真正的信号。

在科学倾向于接受某个论断是事实后，与该论断相悖的实验就值得关注，实验取得的结果就会被视为阳性结果，而且更容易发表。例如，物理学家通常假设真空中的光速是一个基本的物理常数，并且在宇宙的任何地方和任何时间都保持不变。如果几十年前有人试图测量光速在时间和空间上的变化，最后没有发现任何变化，那么这是一个阴性结果，很难在备受关注的期刊上发表。但近期积累的一些证据表明，光在真空中的速度可能会发生变化。由于物理界正在讨论这类论断，因此如果精心完成的实验表明没有变化，就将引起人们极大的兴趣。

最后，不管我们在本章中讨论了哪些问题，科学发挥的作用都是毋庸置疑的。正如我们在本章开始时所说的，在帮助我们理解物质世界的本质时，科学适用的时间和空间尺度都远远超出了我们的感官所能探测到的和我们的心智所能理解的极限。正是因为明白了这一点，我们才得以创造出在那些与我们隔了几代的前人看来不可思议的技术。经验告诉我们,科学是成功的。个别论文可能有错误,大众媒体对个别研究的报道也可能出错,但整体而言,科学非常强大。当我们将科学与人类的其他知识(以及人类制造的胡扯)进行比较时,我们应该正确地看待这一点。

第 10 章

辨别胡扯

2017年9月，一张令人震惊的照片在社交媒体上广为流传。照片拍摄地点是西雅图海鹰橄榄球队的更衣室。在照片中，前海鹰队防守线锋迈克尔·贝内特袒着胸，似乎正在挥舞着一面燃烧着的美国国旗，周围是欢呼雀跃的海鹰队队友和教练组成员。

　　这张照片当然是假的。海鹰队从未多人一起或在其他任何场合焚烧过美国国旗。这张照片（不包含那面燃烧的国旗）拍摄于近两年前，当时海鹰队刚刚在一场关键比赛中击败了对手亚利桑那红雀队，正在庆祝胜利。不过，这起事件充分说明一场文化斗争正在席卷美国国家橄榄球联盟（NFL）。在旧金山四分卫科林·卡佩尼克的带领下，全联盟有越来越多的球员在奏国歌时单膝下跪，抗议警察的暴行。唐纳德·特朗普称这些球员不爱国、反军事、根本不是美国人。迈克尔·贝内特拿着燃烧的国旗的照片，首先被贴在一个名为"支持特朗普老兵组织"的脸书页面上，这是特朗普原话的一种极端表达。许多读者没有看出低级的图像处理手法，就分享了这张照片，并愤怒地辱骂了海鹰队的球员。很多人可能被照片激发的愤怒和厌恶情绪所左右，没有用批判的眼光评价其真实性，而是轻信了这些胡扯的东西。

如果胡扯无处不在，那么怎么才能避免上当呢？我们认为必须培养适当的思维习惯。毕竟，我们的思维习惯让我们安全地度过了每一天。我们没有必要去想它，但是当我们开车去上班的时候，我们的眼睛会四处巡视，防止有人闯红灯。夜晚独自行走时，我们会密切注意周围的环境，警惕危险的迹象。辨别胡扯同样需要不断练习，通过练习，我们能熟练地发现误导性的观点和分析。虽然开发一个精确的胡扯检测器可能是我们一辈子都难以实现的目标，但是我们将在本章介绍一些对大家大有帮助的简单技巧。

1. 质疑信息来源

受过专业训练的记者在遇到任何一条信息时，都会问下面这些简单的问题：

这个消息是谁告诉我的？
他或她是怎么知道的？
他们想向我兜售什么东西？

在某些情况下，这些问题是我们的第二天性。假设你走进一个二手车市场，汽车推销员开始介绍停车场角落里的那辆汽车。他说这辆车之前没有转过手，车主是一个可爱的老太太，每周去做礼拜时才会开一次。这时，你肯定会这样想：这个人是谁？二手车推销员！他是怎么知道这些信息的？也许是直接从那个老太太那里听说的，也有可能是从城里那位卖给他车的商人那里听到的。也许，根本就没有什么老太太。他想向你推销什么？这个是显而易见的。就是那辆2002款的庞蒂亚克Aztek。你在走进停车场时犯了一个错误，看了一眼这辆车。

当我们浏览社交媒体信息或听晚间新闻,或者阅读刚出版的杂志关于健康的那一页内容时,我们需要问同样的问题。

在写这一章时,我们在网上看到一个关于水晶的说法:水晶"可以保留它接触到的所有信息。水晶可以吸收信息(无论是恶劣天气的模式,还是古代仪式的体验),并将其传递给任何与它接触的人"。这与我们对物理学的理解相去甚远,所以我们有必要问自己这三个问题。

第一个问题比较容易回答。谁告诉我们的?这段文字来自生活方式品牌Goop网站上一个关于水晶治疗作用的采访。受访者是科琳·麦卡恩,她是一位"由时尚造型师转型的能量疗法从业者"、"萨满教能量疗法持证从业者",善于"综合运用水晶、色彩理论、脉轮系统、占星术、自然疗法和风水原则等"。

第二个问题"她是怎么知道的?",我们回答起来就不是那么确定了。但在本例中,利用麦卡恩网站上的材料,我们可以做一些有根据的猜测。通过她的自传,我们了解到麦卡恩"是在布鲁克林的一个酒庄里开始听到一些声音的,也就是说,有了超感听觉"。她后来咨询了"曼哈顿的著名通灵者",对方"温和同时非常神秘地说出了一个令她震惊的秘密:她也是一名通灵者。那些声音实际上是她的灵魂引导者在打招呼"。然后,她"在接受了直觉治疗师3年的私人指导后,跳进了那个装满水晶的兔子洞。随后,她就来到了秘鲁萨满教研究基金会的四风协会,开始接受训练"。最后,她的自传告诉我们她"花了10年时间跟随一位佛教风水大师学习水晶疗法和空间净化"。也许正是通过这些经历,或者其他类似的经历,麦卡恩得到了她在这次采访中分享的信息。

在回答第三个问题"他们想向我们兜售什么?"时,我们还是要做一些猜测,但只是一点点儿。当然,Goop公司和受访者麦卡恩推销的东西可能略有不同。麦卡恩可能是想推销一套理念或人生哲学给我们。此外,也许并非巧合的是,她的网站显示她还销售水晶,并提供包括"直观水晶读数"、"水晶网格"和"水晶奢侈品"等服务。就Goop公司而言,他们可能会辩称,他们是在推广一种生活方式。但他们出售所谓的Goop药袋,付85美元可以买一套8个"脉轮治疗水晶"。在我们看来,这些水晶和那些抛光珠宝几乎没有什么区别,在旅游商店里花5美元就可以买一包——但是请再想一想,这些Goop宝石"被圣人净化过,被声波调整过,被咒语激活过,被灵气祝福过"。

简言之,人们向你兜售的可能是二手车、人寿保险或美容产品,或者是一些想法和观点。有些销售工作需要你拿出来之不易的钱,有的销售工作会说服你去相信一些你以前不相信的事情,或者做一些你本来不会做的事情。每个人都在向你推销东西,只是要弄清楚他们推销的是什么。

我们也可以针对迈克尔·贝内特手持燃烧国旗的照片提出这些问题。是谁告诉我的?脸书上的"支持特朗普老兵组织"。他们是怎么知道这个消息的?既然这张照片只出现在脸书上,任何传统媒体都没有报道过,唯一可能的情况就是有人在更衣室里安装了摄像头,但不知什么原因,媒体一直没有参与其中,或者它们达成了一致不去报道这件事,而海鹰队球员和教练组事后也没有发出声音。这似乎非常难以置信。他们想向我们兜售什么?他们想让我们相信,抗议种族不公的NFL球员有反美情绪,可能对美国构成威胁。即使他们拙劣的修图技术没有露马脚,这三个问题的答案也足以让我们质疑这样一张令人震惊和意想不到的照片的真实性。

2. 小心不公平的比较

"机场安检托盘里的细菌比厕所还多！"2018年9月，一项研究报告发表后，世界各地的媒体都刊登了这条新闻或做了类似报道，这让每个经历过机场安检的恐菌者确信他们的担心是有道理的。

但这种说法有些不诚实。做这项研究的科学家只观察了呼吸道病毒，即那种通过空气传播，或者通过咳嗽或打喷嚏时手上沾染的飞沫传播的病毒。安检托盘上的呼吸道病毒比马桶座圈上的多，这并不奇怪，因为人们通常不会对着马桶咳嗽或打喷嚏，也不会经常用手去触摸马桶座圈。马桶座圈上有很多微生物，只不过不是研究人员统计的那些。

安检托盘可能是感冒和流感的重要传播媒介，但是那些新闻报道把马桶座圈也拉了进来，就是在做一个不公平的对比，目的是增加冲击力。托盘上的微生物总量并不比马桶座圈多，只不过有可能飘落到托盘上的那些微生物会更多一些。

我们再看一例。人们总是喜欢排名。在点击流经济中，广告收入依赖于页面浏览量，它们就是钱。在编制一个前10名榜单时，将每个列表项放到单独的页面上，就可以让每名读者贡献10次页面浏览。别了，凯西·卡瑟姆！你好，"有眉毛的山姆猫成为你的新宠的12个原因"！

"美国最危险城市排名"及类似榜单是一种非常常见的表单类型。最近，我们就看到了一个类似的表单，是财经新闻媒体24/7华尔街网站根据美国联邦调查局数据汇编编制的。排在前几名的是：

1. 圣路易斯，密苏里州
2. 底特律，密歇根州
3. 伯明翰，亚拉巴马州

4. 孟菲斯，田纳西州

5. 密尔沃基，威斯康星州

很快，这份表单就涉及个人信息了。卡尔出生在圣路易斯，十八九岁时，他花了大量时间考察了底特律的周边地区。这些城市真的那么糟糕吗？他很想知道答案。这个排名的依据是人们信任的政府机构提供的可靠数据。但这样的比较真的公平吗？或者是发生了什么有趣的事情，把圣路易斯和底特律推上了榜单前两名呢？我们可以问的第一个问题是，他们是如何量化一个城市的危险程度的。路面上洼坑最大吗？臭虫最多吗？还是被闪电击中的高尔夫球手最多？

在本例中，衡量危险程度的标准是人均暴力犯罪数。我们可能会说，这种方法并不能很好地描述一个城市有多危险。也许圣路易斯和底特律的暴力犯罪报告是准确的，但是在其他城市这类犯罪被严重低估了。也许圣路易斯和底特律的人身侵犯发生率较高，但谋杀案较少。或者，由于最近的人口增长，用于计算人均暴力犯罪的数据低估了圣路易斯和底特律的人口。

更有可能导致问题的是城市的定义有些随意。城市的范围是政治界限确定的。有的城市基本上只包含中心城区，而不包括外围郊区。有的则将周围大都市区的大部分面积都包括在内。在计算暴力犯罪率时，这种随意性可能会产生巨大的影响。出于一些复杂的原因，许多美国城市位于市中心的老城区犯罪率往往较高，而郊区的犯罪率则较低。

这很重要吗？很重要，因为城市的犯罪率往往取决于城市边界包围中心城区的紧密程度。由于城市边界的位置取决于城市的历史和政治，所以我们可以看到各个城市边界包围中心城区的紧密程度参差不齐。在这一点上，我们有一个假设——城市边界对暴力犯罪率有十分明显的影响，但我们没有确凿的证据。我们有理由对十大危险城市排名持怀疑态度。[1]但如果我们提出的理由是城市范围的确定方式会影响排名结果，就需要进一步收集数据并直接验证这个假设。暴力犯罪数据和人口数据都是现成的，但是如何控制城市边界是否包围郊区这个变量呢？

美国政府编制了一份大都市统计区名单，汇总了每个区的统计数据和人口数据。每个大都市区包含一个或多个核心城市，由外围郊区包围。如果暴力犯罪率的差异受城市边界划分方式的差异影响，那么我们可以预料，与周围大都市区相比面积较小的城市，其犯罪率总体而言会高于那些与周围大都市区相比面积较大的城市。

在下面这幅散点图中，每个点代表一个城市，纵轴表示暴力犯罪率（以每年每10万人报告的暴力犯罪数量衡量），横轴表示主要城市人口占大都市区总人口的比例[2]——借助这个指标，我们可以衡量城市边界包围城市的松紧程度。

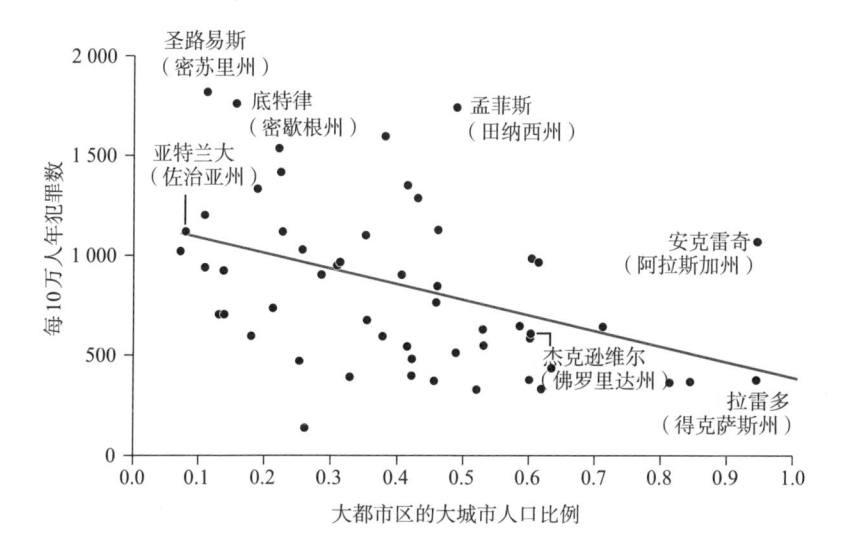

图 10-1

正如我们所怀疑的那样，城市范围内的大都市区比例越高，暴力犯罪率往往越低。边界包围得紧密的城市犯罪率较高，而边界比较宽松的城市犯罪率较低。如果我们利用这些点拟合一条线表示犯罪率，那么这条线会向下倾斜。统计测试表明，它的斜率很可能是有意义的，而不仅仅是偶然的结果。[3] 由此可见，城市暴力犯罪率和城市边界划分之间存在相关性。就一个城市看上去比较危险还是比较安全而言，大都市区的犯罪总量是一个影响因素，但城市边界划分方式同样是一个影响因素。人们把圣路易斯、底特律等只包括核心城区的城市与安克雷奇、拉雷多等将郊区包括在内的城市放到一起进行比较，这是不合适的，因为它们并不对等。

暴力犯罪率这个例子说明了一条更普遍的原则：排名只有在被比较的实体具有直接可比性时才有意义。

3. 如果好得或糟糕得不像是真的……

2017年年初，特朗普政府制定了一系列限制赴美旅行和移民的政策。这些政策影响到了美国生活的许多方面，包括高等教育。2017年3月，美国国家广播公司（NBC）新闻节目在推特上就这些政策变化导致的后果发了一条消息："调查显示，留学生入学申请人数下降了近40%。"

这条推文链接了一条新闻，在推特上被广泛转发。但它提出的论断似乎难以置信。当然，特朗普的旅行禁令和美国移民政策的相关变化不太可能让人觉得美国欢迎留学生。不过，申请人数下降了40%，这一灾难性的结果让我们感到难以置信。不仅是影响的规模巨大，而且从时间上看非常可疑。很多美国大学的留学申请在12月或1月到期，当时特朗普还未上任。因此，我们持怀疑态度。

我们的怀疑源于一条辨别胡扯的一般性原则：如果一个说法好得（或者糟糕得）不像是真的，那它很可能就不是真的。在日常生活中，我们都经常运用这条经验法则。有多少人在接到电话推销自动语音电话时，会真的认为自己赢得了一次免费旅游呢？

那么，我们如何判断NBC说的40%这个统计数据是否真的是胡扯呢？很简单：挖掘源头。不要相信那条推文。在一个社交媒体主宰的世界里，我们收到的任何信息都已经被重写、重新整理和再处理过了，培养挖掘信息来源的习惯很重要。

NBC推文提供的链接指向了信息来源——NBC晚间新闻节目发布的一篇题为"调查发现外国学生不再向美国大学提交留学申请"的报道。文章称一些学校收到的留学申请减少了，并把这一变化归因于特朗普的旅行禁令和反移民言论：

> 美国大学注册和招生人员协会最近的一项调查显示，在接受调查的学校中，有近40%的学校收到的来自中国、印度和中东等国（尤为明显）的留学申请有所减少。
>
> 教师、招生人员和学校工作人员报告说，留学生对美国的看法已经发生了变化，他们似乎不再认为美国是一个友好的国家了。学校工作人员认为特朗普政府关于移民的言论及其发布的旅行禁令发挥了一定作用。

但是稍安勿躁！这篇报道传递的信息与推文所暗示的并不一致。推文声称申请人数下降了40%，而新闻说40%的学校收到的申请减少了。两者完全不是一回事。例如，这些学校的申请人数可能只下降了一点点儿，因此留学申请整体下降的幅度非常小。至此，我们已经发现了推文和它所宣传的新闻报道之间存在分歧。

但哪一个是正确的呢，是推文还是新闻？要想弄清楚，我们必须继续挖掘。这则新闻援引了美国大学注册和招生人员协会的公告，稍微搜索一下，就能看到它在NBC报道的11天前发布，其中有一个关键的细节。[4]是的，39%的大学收到的留学申请减少了，但有35%的学校收到的留学申请增多了。综上所述，这不是新闻，而是统计噪声。从公告中提供的信息来看，没有任何有意义的线索表明留学申请中存在"特朗普效应"。最有可能的是，这些数字只是反映了美国不同学校留学申请数量的偶然波动。

那么这一切是怎么发生的呢？似乎在多个层面上都有失误。首先，NBC的新闻具有误导性，因为它只描述了申请人数下降的学校的比例，而没有提到有同等比例的学校收到的留学申请增多了。我们可以想象这是如何发生的。一项大规模调查显示，没有证据表明特朗普政策导致留学申请发生了系统性变化，但这并不是什么令人兴奋的新闻。要么是为了让报道更有吸引力，要么只是因为作者或编辑不善于处理数量关系，他们强调了有39%的学校的申请人数下降了，忽略或淡化了有35%的学校的申请人数增加了。这个例子说明，即使是真实的一句话，也仍然有可能是胡扯。没错，确实有39%的学校的申请人数下降了，但是语境的缺失必然会误导读者。

这个新情况大概被NBC社交媒体的负责人曲解了，40%的学校收到的申请人数下降被转换成留学申请人数下降了40%。影响大到了几乎不可能的程度，因此到了"如果看起来好得（或者糟糕得）不像是真的……"这条经验法则发挥作用的时候了。我们发现，这第三条规则尤其适用于辨别那些在社交媒体上传播的胡扯。在社交媒体环境中，传播最广的帖子往往是那些令人震惊、引发惊奇感或激起义愤的帖子，也就是那些发表最极端言论的帖子。最极端的论断往往太好了或者太糟糕了，以至于不像是真的。

4. 从数量级考虑

回想一下哲学家哈里·法兰克福对胡扯和谎言的区分。谎言是为了使人远离真相，胡扯则对真相漠不关心。在我们辨别胡扯时，这个定义为我们创造了一个非常好的便利条件。精心编造的谎言似乎很有道理，而很多胡扯即使表面来看也十分荒谬。当人们用胡扯的数字来支持他们的论点时，这些数字往往与事实相差太远，以至于我们凭直觉就能辨别胡扯，并且无须太多的调查研究就能反驳它。

美国国家地理学会曾发出一封邮件，提醒人们塑料垃圾正在污染我们的海洋。邮件的标题声称："每年有90亿吨塑料垃圾流入海洋。"这听起来十分可怕，但请停下来想一想。地球上只有不到80亿人。每个人平均每年向海洋倾倒一吨塑料垃圾，这真的有可能吗？似乎不太可能。事实上，纵观整个历史，塑料的生产总量只有大约80亿吨，不可能所有的塑料都流入海洋吧。显然，每年90亿吨这个数字是错误的。正确的数字是多少呢？《国家地理》杂志最近报道称，每年有900万吨塑料垃圾流入海洋。海洋的塑料污染无疑是一场正在形成的生态灾难，但将其夸大1 000倍对任何人都没有帮助。这只会损害环保人士的信誉。我们并没有什么理由怀疑这个错误是故意为之，而是怀疑在这封邮件出台的过程中，有人不小心把"100万"（million）打成了"10亿"（billion）。

每年90亿吨的塑料垃圾与地球上80亿的人口相比，结果是显而易见的，所以不需要做任何心算，也可以轻而易举地发现这个错误。但是在验证一个有关数字的论断时，通常都需要做一些简单的心算。例如，假设一位朋友声称，英国有超过12.1万名男性名叫约翰·史密斯。听起来对吗？我们认为，不用笔和纸就能快速解决这类问题的关键是把数字分解成你可以估算的几个部分。估算不需要非常准确，精度达到最接近的10的幂（有时称为"数量级"）即可。对于上面这个问题，我们可能会问："英国有多少人？其中名叫约翰的占多大比例？在名叫约翰的英国人中，姓史密斯的占多少比例？"

那么英国有多少人呢？100万？1 000万？1亿？还是10亿？我们大多数人都知道，在这些数字中，最接近的估计值是1亿（2018年的实际人口大约是这个数字的2/3，即6 700万）。

这些人中叫约翰的有多少？1/10吗？因为女性很少有人叫约翰，那就需要大约1/5的男人都叫约翰。显然相差太远了。（值得注意的是，英国曾经每5个人中就有一个叫约翰，但1 800年前后这种情况就不复存在了。）1/1 000吗？很明显，约翰这个名字比这要常见得多。所以，1/100似乎是正确的。

在英国有多少人姓史密斯呢？同样地，1/10似乎太多了，1/1 000似乎又太少了，所以1/100是一个不错的猜测。

那么，根据我们的预计，英国有多少个约翰·史密斯呢？为了便于计算，我们假设姓史密斯的人叫约翰的可能性跟其他人一样，尽管实际上这可能不太正确。不过，我们只是在近似计算，做这样的假设应该没有问题。也就是说，英国大约有1亿人，其中每100人中就有一个叫约翰的。因此，叫约翰的大约有100万人。在这些人中，我们估计有1/100的人姓史密斯。所以，英国估计有一万人叫约翰·史密斯。

这个估计结果相当不错。实际上，现在英国大约有4 700人叫约翰·史密斯。如果我们估算时使用英国的实际人口，即6 700万，最后得到的结果就是更接近实际值的6 700。但不管怎样，我们都可以看到，我们的朋友声称的12.1万个约翰·史密斯是错的，与真实值相差超过了10倍。

这个粗略估算过程叫作费米估算，是以物理学家恩利克·费米的名字命名的。众所周知，费米曾用这些简单的方法估算原子弹爆炸的威力。[5] 我们认为对于快速辨别胡扯来说，精度达到10的某次幂通常就已经足够了。不过于追求精度，把估算值的偏差控制在10倍以内，有利于你利用所掌握的信息快速思考问题，而不是纠结于两个星期有多少秒（1 209 600秒）这类计算，或者是利用搜索引擎找出一个纽约市民平均每天使用多少加仑的水（115加仑）。即使在某些环节差了50%，最终估值也很有可能在真实价值的10倍之内，这通常足以辨别胡扯。当然，如果估算结果使你认为某个数字是胡扯，并且你想进一步确认，那么你大可以找出真实的数字，或者用笔和纸做出更准确的估算。

2018年5月，在美国众议院科学、空间和技术委员会的一次听证会上，众议员莫·布鲁克斯（亚拉巴马州共和党）推测说海平面上升也许可以归因于落入海洋的岩石。他举了个例子，请他的选民考虑不断侵蚀的多佛白崖。随着时间推移，它们肯定都会填进海里，而排开的水肯定都会流向某个地方。令人欣慰的是，就像《伊索寓言》中的乌鸦一样，布鲁克斯众议员也知道把石头扔进水里的后果。[6] 但是，这个完全不合理的解释让人搞不清布鲁克斯众议员是否知道海洋有多辽阔。

海洋约占地球表面的2/3，平均深度为3千米（km）。由此可见，海水多得令人难以想象，分布范围也大得令人难以想象。考虑到这一点，崩塌的悬崖会产生多大的影响呢？

我们可以轻松地解决这个问题。假设明天会发生灾难性的崩塌，整个多佛白崖以及沿岸一千米的陆地全部沉入大海，排出了等量的海水。撇开会袭击加莱和法国北部海岸的巨大海啸不谈，全球海平面会发生什么变化呢？

海水会上涨并淹没沿海城市的低洼地区吗？几乎不可能。我们可以通过简单的计算得出答案。白崖长10千米多一点，高约100米。所以，我们想象的崩塌会产生10 km × 1 km × 100 m = 10亿立方米。哇！绘儿乐公司大约需要200万年才能生产这么多粉笔。[7]

但是地球上的海洋都是相连的，所以这10亿立方米的石头抬高的是世界上所有海洋的水位。海洋的表面积约为3.6亿平方千米，或360万亿平方米。（我们关心的是海洋表面积，而不是体积，因为上升的是海洋的表面。）所以排出的10亿立方米水将扩散到360万亿平方米的表面上，海平面将上升 1 000 000 000 m³ / 360 000 000 000 000 m² = 0.000 003 m。换句话说，我们将看到海平面上升3微米（μm）。相比之下，人类的头发直径大约为100μm。所以，如果明天多佛白崖和其他30段同样大小的海岸沉入大海，全世界海平面上升的高度等于一根头发的粗度。

实际上，100米高的多佛白崖不会一次全部掉入海中。侵蚀的平均速度大约是每年1厘米。这意味着每年从白崖上落下的沉积物体积大约为 10 km × 1 km × 1 cm = 100 000 m³。分布到全世界的海洋中，相当于海平面上升 100 000 m³ / 360 000 000 000 000 m² = 0.000 000 000 3 m，也就是3埃，正好是一个水分子的大小。所以，非常近似地说，白崖侵蚀导致全世界海洋的海平面每年上升的高度大约是一个水分子的高度。

费米估算不仅适用于科学问题，还为我们思考社会问题提供了一种强有力的方式。举个例子。2016年年底，福克斯新闻频道的《福克斯和朋友们》栏目报道了美国的食品券欺诈，并认为这可能会导致食品券计划（现在称为SNAP计划）被取消。报道称，食品券欺诈达到了历史最高水平，美国农业部的统计数据显示，2016年食品券欺诈造成了7 000万美元的损失。

7 000万美元！哇，那可是一大笔钱啊。听起来这个计划执行得太糟糕了，对吧？考虑到我们正在把政府资金浪费在"包括州议员甚至是百万富翁在内"的骗子身上，也许有必要取消这个计划吧？

好了，费米估算现在可以派上用场了。首先，你可能不知道食品券计划覆盖面有多广，但可以估计大约有10%的美国人需要食品券——或者至少是接近10%，而不是1%或100%。（实际上这个比例约为15%。）其次，你可能知道美国大约有3亿人口。也就是说，大约有3 000万人需要食品券。实际的数字约为4 500万，我们的估计与费米估算的要求非常接近。

如果你不熟悉美国的食品券计划，你可能不太清楚每年付给每名领券人的补助金平均金额是多少。不过，你还是可以猜出它更接近1 000美元，而不是100或10 000美元。（实际上，平均每人1 500美元。）

至此，你获得的信息已经足以让你看出福克斯的观点有什么问题。根据你的费米估算，美国在食品券计划中投入了大约30 000 000人 × 1 000美元/人 = 30 000 000 000美元（300亿美元）。这意味着欺诈造成的损失所占比例为70 000 000美元 / 30 000 000 000美元 = 0.002 3，即大约0.2%。如果根据实际的年度支出计算，这个比例大约也就0.1%，但你的费米估算已经足够让你了解情况了。即使食品券计划真的有明显低效的问题，也肯定不是欺诈。这些数字会让任何零售商羡慕不已，因为零售业的"损耗容许量"（欺诈、入店行窃、员工盗窃等）通常占销售额的1%~3%。

根据《福克斯和朋友们》的报道，我们不知道有欺诈行为的领券人平均每人骗取了多少钱，但即使单次SNAP欺诈行为骗取的金额超过付给合法领券人的补助金平均金额，有欺诈行为的人在全体SNAP受益人中所占的比例也极小。为了保护自己不受1个骗子的伤害，让999人挨饿，只有过于苛刻的人才会这样做。

这个故事还有一个有趣的续篇。事实证明,《福克斯和朋友们》报道的欺诈造成的损失达 7 000 万美元这个数字是不正确的,美国农业部在这则报道发表后不久就要求更正。有趣的是,福克斯报道的数字不是太高,而是太低了。例如,美国农业部估计,2009—2011 年,仅某一种形式的欺诈(领券人将领取的食品券卖给零售商以换取现金)每年就造成约 9 亿美元的损失。这个损失率没有超出零售业的正常范围。

就算你一定要凭空捏造一个数字,也一定要捏造一个真的可以支持你的观点的数字。

5. 避免证真偏差

极端言论在社交媒体上很受欢迎,那些再一次确认我们本来就相信的事实的帖子也是如此。这就给我们带来了辨别胡扯的又一条经验法则:避免证真偏差。证真偏差是指人们往往会注意、相信和分享与我们已有信念相一致的信息。如果某个言论与我们相信的东西相一致,我们更倾向于接受它,而不太可能怀疑它的真实性。我们对证真偏差的易感性可以用社会学家尼尔·波兹曼的那句名言加以概括:"在任何时候,你必须与之抗争的胡扯主要源于你自己。"

证真偏差也是互联网上错误信息泛滥的一个重要因素。为什么要对你"知道"的事情进行事实核查呢?我们再看一个来自社交媒体的例子。本书作者有很多朋友和同事都犯了例子中的那个错误。

无论是在学术界还是产业界,推荐信都是招聘委员了解求职者的一个重要渠道。研究表明,在性别上的陈旧认识和偏见通常会影响经理写给员工的、教授写给学生的以及诸如此类的推荐信。例如,如果申请人是女性,写信人更有可能在评估时闪烁其词,更有可能提到申请人的个人生活，而不太可能描述她的其他优点。推荐信中的性别差异可能是学术界和产业界性别不平等的部分原因。

因此，本书作者的一个朋友在推特上描述了一项与这个现象有关的研究。为了查看是否存在系统性偏见，这项研究的作者分析了近900封化学和生物化学教授职位推荐信的文本：

与男性相关的词语　　　　　　与女性相关的词语

图 10-2

我们这位朋友的推文暗示，这项研究发现写信人在描述男性和女性申请人时存在巨大的系统性差异。从他分享的图片来看，写信人在描述男性时似乎会使用与卓越性和研究能力相关的词语，而在描述女性时则会使用与勤奋、团队合作和教学相关的词语。如果这是真的，这将对招聘过程产生巨大的影响。

这条推文显然触动了人们的神经，被转发了2 000多次，部分原因是它抓住了很多人每天都在经历的事实。学术界确实存在性别偏见，男性在很多方面都比女性占优势。既然这条推文证实了我们之前对性别偏见的看法，我们为什么还要怀疑它呢？首先，我们一直在努力训练自己避免让真偏差。我们希望自己能做到高度谨慎，敢于质疑与我们对这个世界的既有认识相一致的言论，比如这条推文。其次，这条推文违反了我们之前介绍过的一条规则：如果一句话听上去似乎糟糕得不像是真的，那么它很可能就不是真的。推文中显示的模式非

第 10 章　辨别胡扯　293

常明显。从上图看,用于男性的词语几乎都与优秀或卓越有关,而用于女性的词语几乎都与团队合作或勤奋有某种关联性。根据我们的经验,基于人类行为的模式往往有很多噪声。在用来描述男性或女性申请人的词语中,我们预计会看到偏向某一方面的普遍趋势,但我们同时还预计它们会有一些交叉。

为了验证这条推文,我们一直追溯到了最初的那篇研究论文。虽然推文暗示对男性和女性的描述存在惊人的差异,但论文给出的是与之相反的结论:

> 目前的研究结果表明,写给男性和女性申请人的推荐信总体而言相似性大于差异性。男性和女性申请人具备的条件难分高低,他们的推荐信反映了这个特点。写给女性的推荐信也包含同样积极的词语,同样强调能力、成就和研究。

那么,那幅图是怎么回事呢?为什么会让人留下大不相同的印象呢?答案很简单:那幅图表示的是这项研究的假设,而不是结果。

我们的那位朋友没搞清这个问题。推文中被标记为男性相关的词语是研究人员挑选的"与杰出有关的词语"[杰出(exceptional)、令人惊叹(wonderful)]、"与研究有关的词语"[数据(data)、发表(publication)]和"与能力有关的词语"[才华横溢(talented)、熟练(skilled)]。被标记为与女性相关的词语包括"与勤恳工作有关的词语"[值得信赖(dependable)、勤奋(hardworking)]和"与教学有关的词语"[沟通(communicate)、指导(instruct)]。研究人员假设,写信人在给男性写推荐信时,会使用更多的与杰出有关的词语、与研究有关的词语和与能力有关的词语,而在给女性写推荐信时,会使用更多与勤恳工作有关的词语和与教学有关的词语。他们发现,与能力、研究、教学和勤恳工作有关的词语在写给男性和写给女性的推荐信中出现的频率相差无几。只有那些与杰出有关的词语出现的频率有所不同。所以，推荐信的文本可能会有一些性别差异，但不是推文所暗示的那种差异和程度。

6. 考虑多个假设

在这一章中，我们主要讨论了如何辨别以不正确的事实这种形式出现的胡扯。但胡扯还会以曲解正确陈述的形式出现。我们必须认识到，仅仅因为某人对某种现象给出了一种解释，并不意味着这就是对该现象的正确解释。

2018年5月，电视名人罗斯安·巴尔在推特上发布了一条种族主义信息。在引发怒火之后，巴尔道歉，并把她的行为归咎于安眠药安必恩。但是已经太迟了，迪士尼旗下的ABC电视网（美国广播公司）砍掉了她的情景喜剧，尽管这个节目重启后创下了收视纪录。

不管人们怎么看待巴尔、种族主义、推特或安必恩，接下来发生的事情都很有趣。路透社这个重要的新闻通讯社在推特上报道："最新消息：在ABC停播《罗斯安家庭生活》之后，迪士尼公司的股价下跌了2.5%。"路透社说迪士尼的股票在那天下跌了2.5%是对的，但是这个标题暗示停播《罗斯安家庭生活》在某种程度上导致了股价下跌。这是不可能的，因为股价下跌2.5%发生在宣布停播《罗斯安家庭生活》之前，而不是之后。事实上，那天上午股市整体大幅下跌，迪士尼的股价在下午早些时候的停播公告发布之前就已经下跌了2.5%。

这个例子有力地证明了"如果某个东西糟糕得不像真的，那它很可能就不是真的"这条法则。迪士尼是一家规模庞大的企业集团，而《罗斯安家庭生活》不过是一档情景喜剧。迪士尼的2017年营收约为550亿美元。2018年,《罗斯安家庭生活》第十季的收入约为4 500万美元。一个仅为迪士尼贡献0.1%收入的系列片被停播,怎么会导致股价下跌2.5%呢?这个说法连最基本的可信性检查都无法通过。

路透社这条推文的问题在于,如果你提到了一个令人感兴趣的现象(迪士尼股价下跌2.5%),并且对这种现象给出了一个可能的解释(《罗斯安家庭生活》停播),你传递的信息就会显得很有说服力。事发当时,巴尔的种族主义推文是与迪士尼股票相关的最具社会意义的事件——电视评论员、报纸专栏作家和社交媒体帖文作者都对她在这条推文中写的内容以及因此面临的后果表示强烈不满,但这并不意味着这一事件是对股价下跌最合理的解释。

关键是在绝大多数情况下,对于任何特定模式或趋势都有多种可能的解释,仅仅与数据保持一致并不能保证某个解释就是正确的。有时,我们看到的那个解释可能是正确的,但它只解释了其中很小一部分原因。有时,我们看到的解释可能是完全错误的,与真正的原因毫无关系。

为了避免被这些看似合理但不正确的解释蒙蔽,在理解任何趋势、模式或事件时,我们应该尽可能多地考虑不同的解释。

辨别网上的胡扯

我们在第2章描述了社交媒体是如何改变新闻传播方式的(包括真实的和虚假的新闻)。在判断哪些内容值得在脸书、推特或其他平台上分享时,我们其实正在扮演专业编辑曾经扮演的看门人角色。我们不仅自己会被网上的错误信息蒙骗,还经常心甘情愿地成为传播它的工具。因此，当胡扯出现在互联网或社交媒体上时，我们要善于发现它，这一点尤为重要。在结束本章之前，我们对本书就如何辨别网上错误信息提出的建议做一个小结。这些建议有的听起来很简单。尽管如此，它们都有很好的提示作用。我们还发现，我们必须持之以恒地培养自己的思维习惯，掌握下面这些技巧。

1. 证实和三角互证。如果你遇到令人惊讶的言论或戏剧性的新闻报道，而且发现它们来源不明，就应该使用搜索引擎看看你是否能从其他来源找到同样的言论。如果没有，那就非常可疑。即使一家新闻机构发现了一条独家新闻，在它第一个报道之后，其他报纸也会迅速跟进。一定要确保报道这件事的人有可靠的消息来源。造谣活动可能会在不可靠的媒体植入同一条假消息的多个不同版本。

2. 注意信息来源。如果你发现街上有一块糖果，你不会捡起来吃掉，也不会与你的朋友分享它。没有来源的信息也一样。很多时候，我们不认识的人在社交媒体上发布了一个趣闻、统计数据或数据图表后，尽管没有列出来源，我们还是分享了它。

3. 追溯消息的最初来源。这需要时间和努力，但如果你想避免传播虚假信息，付出一些努力是值得的。不要仅看新闻标题或推文，要阅读完整的新闻报道。如果发现新闻报道来自一个经常耸人听闻的渠道，溯源工作不要就此打住。继续挖掘新闻报道涉及的第一手的文章或报道，或者在深入挖掘之后自行研究挖掘到的那些数据。

4. 使用反向图像搜索。一些搜索引擎提供了反向图像搜索服务，你上传一张图片或视频中的几个画面，搜索引擎会告诉你在网上的什么地方可以找到该图片或该视频。[8]这是网上没有充分利用的事实核查工具之一。如果你怀疑某个推特或脸书账户，那就查证一下它的个人资料照片是否来自图库网站。

5. 注意深度换脸等合成技术。互联网上的陌生人可能是身处任何地方的任何人。但是，尽管我们已经学会不信任用户名本身，我们仍然容易受到照片的影响。在过去，照片是证明存在的很好的证据，但现在已经失去了这个功能。所谓的深度换脸技术可以生成不存在的人的逼真图像。目前，通过练习我们仍然可以辨认出这些图像。要想学会辨认的方法，可浏览我们的网站：http://whichfaceisreal.com。用不了多久，这些赝品就很难被识破了，所以要记住，即使有人出现在"照片"中，他或她也可能不是真人。

6. 利用事实核查组织。如果在网上看到了不合常理的消息，可以访问事实核查网站确认其真伪，比如Snopes.com、PolitiFact.com或FactCheck.org。如果这些网站没有记录这条消息，可以请他们进行事实核查。有了你这样的用户，他们才有可能知道需要验证或戳穿哪些消息。

7. 确保你知道你在和谁打交道。就像其他网络诈骗者一样，假新闻制造者会花样百出，让他们提供的信息显得更加真实可信。通过精心设计，假新闻可能会让人觉得是一家大型报纸或电视台发布的数百条新闻中的一条，但如果你再深入挖掘，就会发现这家报纸或电视台根本不存在。另一种情况是，假新闻传播者可能会在社交媒体上发布一个链接，配有"在cnn.com上查看这篇报道"或诸如此类的文字，但这个链接实际上会把你引向另一个域名，上面的页面看起来像CNN。注意你要访问的网址。骗子经常选择容易误读的域名。虽然看起来很相似，但abc.com.co并不是abc.com，faceb000k.com不是facebook.com。这样的网站数不胜数，它们都会想办法让自己显得真实可信。有时候，假新闻网站的广告看起来像是来自有一定声誉的商家，但实际上是把你送到骗子网站的陷阱。

8. 考虑网站的历史记录。怎么知道一个网站是可靠的呢？查一查该网站是否曾被认为是制造和推广假新闻的来源。维基百科经常提供媒体机构的概述，你可以从这里开始查询。任何人都不可能一直不犯错，所以看看该网站是否发布更正信息。该网站是否经常思考在获取真相时面临的挑战？

9. 注意真相错觉效应。看到某个东西的次数越多，你就越有可能相信它。在研究假新闻和包藏祸心的信息时，我们非常重视这一点。我们知道，假新闻会让人迷失方向，所以要小心。注意不要因为经常看到某个东西就相信它。

10. 减少信息摄入。休息一下，一天发几次呆，在"华丽错过"时能做到怡然自得，而不是为错过的东西焦虑不安。这会增强你在网上以怀疑的眼光处理信息的能力。

最重要的是，使用社交媒体时，一定要记住"多思考，少分享"这句箴言。社交媒体不仅信息量大，还可以加快我们互动的速度，因此有可能让我们上瘾。但作为负责任的公民，我们必须让我们的信息环境尽可能地保持洁净。在过去的半个世纪里，人们已经学会了不在州际公路边上乱扔垃圾。在信息高速公路上，我们同样应该约束自己。上网时，我们不能再像以前那样随手把垃圾扔出车窗，然后一头扎进匿名的黑夜。

第 11 章

驳斥胡扯

在本书开头，我们定义了胡扯，讨论了胡扯在我们进化史中的深层起源，并解释了在今天的数字环境中胡扯能迅速扩散的原因。我们研究了各种形式的胡扯（尤其是数量形式的胡扯）以及如何检测它们。到目前为止，本书可以叫作《辨别胡扯》。但我们选择现在这个书名，是因为要解决当前胡扯泛滥的问题，需要的不仅仅是看清它的本质，还要照亮所有角落，让胡扯无所遁形，增加胡扯传播的难度。

我们对当面指斥胡扯做如下定义：

当面指斥胡扯是拒绝接受令人反感的东西时使用的施行话语，适用范围并不仅限于胡扯。我们既可以在面对胡扯时当面指斥，也可以在面对谎言、背叛、诡计或不公正时斥之为胡扯。

这一定义借鉴了语言哲学讨论的施行话语的概念。当我们思考语言的目的时，我们通常会思考如何使用语言，以完成关于我们自己或关于周围世界的陈述。"我很伤心。""下一班公共汽车7点30分才来。""多年以后，奥雷连诺上校站到行刑队面前时，肯定会想起父亲带他去看冰块的那个遥远的下午。"[1]

语言还可以用来发布命令："住手！""空乘人员，准备降落。""当孝敬父母，使你的日子在耶和华你神所赐你的地上得以长久。"

在《如何以言行事》一书中，哲学家奥斯汀指出，利用言语还可以做另外一类事情。在适当的语境下，有些话语更应该被视为行动，而不是在表述某个命题。这些话语叫作施行话语。"我封你为骑士。""我把这艘船命名为贝格尔号。""我愿意（接受这个男人为我的合法丈夫）。""我谨庄严宣誓，我决心维护和捍卫合众国宪法，防止被国内外一切敌人侵犯。"在说这些句子时，说话者不仅仅是在报告其行为，而是以说话的方式实施自己的行为。奥斯汀称这些句子为施行话语，因为说话者通过说出这个句子来实施某种行为。

施行话语是陈述而不是疑问。主语通常是"我"，用的是现在时而不是过去时或将来时："我辞职"而不是"我辞职了"或"我将要辞职"。总而言之，如果你喜欢，那么你可以理解为施行话语往往使用第一人称单数和指示性、正面的现在时态。除了语法上的线索，在上下文没有明显线索时，甚至还可以使用英语中的一个有点儿古老的词，"hereby"（特此）来标记施行话语。我们不会大叫"我特此要求坐副驾驶座"，但是"hereby"这个词在法律语言中仍然比较常见，它表明法律文件代表正式的行动或承诺："我特此接受该协议。""我特此放弃对该份财产的全部权利。""我特此声明，就我所知及所信，以上所提供的详细资料均真实无误。"

当面指斥胡扯本身就是施行话语——这一点对于理解"面对某个论断斥之为胡扯"的含义很重要。如果我把你说的话斥之为胡扯，那么我不仅仅是在说我持怀疑态度，同时也是在明确（通常也是公开地）表示我的怀疑。为什么这很重要？施行话语不是闲言碎语，而是强有力的行为，必须谨慎使用。当面指斥胡扯也一样。当面指斥胡扯不能过于随意——但是如果能做到，在必要时也无须犹豫。

我们相信，如果需要对付的胡扯再少一些，这个世界会更美好。

正如具有传奇色彩的记者和政治评论员沃尔特·李普曼在一个世纪前指出的那样,"如果一个社会缺乏识破谎言的手段,就无自由可言"。当面指斥胡扯对社会群体的健康运转至关重要,无论这个社会群体是朋友圈、学术圈,还是一个国家的公民。任何团体有时都会接受错误的想法。面对错误想法,必须坚定地公开拒绝。但是在斥之为胡扯时,要做到负责任、有礼有节。这不是自相矛盾。本书两名作者每天都在当面指斥对方胡扯。我们明白当面指斥胡扯的针对目标是想法,而不是人。我们知道自己有时也会制造胡扯。我们已经学会在被当面指斥胡扯时有风度地接受并承认自己的错误。

辨别胡扯是私下里的活动,当面指斥胡扯则是公开行为。能辨别胡扯,就能使自己免受其害;能当面指斥胡扯,就能让周围的人都免受其害。当然,不是每个人都能坦然地当面指斥胡扯,这也没关系。此外,我们发现某些文化不太愿意接受这种做法。有许多方法可以让我们不用做出头的椽子,就能帮助这个社会减少胡扯的数量。你可以学会辨别胡扯,避免自己受到误导;你可以学会约束自己,不再制造胡扯;你还可以学着避免分享胡扯。不过这些方法,我们都已经讨论过了。有的人性子比较急,所以下面我们就告诉你如何有效且恰当地当面指斥胡扯。

如果在当面指斥胡扯时过于随意,就有可能让路人变成敌人,让友人变成路人。因为当面指斥胡扯是施行话语,所以你自己首先必须正确。人们鄙视伪君子,如果自己一派胡言,反而指责别人胡扯,那就变成了最虚伪的伪君子。如果你咄咄逼人、吹毛求疵,那就更糟糕了。坚定的怀疑论者和专横的浑蛋之间只有一线之隔。千万不要让自己走到错误的一边。

为什么我们要等到最后一章才讨论如何当面指斥胡扯呢?要辨别胡扯,你需要培养我们在前10章介绍过的所有的技能和思维习惯。

你必须清楚地知道困惑会让我们掉进哪些陷阱，困惑源于何处，数字、数据可视化和大数据存在哪些可能的滥用方式，以及胡扯是如何渗入大众媒体和科学文献的。当面指斥胡扯似乎比较容易，只需要张张嘴或者敲几下键盘就完事了。但仅仅说出来是不够的。为了有效地当面指斥胡扯，你需要知道如何成功地反驳。正确的方法不仅取决于你要反驳的胡扯类型，还取决于你希望说服的对象。要说服你的孩子、国会议员、飞机上遇到的陌生人或有统计学背景的科学家，方法多变或许才能取得最佳效果。

现在我们来谈谈如何驳斥胡扯。其中的很多方法应该是大家所熟悉的，我们在这本书中一直演示这些方法。

使用归谬法

在2004年的夏季奥运会上，尤丽娅·内斯特连科以10.93秒的成绩获得女子百米短跑冠军。这不是奥运会纪录，但比70年前的女子纪录快了2秒多。

这个在较短时间里实现的大幅提升让两名研究人员受到了启发，于是他们在《自然》杂志上发表了一篇短新闻。通过比较男女短跑运动员的成绩，他们发现，在过去几十年里，女子短跑运动员与男子短跑运动员的差距一直在缩小。男子运动员的成绩在进步，但女子运动员的成绩进步得更快。这两名研究人员问道：我们能预料到将来会有什么变化吗？根据冠军用时变化模型，两位作者预测到2156年奥运会，女子运动员就会跑得比男子运动员快。

也许有一天女子运动员的速度真的会超过男子运动员，但这一分析并没有提供令人信服的理由。作者的结论是基于一个过于简单的统计模型得出的。

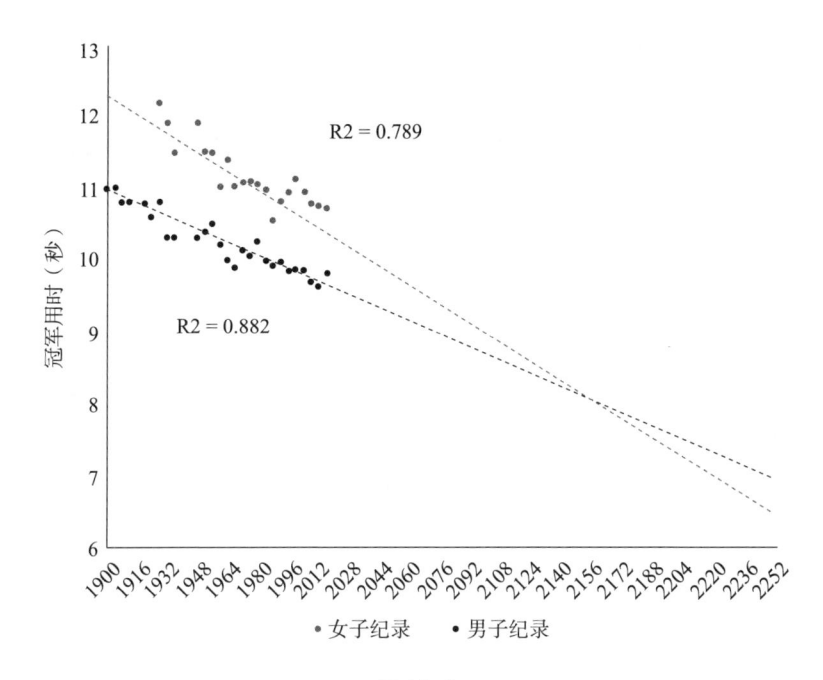

图 11-1

如上图所示，研究人员利用女子冠军用时和男子冠军用时分别拟合了一条直线。如果你用这个模型来估计未来的冠军用时，就会发现它预测女子运动员将在2156年超过男子运动员。该模型预测，到2156年女子百米冠军用时大约为8.08秒，而男子冠军用时大约为8.10秒，略逊于前者。

当然，女子和男子运动员都将继续打破纪录。不过，这个模型有一些明显的错误，包括得克萨斯州一所中学在校学生在内的许多读者都发现了，并给《自然》杂志写信反映了这个问题。我们最喜欢的信来自生物统计学老师肯·莱斯（"统计"一词是重点）：

先生：A. J. 泰特姆和同事估计，到22世纪中叶，女子运动

第 11 章 驳斥胡扯 307

员就会跑得比男子运动员快(《自然》杂志431 525;200410.1038 / 431525a)。但他们没有提到（根据他们的分析）一场更有趣的比赛将在大约2636年进行,因为他们会记录到低于零秒的用时。作者可能还希望解决在其间的600年里计时和基础统计教学这两个领域明显将面临的难题。

这封信既幽默又有效。在信中,莱斯采用了我们最喜欢的反驳策略之一：归谬法。这个至少可以追溯到亚里士多德时代的方法,利用对手的假设推导出荒谬的结论。在利用归谬法进行反证的过程中,莱斯使用了这篇《自然》杂志论文中的模型和方法。他利用同样的模型推导更遥远未来的情况,得出了一个荒谬的结论：到这个千年的后期,短跑运动员将在负时间跑完百米。显然这是不可能的,所以我们应该对该论文的其他令人惊讶的结果持怀疑态度,比如在冠军用时上预测将出现的性别逆转。

这里的另一个教训是,在选择模型类型时要小心。一个模型有可能经受得住所有正式的统计模型拟合检验,但是,如果它不能说明真正的生物学原理（本例中的模型不能说明任何生物奔跑速度都有生理极限）,我们在得出结论时就必须小心。

要让人难以忘记

功能磁共振成像技术（fMRI）使神经科学家能够探索哪些大脑区域参与了哪些认知任务。研究人员观察了玩电子游戏、性爱、听音乐、锻炼或对其他刺激做出反应时大脑的哪些部位最活跃。典型的研究会比较有问题的病人和没有问题的对照组的fMRI图像,并思考为什么大脑的某些部分亮度有所不同。

这种测量神经元活动的技术在神经科学上留下了浓墨重彩的印记。但是，用于检测大脑活动差异的软件必须对如何评估这些结果的统计学意义做出假设。最近的一项研究表明，这些假设有时会让差异看起来比实际更显著。虽然科学家对这个问题的严重性并没有达成一致意见，但有些人认为这个问题已经严重到足以对几千篇论文中的结果提出质疑。

在这些统计问题暴露之前的几年里，一个在神经科学会议上展示的学术墙报用反证法对fMRI技术提出了令人难忘的批评。知道这个墙报的标题是什么吗？《通过死大西洋鲑鱼研究人类神经活动：论多重比较校正的重要性》。你没看错：一条死鲑鱼。

作者从一个故意为之的愚蠢实验，开始了他们的归谬证明。他们先将一条死去的大西洋鲑鱼放入功能磁共振成像仪中，然后向这条不幸的鲑鱼询问研究人员通常会问人类受试者的那些问题，同时测量这条死鱼的大脑活动。在随后的研究论文中，他们对该研究进行了如下描述：

> 这条鲑鱼长约有18英寸，重3.8磅，在扫描时已经死亡。不清楚这条鲑鱼是雄性还是雌性，但考虑到这条鲑鱼已经死亡，这并不是一个关键的变量……研究人员向这条鲑鱼展示了具有特定情绪效价（社会包容性或社会排斥性）的人类个体在各种社交环境下的一组照片，然后要求这条鲑鱼判断照片中的人所经历的情绪。

这真是太棒了。我们得到了一位研究人员的亲口确认，他们真的跟那条死鱼交谈过，还给它看了人们在不同社交环境中的照片。结果令人震惊。当鲑鱼被问及人们的情绪时，它的脑干的几个区域表现出来的活跃性高于它在"休息"时的活跃性。(我们只能想象,如果这条鲑鱼被问及鲑鱼的情绪,这些区域会多么明亮。)如果这些数据来自一项更严肃的研究,研究人员可能就会得出结论,这个脑干区域参与了处理情绪。但在这个例子中,这些发现突出说明了fMRI研究中假阳性的风险。

作者以最令人难忘的方式总结了他们取得的结果:

要么是我们在死鱼认知方面偶然取得了一个惊人的发现,要么是我们未经修正的统计方法出了问题。

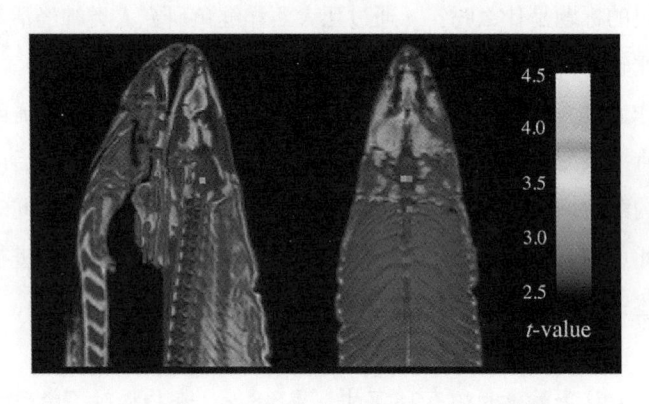

图 11-2

在鲑鱼研究之后,又出现了许多技术含量更高但趣味程度较低的研究文章,进一步剖析了这个问题,估计了它的严重程度,并提出了解决方案。这些研究对该领域的发展至关重要,但在提请人们注意这个基本问题方面,没有一项能取得像最初的鲑鱼研究那样的效果。幽默并不是归谬法的必要条件,但如果妥善地结合使用,就会取得非常好的效果。它令人难忘,可以通过非正式的对话快速地传播一些理念。

寻找反例

圣菲研究所（SFI）是一个独立的科学研究中心，坐落在新墨西哥州圣菲市的桑克累得克利斯托山脚下。[2]来自物理学、生物学、经济学、社会学、计算机科学、数学和其他学科的科学家在这里济济一堂，一起学习、思考、利用下午茶时间交流想法。这是一种鼓励和支持创造性宏观思维的环境，但严谨也是必不可少的。前来研究所的访问者从不介意指出逻辑上的错误或推理上的漏洞。

我们曾经在圣菲研究所的免疫系统研讨会上听到了一个非常棒的反例。与会的一位对免疫系统略有了解的物理学家创建了一个免疫系统的数学模型。在发言时，他对模型进行了描述，然后强调它意义重大。他说，类似于人类免疫系统的东西不仅可以对付病原体，而且是不可或缺的。据他预测，要在病原体泛滥的环境中生存，像人类这样的长寿多细胞生物离不开具有某些独特特征的免疫系统。例如，该模型表明，长寿生物需要有能够检测病毒感染的细胞，还要有能够产生各种抗体的细胞。这些抗体是随机产生的，如果它们与入侵的病原体相匹配，就会被选中，然后增生。乍一看，这种说法似乎很有道理。不仅如此，它还得到了奇妙的数学过程的支持！

房间里的一位免疫学家似乎并不相信。在这个时候，通常会有人举手质疑数学模型的假设或要求澄清分析，随后就是广泛的技术讨论，经常还会在数学过程的细节上产生分歧。这位有着数十年设计和实施实验的经验、阅读和评审过数千篇论文、向大学生讲授过免疫学课程的免疫学家另辟蹊径，问了一个只需要接受过生物学基础教育就能回答的问题。他举起手问演讲者：“你怎么解释树呢？”

树是多细胞生物，而且肯定寿命很长。据大多数人说，怀特山脉的狐尾松是地球上最古老的生物。不过，虽然树有免疫防御，但它们几乎没有发言人所说的让大型生物长时间存活所必需的特征。

树这个反例具有毁灭性的效果，继续谈论或提问基本上已经没有任何意义了。发言人和听众还不如早点儿结束，然后拿一些随时备好的美味饼干和咖啡。

归谬法也许很有趣，也很有效，但是没有什么比一个简单的反例更能彻底驳倒似是而非的论点了。如果有人声称A意味着B，那就找一个A为真而B不为真的例子。在本例中，A是大型长寿多细胞生物，B是适应性免疫系统。树可以归为A，但没有B，因此A并不意味着B。[3]

我们需要勤加练习，才能用好反例证明。像树这样干净利落的反例并不多见。就算你真的找到了好的反例，也不能咄咄逼人。如果对方态度认真，没有恶意，那么在驳斥对方的论断后，还应帮助他振作起来。人都会犯错。希望你的反例能让对方有所启发，帮助他提高分析质量，并在将来提出更有力的论断。

使用类比

像许多大城市一样，西雅图面临严重的交通问题。每天有近40万辆汽车进出这座城市，而老化的基础设施根本无法应付如此庞大的交通流量。更糟糕的是，西雅图是美国人口增长最快的城市之一。由于城市两边临水，因此人口增长的表现形式是人口密度增加而不是人口向外扩张。

美世街附近的南湖联盟是一个问题特别严重的地区。在这块一度沉寂的土地上，汽车修理店和当地的小公司已经被高耸入云的现代建筑所取代，亚马逊迅速扩张的总部和多家科技公司就藏身于这片钢筋混凝土森林之中。拥堵严重时，从"美世街大拥堵"脱身进入州际公路就可能需要大半个小时。几年前,该市决定投资7 400万美元来改善这个地区的交通情况。当建设完成,道路重新通车后,交通办公室开始测量车辆通过时间。结果表明,改造没有取得预期效果。一家当地电视台报道称:"耗费7 400万美元之后,美世街通过时间减了2秒。"言外之意很明显:纳税人的钱再一次被无度挥霍。

果真如此吗?的确,从司机个人的角度来看,通过时间并没有减少多少。但是想想为什么会这样。首先,在这个地区工作的人数增长得比美国几乎所有地方都要快。如此多的人口迅速涌入,仅仅保持通过时间不变就是一项巨大的成就。其次,大城市的交通模式可以自行有机调整。如果一条路线通行速度明显加快,车辆就会从附近路线转向这条路线,直到所有路线的通过时间达到平衡为止。如果你增加一条路的通行能力,这条道路的通行速度可能只会加快一点,因为好处会分摊到整个交通网络中。

美世街似乎遇到了同样的情况。现在,每天通过美世街的汽车比改造项目之前多了3万辆,而通过时间一点儿都没增加。标题应该改成《西雅图道路改造工程竣工后,每年通行人次或可增加1 000万,而通过时间没有增加》。在衡量该项目效益时,我们还需要考虑该地区所有路线改造项目产生的影响。

在我们推出当面指斥胡扯课程后不久,我们应邀前往当地的一家新闻电台讨论美世街的交通状况。为了强调只衡量通过时间而忽略日通行人次是愚蠢之举,我们举了一个可以让西雅图地区的观众产生共鸣的类似例子。2010年年初,西雅图水手棒球队以7 800万美元的价格与王牌投手菲利克斯·埃尔南德斯续签了合同——这相当于美世街大拥堵改造工程的成本。但水手队的平均打击率从2009年的0.258下降到了2010年的0.236,全垒打次数也从160下降到了101。当地电视台完全可以在新闻标题中发牢骚:"水手队用7 800万美元签下了菲利克斯·埃尔南德斯，但2010年球队的打击率下降了"。这个说法没有任何错误，但作为新闻标题显然非常荒唐，因为它把两个不相干的事实结合到了一起。打击率的下降与埃尔南德斯无关。投手大约每5局才出场一次，他们不会在美国联盟的比赛中充当击球手；最重要的是，签下他们不是因为他们有高超的击球技术。把埃尔南德斯的合同和球队2010年的击球表现联系到一起，就是在暗示他的薪水被浪费了，因为他没有提高球队的平均打击率。这听起来很荒谬，因为通过时间并没有明显减少就暗示美世街改造工程是一种浪费，与前者并没有太大区别。两者都是利用一个不相关的指标来评估一个西雅图机构的7 000多万美元投资项目的回报。

我们经常使用类比，因为类比有助于我们在遇到乍一看似乎合理的论断时重新理清它的来龙去脉。将不熟悉的情况与听众易于理解的例子进行类比，就是在鼓励他们相信自己的批判性思维能力。例如，在谈到疫苗怀疑论者对流感发病率下降1个百分点不屑一顾时，我们用另一种人们理解而且愿意接受的现代安全创新做了类比：安全带。我们告诉听众，他们可以针对安全带提出一个与流感疫苗差不多的论断。家长们可能会觉得无法判断疫苗的风险，但安全带是他们习以为常的事物。

重新绘制图表

在第7章中，我们探讨了准确数据可能产生误导性效果的几个原因。虽然我们可以指出图表设计者使用的那些技巧，但要驳斥图表留给我们的错误印象，最有效的方法是用更合适的方式重新绘制图表。

我们在第7章就看到了这样一个例子：《国家评论》在推特上推

介的"从现在开始你唯一需要的全球变暖图"。图表设计者使用小图,并将温度范围设置为零下17摄氏度到43摄氏度,因此过去几十年里气温升高2摄氏度这个变化就变得没有那么明显了。《华盛顿邮报》在重新绘制这幅图时使用的是完全相同的数据,但他们将图放大了,使图上显示的是更加适合的温度范围。结果,这幅图清晰地显示了气温上升情况,传递出大不相同的信息。

2013年,互联网新闻网站Quartz在讨论苹果首席执行官蒂姆·库克的苹果手机(iPhone)销售报告时就使用了这种方法,取得了非常好的效果。下面是库克给出的图表:

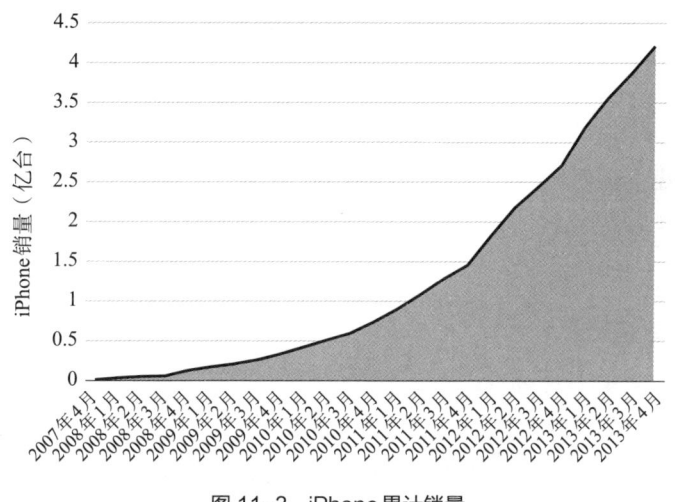

图 11-3　iPhone累计销量

这幅图看上去很能说明问题。随着iPhone的累计销量不断攀升,苹果似乎正在用iPhone征服世界。但是,累计销量肯定会上升,它不可能下降!这幅图隐藏了一个事实:至少在库克发表演讲之前的两个季度,iPhone的季度销量在下降。

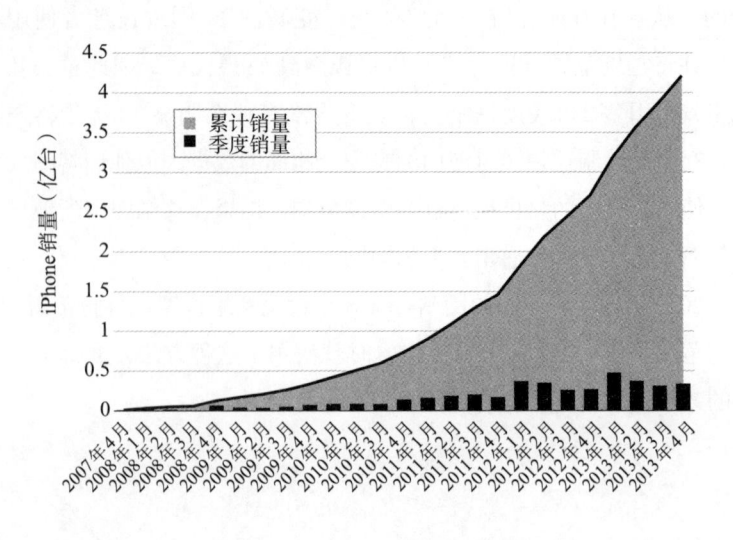

图 11-4　iPhone累计销量

通过重新绘制图表并显示季度销量，Quartz成功地找出了原线形图中隐藏的信息。

使用零模型

我们的身体机能在二三十岁时达到巅峰，随后我们在大多数体力和认知任务上的表现就会开始下降。生物学家称之为衰老过程。

在卡尔参与编写的进化生物学教科书中，为了说明这个令人伤心的事实，他用下图表示各种田赛项目世界纪录与年龄的关系。图中显示了男子100米、1 500米、10 000米的世界纪录保持者的平均速度，所有速度都经过标准化处理，世界纪录对应的速度为1.0。

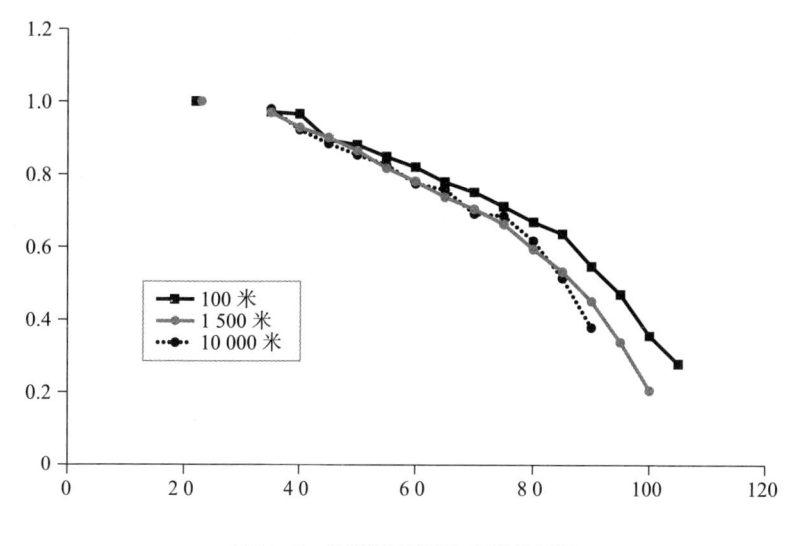

图 11-5 世界纪录速度与年龄的关系

在进化与医学课堂上,卡尔向学生们展示了这幅图。他说本图旨在说明人类的身体机能会随着年龄增长而下降,然后让他们花几分钟思考一下这个论据是否有问题。他预料学生们会提出一些反对意见,例如这些都是世界上最优秀的运动员创造的世界纪录,上图中的身体机能曲线可能不代表我们其他人身上发生的变化。[4]

然而,卡尔没有预料到的是,他的一个学生竟然指出了一个他从未想过的问题。在赛跑选手中,二三十多岁的人比七八十岁的人要多得多。你取样的跑步者越多,预期的纪录时间就越短。这个说法完全正确。与1 000人样本中跑得最快的人相比,在100万人样本中跑得最快的人很可能跑得快得多。[5] 即使跑步者没有随着年龄的增长而速度变慢,仅仅因为样本容量的变化,我们可能会看到同样的速度下降的趋势。因此,卡尔的这幅图并没有为衰老提供令人信服的证据。

我们可以创建一个零模型来说明这名学生提出的问题。零模型本身非常简单，没有错综复杂的关系，因此有助于我们理解观察结果。在本例中，我们可以利用计算机模拟，创建一个年龄不会影响跑步速度的虚拟世界。这样，我们就能看出，在只有老年跑步者人数较少这一个因素的影响下，我们能否观察到身体机能呈现出同样的下降趋势。我们可以用图11-6表示我们观察到的结果。

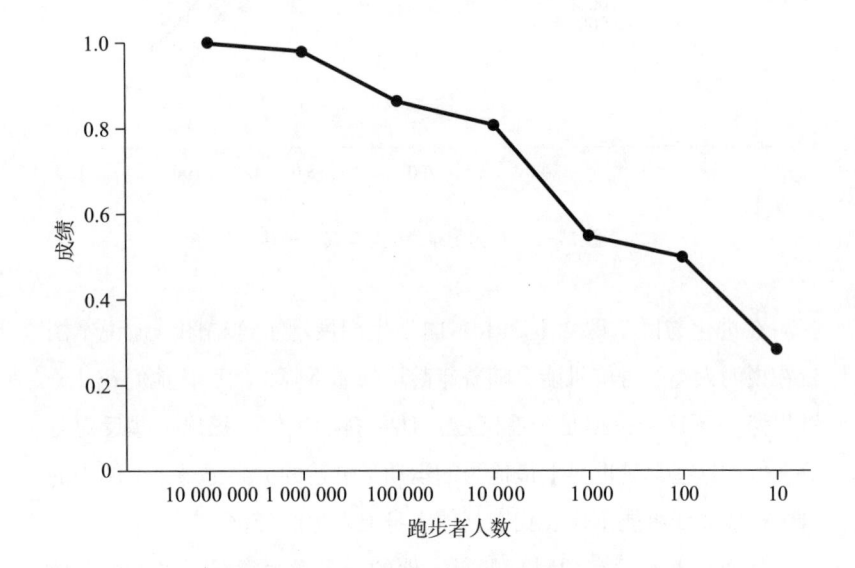

图 11-6　世界纪录的速度与年龄的关系

零模型生成的数据与卡尔在他的教科书中展示的数据非常相似——衰老根本不是必要条件。这并不意味着衰老导致体能下降是一个错误认识，而是表明卡尔的数据图没有提供令人信服的证据，因为零模型没有衰老这个因素，但显示的结果相同。

这就是零模型的作用。零模型的意义不是要精确地建模世界，而是为了证明被认为可以证明过程Y的模式X，实际上在没有Y发生的情况下也可能出现。在本例中，模式X是纪录保持者的跑步成绩随着年龄的增长而下降，过程Y是衰老——人越老跑得越慢。因为我们看到即使没有衰老，成绩也会下降，所以我们的零模型是在告诉我们："很遗憾，你不能把这些数据作为证明你的理论的证据。"注意，零模型的作用是去除原论证过程中花言巧语的成分，不一定要对世界进行准确的描述。这足以表明，即使研究涉及的那个过程没有发生，也可以看到同样的模式。

揭穿者心理

当错误看法与一个人的世界观和文化认同感交织在一起时，它是最难被揭穿的。有一次，我们与一位动物园园长共进晚餐。他多次受到善待动物组织（PETA）的质疑，因此他想知道如何才能与对方进行建设性的对话，甚至说服他们，让他们知道他的动物园在保护环境这方面扮演着重要的角色。我们告诉他，PETA的观点与身份紧密结合在一起，而他则不同。例如，即使PETA说服他，让他认为圈养大象是不道德的，他的学者和动物园园长的身份也不会改变。但如果他说服PETA，让他们认为把大象关在动物园是合理的，那么他们会失去善待动物组织活动家的身份。身份问题会大大增加他的任务难度。但我们面临的任务通常并不难。你可以让你的姑妈知道，不用花80美元买一个装有紫水晶的水瓶，她也能保持电解质平衡。还可以让你的叔叔知道，即使不否认全球变暖，他也可以倾向于有限联邦政府。尽一切努力帮助他们吧。想办法将身份问题与你试图揭穿的问题分离开来。

在前一章中，我们说过要清楚自己的证真偏差，这是因为我们倾向于寻找、相信和回忆与我们自己的世界观一致的信息。同时我们还要认识到其他人也有证真偏差。一旦一个想法在你的头脑中生了根，无论你多么努力地尝试，都很难用一个证据更充分的想法将它取而代之。除了我们已经讨论过的方法，还有一些关于揭穿错误想法的小常识也经过了时间的考验：

1. 简单为上。谎言相对于真相的一个优点是，真相通常比较复杂，而经过精心设计的谎言可能比较简单。想办法在不歪曲的前提下，让你传递的信息尽可能简单。专注于核心要点，忽略其他内容。靠修辞技巧在技术的细枝末节上得分，并不能说服任何人，反而令人厌烦。

2. 线下进行。如果可以，让谈话在线下进行。没有人喜欢在公共场合被人指责。如果你想指出你姐夫在胡扯，也应该是在你们私下散步时，而不是在感恩节的餐桌上。如果你想在网上批评某人，可以考虑在私人信息中而不是在某人公开的信息流上这样做。（诚然，保护其他人不受欺骗的需要使情况变得复杂了。）面对公开指斥，我们中的大多数人会坚持之前的言论并为自己辩解，而不是诚恳地考虑反对意见。私下里，人们往往更愿意接受批评。

3. 找到共同点。你的互动越没有敌意，对方就越有可能认真考虑你的想法。软化语气的最好方法之一是首先确定共同立论基础。当你和一个对疫苗安全性持怀疑态度的人谈话时，不要一上来就说："我真不敢相信你这么笨，竟然相信那个愚蠢的嬉皮士说的蠢话。"相反，尝试一下共同基础这个方法。"哇，孩子的事真难办，不知道怎么做才对。我也一直在担心这个问题……"

4. 不要过多提及人们普遍持有的错误看法。熟悉会增加错误看法的黏性。如果必须提及那个错误看法，就要先明确提出警告。一些研究表明，如果你在揭穿错误看法之前反复提及，人们对这个错误看法的信念就有可能进一步加深。

5. 用不同的解释来填补知识缺口。仅仅揭穿错误看法是不够的，你还需要用另一个看法取而代之。人们不喜欢对事件不加解释的不完整信息。你反对错误看法的理由现在可能看起来很有说服力，但如果你不用新的东西取代它，对方将来还有可能回过头来，拾回之前的错误信息。优秀的辩护律师都知道这一点。他们不会只向陪审团解释为什么被告无罪，还会指出其他嫌疑人或其他事实，以填补因为他们的委托人不是罪犯而留下的空缺。

到目前为止，我们已经给了你一些关于辨别和驳斥胡扯的建议，你差不多准备好了吧。但在你开始当面指斥胡扯之前，我们最后还想就如何以一种合乎道德、富有成效的方式去做这件事谈几点想法。

确保自己是正确的

学生们在上完我们这门课后，在自己是否有能力发现并反驳胡扯这个方面都感到有信心。我们还想灌输一种谦逊的意识。尽管不言而喻，但我们认为还是有必要强调一遍：如果你想当面指斥胡扯，就要保证自己是正确的。

确保自己掌握了事实（背景调查不能少），然后再次核实。登山者在检查安全装备时，都会检查一遍一遍又一遍。他们不希望从40英尺的高度掉落时登山锁扣却松开了。同理，当你试图解释一个观点时，你也不希望你掌握的事实是错误的。另外，找朋友或同事试验你的论证过程。15年来，本书两名作者一直互相帮助，完成这类试验。如果我们中的一个取得了新的令人兴奋的研究结果，就会让另一个人提出各种质疑。我们曾多次让对方避免了尴尬。

确保自己宽厚友善

有人对推特做过一个比喻：全美国的电视观众对着电视机大喊大叫，因为他们希望电视上的人能听到他们的喊叫，尽管希望非常渺茫。这个比喻用来形容很多当今的公共话语似乎都非常恰当。在今天这个好争论的环境中，很容易妖魔化那些与我们意见相左的人。当听到一些我们认为自己知道是错误的事情时，我们常常会把这些错误归因于恶意甚至阴谋。想想看，是否还有另外几种可能：

- 你可能错了。你也许认为自己不大可能会错，但至少要保持警觉。可能是你听错了某句话或误解了某个观点。
- 当能力不足可以解释原因时，就不要归咎于恶意。大多数人在网上或其他地方大放厥词，其内心并没有邪恶的动机。他们只是不知道自己在说什么。
- 当无心之过可以解释错误时，就不要认为对方无能。我们都会在无意之中偶尔犯一些过错，说一些愚蠢的话，这并不意味着我们愚蠢或无能。

宽厚是为了维护友谊，但同时也是为了让反驳针对观点本身。用文明的方式当面指斥胡扯，批驳对方的观点，而不是人。你的邻居告诉你他们发现有一项研究认为孤独症和MMR疫苗有关，他们这样做可能是出于好意。我几乎可以保证你的邻居并不是想伤害孩子。他们可能不知道他们看到的这篇论文是臭名远扬的研究员安德鲁·韦克菲尔德写的，也不知道这篇论文已经被撤回，现在医学界的大多数人都认为那是一个科学骗局。与其认定你的邻居怀有恶意，不如想想也许他只是犯了无心之过。虽然在某些情况下你可能是对的，但如果最终发现错的是你，这个原则就会帮你保全面子。

要勇于承认错误

　　谦逊是一种美德。我们都会犯错。如果真的犯了错误，就应该迅速而优雅地承认错误。在互联网上争论的第一条规则似乎是"即使犯了愚蠢错误也绝不松口",但我们强烈反对这种做法。它不能推动我们前进,反而会浪费大家的时间,让积极向上的讨论场所充满了乌烟瘴气。这种抗拒心理和孩子气的行为会影响你的信誉——你的信誉应该比一次争吵的结果更有价值。

确保你的表达明确无误

假设你正乘飞机穿越美国,你的邻座与你谈论有关移民、种族关系、堕胎或全球变暖的话题。(我们不推荐谈论这些话题,但有时难以避免!)你的邻座可能观点错误,你知道他错了,坐在他另一边的人知道他错了,空姐也知道他错了。但是要想说服这个人,你的意思表达必须明确无误。杂乱无章地罗列事实,不可能说服任何人放弃他们先前的信念。你要用清晰、易懂、有说服力的语言说出你的理由,最好不要使用行话。与一上来就找出胡扯的地方相比,这个方法通常并不省力,甚至还要花费更多的努力。

在严肃的职场反驳时,表述和理由同样重要。我们经常告诉我们的学生,有效的反驳不是那么容易的事。对本书作者来说,要想在上课时表述清楚,通常需要创建并完善可视化手段、建立零模型、创建一个合成数据集、与朋友测试论证过程,还要反复检查以确保我们没有遗漏任何东西。好消息是,我们都可以在这个方面不断进步。坏消息是,我们不可能在每次发现胡扯时都这么做。要有选择地战斗。一旦选择了战斗,就要确保你能打赢。提前做好功课,明确无误地表达你的理由。

不要偏离主题

在教学生当面指斥胡扯时,我们不希望培养出一大批动辄说

"嗯，事实上"这些话的家伙。什么样的人才会动辄就说"嗯，事实上"呢？这类家伙通常会在谈话进行过程中指出一些不相干的事实，以表明说话人在技术细节上犯了错误，同时显示自己的聪明才智。[6]

举个例子，我和一个朋友在午餐时聊天，我说："有意思的是，有很多鸟类会欺骗其他物种，让它们为自己抚育后代。杜鹃、北椋鸟、向蜜鸟甚至一些鸭科动物都会这样干，但哺乳动物从来不会，我不知道为什么。"

朋友想了一会儿，然后说："我觉得可能是因为哺乳动物不产卵。要偷偷地塞进一个幼崽，难度要大得多！"

"嗯，事实上，"我说，"有些哺乳动物会产卵。比如针鼹和鸭嘴兽，它们合称为单孔目动物，只有澳大利亚和巴布亚新几内亚发现了这些动物。它们都是卵生的。"

我们还是面对现实吧。张口就是"嗯，事实上"真的让人厌烦。而且这根本不是当面指斥胡扯。为什么这么说呢？我们来看看当面指斥胡扯者和动辄"嗯，事实上"的家伙有哪些不同点。

- 相关性。高明的当面指斥胡扯者会从根本上驳斥一个论断，反对的目标直指说话人的论证过程。张口就是"嗯，事实上"的家伙根本不会推动讨论的进程。相反，他会提出一种学究式的或者偏离主题的反对意见，与核心论断没有太大关系。我提出的单孔目动物也会产卵这个反对理由没有错，但我的反对意见与我们正在进行的谈话几乎毫无关系。确实有一些哺乳动物产卵，但朋友说的那句话对99.9%的哺乳动物来说都是正确的。[7]总之，朋友所说的"哺乳动物不产卵"并不是普遍正确的，但她的观点似乎是对的，而我的反对意见并不能驳倒它。

- 说话者的意图。当面指斥胡扯者驳斥的对象通常都是那些故意胡扯或故意欺骗的人。动辄说"嗯，事实上"的家伙则不同，他会毫不迟疑地反驳那些真诚地参与对话的人。当我提出单孔目动物这个理由时，我就站到了错误的阵营中。我的朋友的建议是真诚的，她并没有想着要打动什么人，也不想误导任何人，她只是想通过回答我的问题来帮助我。

- 反对的动机。动辄说"嗯，事实上"的家伙并不怎么关心争执的焦点，他更在乎展示自己的智力优势。我之所以提到单孔目动物，并不是因为它们跟朋友的观点有什么关系，而是要表明我掌握的动物学知识比她多，也可能是为了有机会在谈话中使用"卵生的"这个词。当面指斥胡扯并不是为了显示你的聪明才智。如果你觉得这类事情对你很重要，那就想办法加入门萨俱乐部（MENSA）吧。
- 听众。当面指斥胡扯的目的通常是防止胡扯者或说谎者误导听众。动辄说"嗯，事实上"的家伙并不关心如何保护听众，他一心想着卖弄自己的聪明。我提出单孔目动物这个反对理由后，其他人都没有参与到讨论中。
- 权威的检验。当面指斥胡扯者可能是在面对权威直言不讳。动辄说"嗯，事实上"的家伙不会在权威面前侃侃而谈，他常常是一副居高临下的姿态。他的目的是让说话者住口，同时抬高自己。
- 明智程度。当面指斥胡扯者会仔细斟酌，考虑是否值得坦率直言、让对话脱离轨道、冒着对抗的风险或者让人心怀戒备。动辄说"嗯，事实上"的家伙只是无法控制自己。因为没有自控能力，所以当他认为自己可以反驳时，他不会先想一想这样做是否有好处。

总之，动辄说"嗯，事实上"的家伙与胡扯者的相似点比他与当面指斥胡扯者的相似点多。为了打动或者震撼听众，胡扯者会无视事实和逻辑连贯性。动辄说"嗯，事实上"的家伙同样如此。他不关心真实性，也不关心反对意见的逻辑连贯性。他只是想用自己的知识来打动或恐吓他人。当面指斥胡扯者不是为了让自己显得更聪明或者自认为更聪明。如果你以此为目标，就说明你没有领会本章乃至整本书的全部要点。有效地当面指斥胡扯是为了让他人更聪明，这应该是你成功的"晴雨表"。要做到这一点，你还需要一定的社交技巧。

辨别胡扯并不容易，尤其是我们每天都会受到错误信息的冲击。它需要不断练习，还要求我们小心谨慎。记住，当面指斥胡扯不仅仅是一句话那么简单，它还是一种强有力的行动，很容易被滥用。但如果你尽力做到表达清楚、不犯错误、有礼有节，大多数人都会尊重你。

在你公开反驳一个论断之前，问问自己你的听众是谁——他们是否值得你花时间。有些人的信念根深蒂固，无论你的理由多么有说服力，事实多么无懈可击，他们都绝不可能被你说服。因此，一定要把你的时间和精力花在那些愿意参与的人身上。

最重要的是，记住尼尔·波兹曼的那句名言："在任何时候，你必须与之抗争的胡扯主要源于你自己。"证真偏差会让我们过度自信，而谦逊是重要的矫正工具。自我反省，充分了解获取真相的困难性，这些都是一个人勤于思考、值得信任的标志。当然，我们希望世界上其他所有人都诚实可靠，但为了所有人的利益，让我们从自己做起吧。

当面指斥胡扯不只是派对上的把戏，不只是为了增强自信，也不只是为了给老板留下深刻印象，它还是一种道义上的责任。正如我们在本书开篇所注意到的，当今世界充斥着各式各样的胡扯，包括点击诱饵、深度换脸。有些是无伤大雅的，有些是小麻烦，还有一些甚至很有趣，但很多胡扯会给人类的健康和繁荣、科学的诚实性和决策的民主性带来严重的后果。

日益增多的错误信息和虚假信息让我们夜不能寐。任何法律或精妙的人工智能都不可能解决这个问题。在分享信息的时候，我们必须更加警惕，更加深思熟虑，更加谨慎——偶尔，我们还需要敢于当面指斥我们遇到的胡扯。

致谢

如果没有得到很多人的帮助,就不可能有我们这本书。

首先,我们感谢我们的妻子,霍莉·伯格斯特龙和希瑟·韦斯特。她们阅读了部分章节的初稿,遇到写得糟糕的地方,她们都直接斥之为胡扯。如果没有她们的帮助,书中胡扯的地方会比现在多83%。(她们不会因为这个捏造的数据指责我们,因为在出版之前她们看不到。)感谢我们的孩子海伦、泰迪、布莱伦和凯姆林,感谢他们在我们全神贯注写作时的耐心,感谢他们向我们证明了没上过大学的人也能理解本书的内容。

我们曾做过一些与本书素材有关的演讲,感谢听过这些演讲的数百名学生和数千名同事。他们的关注、热情、问题、评论、建议和质疑在帮助我们完善信息方面起到了非常重要的作用。感谢华盛顿大学的领导层,他们起初容忍我们,后来又热情地推动我们构想的"当面指斥胡扯"课程。我们在推特上关注的好友和关注我们的好友提供了大量的例子(其中有很多出现在这本书中),他们让我们觉得自己仍然很时尚,以至于我们继续在Z世代面前不断让自己陷入尴尬的境地。很多朋友听过我们关于胡扯的唠叨后发表了自己的看法,并且在我们一面揭穿胡扯一面制造出更多胡扯时指出了我们的问题，在此向他们表示感谢。此外，我们还要感谢那些不时帮助我们摆脱创作的烦扰，在网球场上或者是在徒步旅行的小路上陪伴我们的人。

我们的朋友、同事和合作过的作者詹妮弗·雅凯，从一开始就及时鼓励我们，使我们敢于将我们的想法写成一本书。在随后的创作过程中，她也一直为我们提供了宝贵的支持。我们的经纪人马克斯·布罗克曼帮助我们把一系列关于胡扯的粗浅想法变成了创作本书的计划。我们在兰登书屋的编辑希拉里·雷德曼把结构安排十分不合理的草稿，变成了我们现在看到的这本书。她的编辑才能不仅让你们少看了100多页你们肯定不想看到的内容，还淡化了我们习惯性的冗长乏味的学术文体的影响，把它变成了你们在这里看到的这些文字。兰登书屋的莫莉·特平保证了整个项目的如期进行，同时她还需要处理好组织管理上的难题，为一本普及读物提供100多幅图表。你在这里看到的漂亮的文本设计是芭芭拉·巴赫曼的作品。在营销人员阿耶莱·格鲁斯佩希特的协助下，宣传经理伦敦·金指导我们将书中的想法传递给了广大读者。尽管我们竭尽全力仍未能按时交稿，尽管我们在合理期限早已结束后仍然做出了一些修改，但制作经理凯蒂·兹尔伯曼、制作编辑詹妮弗·罗德里格斯和执行编辑丽贝卡·伯兰特还是成功地将整个项目整合在一起。我们在企鹅出版社的编辑卡西亚娜·约奥尼塔从一开始就认同我们对这本书的看法，并在整个过程中给予了热情的支持。她和她的团队（包括宣传经理马特·哈钦森、营销人员朱莉·伍恩、制作经理桑德拉·富勒以及文字编辑斯蒂芬妮·巴雷特）一起制作了这本书的英国版。皮特·加尔索设计了美国版的封面，理查德·格林设计了英国版的封面。乔尔·克莱门哈根、马修·布雷迪和肉铺街上的工作人员为我们提供了一个家外之家，在那里我们可以讨论和发展本书中的一些想法。

能够在华盛顿大学这所伟大的公立大学担任教职，我们深感自豪。我们在这所大学里的任务不仅仅是教授在校学生，我们同时还肩负着一个伟大的使命：为我们州、我们国家乃至全世界的人们提供服务，帮助他们获取信息、接受教育、培养清晰的思想，这些将带领我们走向一个更加真实、更加公平的世界。

注释

第 1 章　胡扯无处不在

1. 有这样一个实验。一只渡鸦得到一份食物准备藏起来，而相邻房间里的另一只渡鸦正透过一个大窗户看着它。知道自己受到监视的第一只渡鸦会迅速把食物藏起来，而且为了避免暴露，它不会再去食物的藏匿位置。如果研究人员在窗户上放置一个木屏风，让两只渡鸦看不见对方，那么第一只渡鸦在储藏食物时会不慌不忙，事后还会毫不在意地回去调整它藏好的食物。

接着，研究人员在遮挡窗户的屏风上增加了一个小小的窥视孔，让两只渡鸦慢慢地知道它们可以通过窥视孔看到对方。然后他们从笼子里拿走了那只监视的渡鸦，这样就再也没有渡鸦从窥视孔里窥视剩下的那只渡鸦了。关键的问题是，当窥视孔打开时，渡鸦无法直接看到笼子里是否有其他渡鸦正在监视自己，它会怎么做呢？如果渡鸦依据的是一个简单的经验法则，比如"当你可以看到另一只渡鸦时，就当作自己受到了监视"，那么它应该不考虑那个窥视孔。如果渡鸦有心理推测能力，它就会意识到可能有只渡鸦躲在窥视孔后面观察自己。因此，即使它没有看到另外那只渡鸦，它的行为举止也会跟受到监视时一样。在实验中，渡鸦就是这样做的。研究人员得出结论，渡鸦根据自己通过窥视孔观察的经验进行了一般性推理，意识到当窥视孔打开时，就可能有一只渡鸦躲在后面观察自己。

2. 韦克菲尔德的研究最明显的一个问题是样本量太小，他的研究只观察了 12 名儿童。据说，他们大多在接种 MMR 疫苗后不久就出现了所谓的综合征。要从如此小的样本中对罕见现象得出有意义的结论，即使不是不可能，也是非常困难的。

不过，样本量太小还是他的研究中最小的一个问题。随后的调查显示，《柳叶刀》上发表的那篇文章对这12名儿童患者中的大部分人所患的疾病及病史的描述与他们父母的医疗记录或报告不一致。在为《英国医学杂志》撰写的一篇言辞严厉的文章中，记者布赖恩·迪尔列举了一系列问题，包括：在12人退化性孤独症患者名单中有3人根本没有患孤独症；若干病例没有准确地报告出现症状的时间；在报告称接种疫苗前健康状况正常的儿童中，有5人的病史反映之前出现过发育问题。

3. 在韦克菲尔德的论文发表后，他提出的观点几乎立即受到了审查。不到一年后，《柳叶刀》杂志发表了另一项调查疫苗接种与孤独症之间是否可能存在某种联系的研究。这项研究的样本要大得多——498名孤独症患儿。经过仔细的统计分析，发现两者之间没有任何关联性。

这仅仅是开始。在机理方面，其他研究人员无法复证论文最初提出的麻疹病毒存在于克罗恩病患者肠道中的说法。在流行病学方面，研究人员进行了大量研究，发现疫苗和孤独症之间没有联系。例如，2002年，《儿科学》杂志发表了一项针对50多万芬兰儿童的研究，《新英格兰医学杂志》发表了一项针对50多万丹麦儿童的研究。两者都没有发现任何联系，丹麦研究在结论中直截了当地指出："这项研究有力地证明了MMR疫苗导致孤独症的假设是不成立的。"

1993年，日本进行了一项自然实验，将MMR疫苗替换为单价（单一疾病）疫苗。如果韦克菲尔德的假设（MMR联合疫苗会导致孤独症，而接种三种疫苗——每种疫苗针对一种疾病——则是安全的）成立，那么日本研究中的孤独症患病率应该会下降。但事实并非如此。最近，综合多项研究的数据并针对130万儿童进行的元分析再次发现，疫苗接种和孤独症之间没有关联。

4. 记者布赖恩·迪尔的调查表明韦克菲尔德隐瞒了巨大的利益冲突。在韦克菲尔德撰写1998年那篇论文时，他的研究得到了正在对一家疫苗制造商提起诉讼的一位律师的资助。韦克菲尔德所谓的疫苗与孤独症的联系是诉讼的一个要素。在10年的时间里，韦克菲尔德因为他对这起诉讼做出的贡献，最终从英国法律服务委员会获得了远远超过40万英镑的好处。根据职业道德的要求，作者必须披露发表论文给他（她）带来的所有经济利益，但韦克菲尔德在《柳叶刀》杂志发表这篇论文时没有这样做。此外，据报道他的合作者都不知道他从这项研究中获取了报酬。此外，韦克菲尔德涉及另一起经济利益冲突。在这篇论文发表之前，韦克菲尔德至少提交了两项专利申请，一项是针对通过肠道中的麻疹病毒诊断克罗恩病和溃疡性结肠炎的测试，另一项是生产"更安全"的麻疹疫苗。这两项专利的商业价值都取决于他提出的MMR疫苗与孤独症及炎症性肠病有关的理论。迪尔称，韦克菲尔德还在这个领域帮助创立了若干初创公司,并在这些公司持有大量股权。

5. 全文是:"谎言传千里,真相难出门,所以当人们醒悟过来时,已经为时已晚,玩笑已经结束,谎言已经达到了效果。这就像一个人在换了话题或同伴离开之后才想出了妙语,或者就像医生在病人死后才找到对症的药物一样。"

第2章 媒体、信息和错误信息

1. 厄尔什·绍特马里和约翰·梅纳德·史密斯在他们1995年出版的《进化中的主要转变》(*The Major Transitions in Evolution*)一书中,对生命系统提出了类似的观点。在我们撰写本节时,他们关于信息使用中的生物转变的观点起到了重要作用。

2. 对大多数报纸和杂志出版商来说,很大一部分收入都来自广告,而广告收入取决于订阅基数,所以出版商必须尽可能增加订阅量。

3. 时任以色列国防部部长的是阿维格多·利伯曼,但报道称说话者是曾担任此职的摩西·亚阿隆。

第3章 胡扯的本质

1. 对拉图尔来说,技术或实验程序的某些方面就是黑箱,因为它们已被相关科学界彻底接受,已成为普遍认可的标准,不再接受质疑。拉图尔在《潘多拉的希望》(*Pandora's Hope: Essays on the Reality of Science*)一书中指出:"当一台机器高效运转时,在事实问题确定后,人们只需要关注它的输入和输出,不需要关注它的复杂的内部结构。这就会形成一个奇怪的现象:科学技术越成功,就会变得越发不透明、晦涩难懂。"

在这里,我们的类比似乎无法继续下去了。为了对胡扯进行定量研究,在某项技术需要的专业知识超出普通读者的水平时,我们可以假设它被装在黑箱里,不用考虑它是否被科学界接受。

第4章 因果关系

1. 线性相关要求变量具有数值,如身高和体重;而关联既可以发生在类别值之间,如"最喜欢的颜色"和"最喜欢的冰激凌味道",也可以发生在数值变量之间。相关性是关联性,但并不是所有的关联性都是相关性。此外,在不具有线性相关性的情况下,值也可能具有很高的可预测性。例如,考虑一组成对数字 $\{x, \sin x\}$。知道 x,就可以准确地预测 $\sin x$ 的值,但是这些数字之间的相关系数(一种线性相关指标)是从0开始到一个完整周期的正弦波。x 和 $\sin x$ 之间没有线性关系，因为通过成对数字 $\{x, \sin x\}$ 的最佳拟合线的斜率为 0，对于任何给定 x 值，它都不会告诉我们 $\sin x$ 的可能值。

2. 在数据点形成垂直或水平直线的情况（比较罕见）下，相关系数没有定义。此时，知道其中一个量也不会告诉你关于另一个量的任何信息。

3. 严格地说，只有在一个变量是另一个变量的函数且你只能利用线性模型预测该变量的值时，这个说法才是正确的。即使相关系数为 0，非线性模型可能也会告诉你一些信息。

4. 这个原则适用于任何类型的关联，而不仅仅是线性相关性。关联性同样不意味着因果关系。最好记住这句话，虽然它不是那么朗朗上口。尽管如此，我们最好还要注意一个问题：虽然相关性并不意味着因果关系，但因果关系确实意味着关联性。因果关系可能不会产生线性相关性，但它会产生某种关联性。

5. 盖勒和同事在论文中称："如果能确定容器类型和饮酒行为之间有多少是因果关系，有多少可归因于第三个变量（例如，不同的意图），将是很有指导意义的。"比如，喝扎啤的人喝得多，是因为他觉得有责任喝完那些啤酒，还是因为喝扎啤的人一开始就想喝更多呢？

6. 正田佑一和同事（他们都是这一研究领域的重要人物）在 1990 年发表的一篇论文中警告说："父母养育子女过程中的稳定性，以及家庭和社会心理环境的稳定性，可能是导致学龄前儿童延迟享乐行为以及青春期较强认知和自我监管能力的共同原因。这些共性可能对实验观察到的这些长期相关性有贡献。"这与我们下文提出的共同原因这个解释非常接近。

7. 统计学家有时使用"混淆变量"这个词来指一个共同原因影响两个变量的情况。在本例中，我们可以说父母财富是延迟享乐能力和青春期学业成就的混淆变量。

8. 为了画出在每个点上没有锯齿的光滑曲线，维根使用了一种叫作"样条化"的技术。后面我们在处理数据时采用了同样的技术。

9. 彭斯的这个说法大大低估了吸烟相关疾病造成的死亡比例。根据埃米莉·班克斯及其同事最近进行的一项大规模研究，大约 2/3 的吸烟者死于与吸烟有关的疾病。

第 5 章　数字与胡扯

1. 尽管有被斥为怀疑论的风险，但我们猜想这与未陈化威士忌的香味或其他特点无关，而是因为新的微型酿酒厂迅速增加导致的。这些酿酒厂不愿等待三年或更长时间，而是希望尽早盈利。果真如此的话，那么宣扬未陈化威士忌神奇特点的很多广告文案——你猜对了——都是胡扯。

2. 虽然我们没有这个可可品牌的确切数据，但对大多数可可来说，一杯 8 盎司可可中大约含有20毫克咖啡因,也就是说,从重量上看,大约含有0.01%的咖啡因。因此,我们一开始认为,可能99.9%这个数字是指粉末,而不是成品饮料。但雀巢公司的网站明确表示,他们指的是调制好的饮料,而不是粉末:"这种可可有巧克力浓香,每一包只有20千卡热量。每包调好的可可容量为8液量盎司,99.9%不含咖啡因。"我们还需要注意液量盎司(容量单位)和盎司(重量单位)之间的区别。在海平面的室温环境中,1液量盎司的水大约重1.04盎司。但是我们喜欢喝热咖啡,而每液量盎司的水在接近沸点时的重量接近1.00盎司。

3. 注意,2 139实际上是在文章发表之日由于被判有罪、被捕或涉嫌加入帮派而失去DACA身份的DACA受益人的人数。

4. 只要被叛过一项重罪、一项较严重的轻罪或三项任何类型的轻罪,就无法获得DACA身份。

5. 说到新闻中的错误信息和虚假信息,0.25%这个数字可能还有点儿低了。可以预料,在回答"钠的分子量"或"我附近的深夜比萨外卖"这样的问题时,不会有很多错误信息。因此,要使总体平均水平达到0.25%,有关健康和政治等方面的错误信息肯定会超过0.25%。

6. 关于流感疫苗的价值,除了其他争议点以外,我们还觉得这里引用的2%的流感发病率低得令人吃惊。据美国疾病控制与预防中心估计,自2010年以来,美国的流感发病率在3%~11%波动。之所以存在差异,一个原因是这篇文献综述只关注18~64岁成年人的研究,而流感在儿童中的发病率要高得多;另一个原因可能是综述关注的研究具有国际性质。普遍估计,即便是在成年群体中,美国的流感发病率也通常比2%高出好几倍。

7. 据美国国家安全委员会估计,2016年美国约有460万人因车祸受伤,需要进行医疗咨询或治疗,约占美国人口的1.4%。另据美国国家公路交通安全管理局估计,对轿车前座乘客来说,系上安全带可以将中至重度伤的风险降低50%;对轻型卡车的乘客来说,风险降低的幅度甚至更大。

8. 古德哈特对这一定律的最初表述是:"一旦受到控制目的的压力,任何观察到的统计规律就会立刻崩溃。"

9. 用更专业的语言来说,我们怀疑这些似是而非的数学方程通常是为了表示某个函数偏导数是正值还是负值,而对象则是那些不一定习惯于思考偏导数的读者。例如,VMMC方程要表达的主要信息可能是:质量可以用函数$Q = f(A, O, S, W)$表示,其中$df/dA > 0$, $df/dO > 0$, $df/dS > 0$, $df/dW < 0$。除此之外,函数形式在很大程度上可能是任意的。

10. 下面这个例子稍微复杂一点儿。在腹足类动物吉尼斯锦标赛上,一只蜗牛用

140秒跑完了13英寸。请问它的速度是多少？

$$\frac{13英寸}{140秒} \times \frac{1英尺}{12英尺} \times \frac{1英里}{5\,280英尺} \times \frac{60秒}{1分钟} \times \frac{60分钟}{1小时} \approx 0.005\,3\,英里/小时$$

第6章 选择偏倚

1. 直接根据电话簿进行调查也可能导致问题，因为这会将没有固定电话和没有登记电话号码的人排除在外。此外，那些愿意花时间回答电话调查的人可能与那些筛选来电或挂断访谈调查电话的人有系统性区别。因此，任何形式的电话簿抽样都可能导致某些人口群体严重统计不足，包括年轻人和一些少数群体。这一具体问题已成

2. 目前还不清楚为什么美国大学生最容易产生错觉。有一种假说认为，像箭头那样的规则拐角在自然界中比较少见。对箭头的感知反应的强度也许取决于一个人的成长环境中有多少"墙角假说"。我们并不相信这个假说，但也没有找到更好的解释。

3. 你找到更好的保险交易的机会似乎没有那么高。每年只有大约1/3的人购买汽车保险，而其中不到1/3的人真的换了保险公司。转到好事达平均可以节省498美元，但这并不意味着你转到好事达就可以节省498美元。几乎每家保险公司都会做出类似的声明，但这并不意味着如果你换了保险公司，就能省下那么多钱。更有可能的是，你最终会和大多数人一样，找不到足够吸引你更换保险公司的报价。

4. 从技术上讲，这是一个加权平均值，是一个很奇怪的平均值，因为每个值（班级人数）都按照该值本身赋予了权重。

5. 大学班级规模的详尽数据很难获取，但是密尔沃基的马凯特大学列出了人数为2~9、10~19、20~29、30~39、40~49、50~99和100及以上的班级数量，为精细观察提供了便利。我们可以利用这些数据，估算美国中型院校平均班级人数与班级人数体验平均值之间的差距。如果我们用各段的中点近似表示该段班级人数（100+段的中点取值150），就会得到该校的班级规模及数量，如下表所示：

班级规模	5	15	25	35	45	75	150
班级数量	101	318	197	59	66	28	22

在班级规模按这种方式分布时，班级平均人数约为26。但这不是从学生角度观察的结果。5人班一共只有505名学生，而150人班有3\,300名学生。因此，班级人数体验平均值约为51——几乎是班级平均人数的两倍。

6. 或者考虑前一个脚注中的马凯特大学的数据。马凯特大学无须雇用更多的教师，只需要开设726个15人小班，将剩下的学生分配到65个150人大班，就可以提升它在《美国新闻与世界报道》大学排名中的位次。调整之后，它的小班得分这一项就会从不错的61%提高到超级棒的92%。这个办法似乎很好，对吧？但是如果马凯特大学通过这种方式追求排名，就会大大降低学生体验的质量，因为会有大量的学生进入150人班，而班级人数体验平均值将从51上升到73。

7. 用稍微专业一点儿的语言来说，我们指的是每家公司的班车以相同的到达率按照泊松到达过程（Poisson arrival process）到达的情况。从你到达路边到你的车抵达，这中间的等待时间是指数分布的；其他公司班车的到达时间也呈指数分布，等待时间同样呈指数分布。我们说如果另一家公司的车先到达，你就回到了开始的地方，这可以用第一步分析的数学方法来表示。假设有 n 家租车公司，所有公司的班车频次相同。用 s 表示在你的班车到达之前驶过的班车的预期数量。有 $1/n$ 的概率你的班车先到达，这样你会看到0辆其他班车。因为其他班车先从你眼前驶过的概率是 $n-1/n$，所以到目前为止你已经看到了1辆班车，随后就又回到了开始的地方。因此，可以写成 $s = 0 \times (1/n) + (1 + s) \times (n-1)/n$，对 s 进行求解，得到 $s = n - 1$。如果有 n 家公司的班车，平均来说你的车将是第 n 个到达。

8. 那些可以选择是否参加职场健康计划的人实际上被分成了6组（例如，根据公司支付的金额不同分组）。简单起见，在这里就不讨论细节了。

9. 研究者指出，如果一项职场健康计划在招聘或留任员工时有所区别，专挑健康状态最佳的人选，就可以通过筛选最健康的员工，给公司带来经济利益。尽管计划本身并没有让任何人变得更健康，但它确实改善了选择参加计划或选择留在公司的人的平均健康状况。

第7章 数据可视化

1. 金融版面上有更复杂的数据可视化图表，通常是线形图。但这些不是面向大众的，而是专供专业人员使用的图形。我们认为它们与技术科学文献有更多的共同点。

2. 皮尤研究中心称，63%（而不是50%）的受访者能看懂图表，依据是63%的人从4个选项中选择了正确答案。但请注意，即使所有人都看不懂图表，单凭随机选择，也会有25%的人选中正确答案。换一个更好的模型，可能就会假设每个能看懂图表的人都能答对问题，而其他人都是随机猜测的。要达到63%的正确率，必须有大约1/2的受访者能够看懂图表并做出正确的回答，而在剩下的1/2的人中，大约有1/4的人猜对答案，所以总的正确率将达到63%。

3."现代建筑师放弃了对建筑进行装饰,这本身没错,但他们不知道他们之后设计的建筑自身其实就是装饰……对建筑进行装饰没有关系,但绝不要把建筑变成装饰。"[爱德华·塔夫特(1983),引自罗伯特·文丘里等(1972)]

4. 在1995年备受瞩目的O. J.辛普森谋杀案审判中,辩护律师约翰尼·科克伦让他的当事人试戴凶手戴过的血腥手套。我们这一代的美国人几乎都记得那个戏剧性的场景:辛普森费力地戴着手套,科克伦说手套太小了,不可能是他的。但很少有人记得科克伦对陪审团说的那句话:"如果不合适,你们必须宣布罪名不成立。"他说的"不合适"指的不是手套,而是检察官的指控。

5. 如果你上网搜索,就会发现元素地铁线路图有一个邪恶的孪生兄弟——伦敦地铁周期表。我们对这些怪诞的创意没有异议。他们很聪明,而且有自知之明。在与元素地铁线路图一同发表的讨论中,作者马克·劳奇解释了用周期表组织化学元素可以取得绝妙效果的原因,并分析了其他周期表的愚蠢之处。他的分析与我们在之前讨论中得出的某些原因是一致的。

6. 海沃德的线形图甚至在显示绝对量这个方面也效果不佳,因为每天的温度是在随意确定零点的温标上规定的区间变量。零摄氏度是碰巧对应于水的冰点的,而华氏温标上的零点甚至更加随意,对应于18世纪早期丹尼尔·华伦海特在实验室里能实现的最低温度。如果我们真的希望表示温度的轴包括0,就必须把温度作为等比变量来计量,也就是说,在一个有意义的零点的温标上计量。例如,你可以使用开氏温标,因为绝对零度有一个独立于人类的文化习俗的自然物理意义。

7. 有一个真伪不明的故事:当被问及"你为什么抢劫那些银行?"时,富有传奇色彩的银行劫匪威利·萨顿回答说:"因为钱在那里。"

8. 此外,误差条显示的是平均值的标准差,而不是观测值的标准差。因此,它们并不直接表示数据组中点的分散性,而是表示我们对分组平均值的不确定性。这种显示选择会进一步使人错误地认为这些数据系列形成了一个明显的趋势,即遗传得分对教育成就有很强的预示性。

9. 我们可以估算出该图与比例油墨图表之间的偏差程度。选取图中表示某一个值的弯曲条形,用ϕ表示这个条形所对的圆心角,r表示图形中心到条形中心的距离,w表示条形宽度,那么条形的长度为ϕr,面积约为ϕrw。例如,代表美国的条形的圆心角大约是75度,而代表加拿大的条形的圆心角大约是它的3倍。美国条形到图形中心的距离大约是加拿大条形与图形中心距离的1/2。两个条形的宽度一样。因此,虽然美国的值是加拿大的1/3,但表示美国的油墨量只有加拿大的1/6。

10. 最常见的3D条形图替代品是"热图"(heat map)。这是一种2D网格图,使用与3D条形图相同的x轴和y轴,但在表示第三个值时使用的是颜色,而不是高度。热图看起来更清晰，但也容易导致问题，因为读者很难在颜色变化与数值差异之间建立联系。此外，取决于调色板，两个区域之间的差异可能显得更大或更小。最后，热图会受到所谓的棋盘阴影错觉的影响，即对阴影区域的感知会受到邻近区域的影响。

11.我们不是普通二维饼形图的粉丝。使用饼形图而不是条形图的主要目的是，直观地表明整体中各种值的占比。获取这些信息需要付出很大的代价，因为饼形图的值比线形图的值更难比较。对观看者来说，两个扇线所对应的角度比两个条形的高度更难比较。

第8章 大数据与胡扯

1. 尽管"大数据"一词与"机器智能""深度（XX）"等新兴词汇相比已经显得有些过时，但我们还是以"大数据"作为本章的标题，因为正是数据推动了当今科技的鼎盛发展。现在的这些算法与20世纪50年代发明的算法基本相同，甚至计算能力的增长在过去10年中也开始趋于平稳。

2. 灰度图像有更多选择。单元格的值可以是0到255之间的数字，而不是只有1和0这两种可能。数字越小，对应的灰色阴影的颜色越深。彩色图像中的每个单元格都有一个代表红色、绿色或蓝色的值。

3. 当带已知标签的训练数据可用时，我们称为有监督机器学习问题。当没有带正确或错误答案的标签可以利用时，我们通常称之为无监督机器学习问题。例如，寻找具有相似购买模式的顾客群体，就有可能是一个无监督学习问题的例子。在本章中，我们主要讨论有监督机器学习问题。

4. 如果模型同时忽略了数据中的噪声和相关模式，我们就称之为欠拟合，它也可能成为一个问题。在这种情况下，算法在测试数据上的表现可能和在训练数据上的表现差不多，但是在这两个数据集上的表现都很差。

5. 我们假定作者的实验报告是准确的，算法的性能和他们描述的一样好。事实上，约翰·洛依纳在他未发表的硕士论文中，通过不同的训练数据和测试数据，再现了这项研究取得的最基本的发现，即算法猜对性取向的概率高过碰运气。不过，在他的论文中，算法猜对的概率稍低。

6. 另一个令人担忧的问题是，这些人类受试者是通过劳务众包平台——亚马逊土耳其机器人（Mechanical Turk）招募的。因此，他们的工作地点可能是世界上的任何地方，而且很可能不熟悉美国文化关于自我表现随性取向而变化的规范。

7. 作者确实发现他们所称的"面容女性化"指标与同性恋取向可能性之间存在某种具有统计显著性的相关性。此外，算法还可以根据面部轮廓和鼻子形状，做出效果优于碰运气的猜测。因此，算法似乎确实在捕捉某些东西，但我们认为面部轮廓和"面容女性化"很容易受到自我表现的多个方面的影响，包括化妆、灯光、发型、角度、照片选择等。

8. 击败了一名世界顶级人类围棋选手的阿尔法围棋（AlphaGo）程序就是一个很好的例子。阿尔法围棋没有任何公理、计分系统、开局走法列表或类似的东西。通过自学，它学会了这个游戏，还学会根据棋盘上的局势做出概率判断。这是相当惊人的，因为围棋有10^{350}种走法。相比之下，国际象棋"只有"10^{123}种走法。围棋大师们已经从他们与阿尔法围棋的博弈中学到了一些新技巧，但要想了解这台机器在各种不同情况下会有什么样的表现，就只能靠运气了。

9. 隐藏算法细节的另一个原因是保密有助于预防钻空子行为。如果谷歌公布了其算法的具体细节，搜索引擎优化公司就有可能操纵算法，而谷歌搜索结果的质量就会下降。

10. 例如，欧盟新颁布的《通用数据保护条例》（GDPR）在"详述"第71条中就列出了"解释权"。这份配套文件将对未来产生影响，但它是GDPR中争论最多的一项内容，原因之一是很难定义"解释"的含义。

11. "临近预报"（Nowcasting）这个词给人一种酷炫的感觉，意思是在人们有时间直接测量之前，用计算机模型来"预测"现在或近期刚发生的事件。

12. 该研究包括了2003—2008年的网络查询。从2008年起，提示（自动完成）功能在谷歌网站上得到了广泛使用。

第9章　科学的易感性

1. 虽然圣杰罗姆是一位历史学家和神学家，而不是一位自然哲学家，但杜勒的雕刻还是捕捉到了在我们浪漫化的科学家形象中经常能见到的追求真理的孤独身影。

2. 举几个过去10年里发生的例子。社会心理学家迪德里克·施塔珀尔为几十个他从未真正做过的实验捏造数据，因此成了他所在领域的"超级明星"。造假规模之大，令人瞠目结舌。截至目前，他有58篇论文被撤回，后续可能还会有更多。读者可能会对施塔珀尔的《科研造假》一文感兴趣。在这篇文章中，施塔珀尔探索了导致他的大规模欺骗行为的心理。作为作者，施塔珀尔在分析自己的错误时表现得非常坦诚，令人疑虑顿消。但是鉴于他是一个具有社会技能的大规模造假者，我们怎么可能不认为施塔珀尔是一个绝对不可靠的作者呢？

当其他研究人员未能复现年轻的科研明星小保方晴子的成果时，日本生物医学研究的最高领导层深受震动。一项调查显示，小保方晴子在她的科学论文中不当地篡改了图片，这给世界各地的干细胞研究人员带来了虚假的希望。不幸的是，小保方晴子的导师笹井芳树随后因受丑闻的负面影响而自杀。

加州大学洛杉矶分校政治科学家迈克尔·拉库尔用捏造的数据误导了科学界（包括他的合作者）。这些数据表明，与游说拉票的同性恋者直接互动，会让人们对同性恋婚姻的态度受到巨大影响。在骗局被揭露之前，这项成果被美国国内外媒体广泛报道。

3. 虽然这个故事是虚构的，但随着DNA证据数据库越来越大，我们这个社会遇到类似问题的频率将不断增加。这些信息对调查人员特别有用，但从错误指控的角度来看也特别容易导致问题，因为嫌疑人不一定在数据库中。他或她的身份可以通过亲戚提供的DNA进行三角鉴定。在一个著名的案例中，所谓的"金州杀手"是在2018年通过将一份DNA样本与一个家谱网站上约20万名用户自愿捐赠的DNA样本进行对比筛选而确定的。在找到似乎正确的匹配样本之前，调查人员最初确定了一个错误的嫌疑人，这个人碰巧与杀手拥有相同的罕见基因。人脸识别系统也有类似的问题。伦敦警察厅曾测试过一个系统，根据其正确识别真阳性样本的比例，他们认为系统的错误率是0.1%。但是，在使用该系统抓获的22名嫌疑人中，只有8人是真阳性，返回的阳性结果错误率高达64%。

4. 这里要引起注意。你的委托人并不是随机选择的，他被选中是因为计算机发现了一个匹配指纹。

5. 假定每次猜牌之前都会洗牌，所以卡尔不能通过数牌来占小便宜。

6. 2019年，美国有线电视新闻网报道了一篇声称有证据证明自然界存在第五种基本力的物理学论文。在提到p值为一万亿分之一时，文章称，"实验结果只有一万亿分之一的概率不是X17粒子和新的第五力导致的"。这个说法大错特错。与希格斯玻色子的例子一样，该声明也混淆了p值与假设的概率，不过它是用一个更强的p值，支持科学家认为不太可能成立的假设。更糟的是，它还暗示除了实验误差之外，第五种基本力的存在是对这些结果唯一可能的解释。这不是一个有效的推论。实验中似乎发生了一些不寻常的事情，但否决原假设并不能保证研究人员偏好的备择假设是正确的。

7. 既然使用0.05作为统计显著性的阈值是任意选择的结果，我们就完全有理由把它换成其他的值。最近在科学文献中出现了一场争论，焦点就是0.05这个临界值是否合理，或者说我们是否应该使用更严格的临界值，比如0.005。

8. 有一些统计方法允许研究人员测试多个假设，比如班费罗尼校正法。此时，每一个测试对证据显著性的要求会更高，因此如果原假设是正确的，那么被测试的任何一个假设表现出显著性的概率大约是1/20。

9. 为了说明p值操纵技术有多么强大，约瑟夫·西蒙斯和同事雷夫·纳尔逊、尤

注 释 343

里·西蒙逊测试了两个他们确信不成立的假设。这两个假设中，一个是不太可能的假设，另一个则是不可能的假设。

不太可能的假设是：听儿童音乐让人觉得自己变老了。研究人员让志愿者们分别听了儿童歌曲和对照歌曲，然后问他们感觉自己是多大年龄。稍作p值操纵之后，研究人员得出了一个结论：听儿童歌曲让人感觉自己变老了，且$p < 0.05$，具有统计显著性。

虽然有启发性，但这项证明p值具有误导性的研究的说服力并不是特别强。也许听儿歌真的会让你觉得自己老了呢。因此，作者提高了标准，测试了一个不可能成立的假设。他们假设，听披头士的经典歌曲《当我六十四岁时》不仅让人们感觉变年轻了，而且真的能让他们变年轻。这显然很荒谬，但他们还是做了一个科学实验来测试它。他们进行了一项随机对照试验，让每个受试者要么听披头士的这首歌，要么听对照歌曲。值得注意的是，虽然听每首歌的人应该都是同龄人，但他们发现听《当我六十四岁时》的人平均比听对照歌曲的人年轻一岁半。此外，这种年龄差异达到了$p < 0.05$的水平，因此具有显著性！因为这项研究是一个随机对照试验，通常的推论是试验中的处理措施（听披头士的那首歌）与年龄之间存在因果关系。因此，研究人员可以宣称（尽管是开玩笑）有证据表明，听《当我六十四岁时》确实会让人变年轻。

为了得出这些不可能的结论，研究人员故意以多种方式对研究进行了p值操纵。他们收集了关于研究对象某些特性的信息，然后对能带来他们正在观察的结果的那个特性进行了控制。（这个特性就是受试者父亲的年龄）他们也没有预先确定样本大小，而是让实验一直持续下去，直到他们得到一个具有显著性的结果。不过，即使这样做是作者做出的决定，这些决定在科学报告中也会被隐藏起来。他们可能直接给出最终的样本大小，不承认他们事先没有确定样本大小；他们可能会对父亲的年龄这个变量进行控制，但不会承认他们还收集了其他几个方面的个人信息，不过这些信息最终被丢弃了，因为它们没有带来期望的结果。

这篇论文令人信服。的确，如果p值操纵可以让时间倒流，它还有什么不能做的呢？

10. 这并不是什么新观点。统计学家西奥多·斯特林在1959年指出，当我们读到一篇被选中发表的论文时，"作者声明的风险（例如p值）在作者的结论发表后，我们就不能信以为真了"。

11. 我们必须提醒大家，不要从特纳的研究过度推断。临床试验与许多其他类型的试验有很大的不同，它们受发表偏倚的影响可能更大（也可能更小）。一方面，商业利益的参与有可能达到异乎寻常的程度，并可能在阻止发表阴性结果或鼓励将阴性结果改为阳性结果这个方面发挥一定的作用。另一方面，临床研究往往需要大量资金和大量时间，通常还会涉及大量的研究者——所以，无论取得什么样的结果，他们可能都会迫切希望发表这些结果。

12. 科睿唯安期刊影响因子是这些指标中最常用的。期刊影响因子衡量的是两年时间内被引用的次数与在同一时间内发表的"可引用"文章数量的比。遗憾的是，影响因子评分只能通过订阅科睿唯安《期刊引用报告》(JCR)的方式批量获取。尽管不同领域的影响因子高低标准各不相同，但根据经验，有理由认为入选JCR的期刊至少都享有一定声誉，影响因子不小于1的都是非常不错的期刊，影响因子不小于10的都是优秀期刊。除了期刊影响因子，还有几个免费的指标可供利用。本书两名作者在http://www.eigenfactor.org 上提供了一组期刊指标，它们涵盖了JCR中所包含的相同期刊。大型商业出版商爱思唯尔基于其Scopus数据库提供了一组指标。Scopus覆盖的期刊数量比JCR要多，但我们担心，一个重要的期刊出版商将自己的期刊与竞争对手的期刊放到一起排名时可能会产生利益冲突。谷歌学术搜索也编制了自己的期刊排名。

13. PubMed可通过https://www.ncbi.nlm.nih.gov/pubmed/ 在线免费获取。

第10章 辨别胡扯

1. 美国联邦调查局在解释他们发布的这些数据时也强调要谨慎："每年发布'美国犯罪案件'报告后，一些机构都会利用这些数据编制城市和县的排名。一个城镇、城市、县、州、部落或地区犯罪情况受多个变量影响，这些粗略的排名并不能帮助我们深入理解其中的关系。因此，它们会导致分析过于简单和（或）分析不全面的问题，这往往让人产生错误的看法，对社区及其居民产生不利影响。只有认真研究和分析各个地区影响地方执法管辖的那些独特条件，才能进行有效的评估。因此，在使用这些数据时必须谨慎，不要仅以人口覆盖率或学生入学人数比较来自城市、大都市区、州或学院/大学的个别报告单位的统计数据。"

2. 我们只关注至少有40万人口的城市，另外包含两个或两个以上这种规模城市的主要大都市区都忽略不计，因为城市规模与大都市区规模的比不足以表示居住在核心城区的人口比例。

3. 在p值取0.005时，利用这些点拟合的曲线的线性回归斜率与0的差值具有统计意义。线性回归决定系数$R^2 = 0.17$。

4. 就连美国大学注册和招生人员协会最初的报告也使用了一个误导性的标题："留学生入学申请减少，签证问题和美国政治气候越发令人担忧。"报告给出的数据并没有显示美国发生了留学生入学申请净减少的现象，申请人数增加的院校所占比例与申请人数减少的院校所占比例也没有明显的差异。

5. 如果想找一本关于费米估算的优秀入门读物，可参阅劳伦斯·温斯坦和约翰·亚当的《这也能想到？》。

6. 在一则《伊索寓言》中，一只口渴的乌鸦把石头扔到一罐水里，使水位上升，最终喝到了罐子里的水。与其他很多寓言不同的是，这则寓言可能是对自然历史的观察，而不是在上道德课。最近的一项科学研究表明，乌鸦对于沉入水中的重物对容器中水位的影响的确有很好的直觉。

7. 绘儿乐每年生产约1.1亿支粉笔。如果每支粉笔重10克，那就是大约100万千克的粉笔。粉笔每立方米重2 000千克，所以绘儿乐每年生产大约500立方米的粉笔。我们想象的白垩灾难一共向海洋中投入1 000 000 000立方米白垩。绘儿乐每年生产500立方米，一共需要将近200万年才能生产完。

8. Tineye是一个独立的反向图像搜索引擎：https://tineye.com/how。谷歌反向图像搜索的使用说明：https://support.google.com/websearch/answer/1325808。必应的图像匹配服务也有详细说明：https://blogs.bing.com/search/2014/03/13/find-it-faster-with-image-match/。

第11章 驳斥胡扯

1. 这是加西亚·马尔克斯的《百年孤独》开头的一句话。

2. 卡尔在SFI担任了10年的讲座学者，杰文也是该研究所的常客。

3. 反例的威力在数学中最为明显。只需一个简单的反例，就可以彻底解决一个悬而未决的猜想。以费马最后定理为例（它实际上不是一个定理，而是一个猜想，因为费马没有提供证明）。它指出，当整数$n>2$时，满足等式$a^n + b^n = c^n$的三个不同整数a、b和c是不存在的。几百年来，数学家们试图证明这个猜想，但都失败了。最后，英国数学家安德鲁·怀尔斯经过数年的独立研究，并在若干数学领域取得重大发展之后，利用数学上近期取得的发现，完成了长达127页的证明。这是一项史诗般的成就，但也经历了许多挫折，包括证明过程中发现的一个让怀尔斯又多花了两年时间的错误。为了证明费马最后定理是正确的，人们付出了这么多的代价，但如果这个定理是错的，证明可能就会简单得多。只需举一个反例，为a、b和c各找一个值，再为n找一个值，就可以实现目的。

事实上，18世纪伟大的数学家莱昂哈德·欧拉试图将费马最后定理推广到所谓的幂和猜想时就导致了这种情况。这个猜想称，对于整数a、b、c、$\cdots$、z和任意整数n，如果想要a^n、b^n、c^n等数的和等于z^n，那么至少需要n项求和。在将近200年的时间里，没有人能够证明或反驳这个猜想。直到1966年，两位数学家使用早期的计算机尝试了无数的可能性,最终发现了一个反例:$27^5 + 84^5 + 110^5 + 133^5 = 144^5$。不需要进一步的理论,只需这一个反例,我们就知道欧拉的幂和猜想是错误的。反例远比肯定证据容易验证。世界上能够验证怀尔斯完整证明过程的数学家并不多,但你利用计算器,只需一分钟左右的时间,就可以验证欧拉猜想的反例。

4. 这幅图还存在一个问题:图中曲线并不代表任何个人的身体机能变化轨迹。不同运动员保持纪录成绩的时间长度也不相同。身体机能达到巅峰比较早的人体能下降的速度可能会比曲线显示的快。体能达到巅峰较晚的人可能没有那么大的落差,因为他们年轻时从未达到世界纪录的速度。所以这些曲线并不能告诉我们一个人的体能随时间发生的变化,它们只是告诉我们人类体能的一些上限。此外,可能还有"同辈效应"的问题。在65岁以上老年组的比赛中创造纪录的人和现在20多岁的跑步者相比,训练中使用的技术、饮食结构等都不相同。训练技术的改进也会对纪录时间产生影响。

5. 如果我们看平均速度,样本容量就没有那么重要。无论我们对100名、1 000名还是100万名特定年龄的跑步者进行抽样,期望平均时间都会相差不多。但我们看的是极端异常值,所以样本容量很重要。

6. "嘿,等一下。'家伙'这个词是有性别偏向的。"你提出了反对意见,"事实上,女性有时也这样做……"她们确实会这样做。但根据我们的经验,这些事她们做得比男性少得多。祝贺你,你就是那种动不动就"嗯,事实上…"的家伙。

7. 甚至这两个例外情况也符合她提出的规则。尽管针鼹鼠产卵,但其他物种根本没有机会把自己产的卵偷偷塞给它们,因为针鼹鼠把蛋产在自己的育儿袋里。鸭嘴兽没有育儿袋,但雌性鸭嘴兽会躲在洞里产卵,孵化之后才会出来,因此其他物种也不可能把自己的卵悄悄塞进去。

前 言

Frankfurt, Harry G. *On Bullshit*. Princeton, N.J.: Princeton University Press, 2009.

Galeotti, Mark. "Putin Is Waging Information Warfare. Here's How to Fight Back." *The New York Times*. December 14, 2016.

Horne, Alistair. *Harold Macmillan, 1894–1956*. London: Macmillan, 1988.

第 1 章　胡扯无处不在

Afzal, M. A., E. Armitage, S. Ghosh, L. C. Williams, and P. D. Minor. "Further Evidence of the Absence of Measles Virus Genome Sequence in Full Thickness Intestinal Specimens from Patients with Crohn's Disease." *Journal of Medical Virology* 62 (2000): 377–82.

Biss, Eula. *On Immunity: An Inoculation*. Minneapolis: Graywolf Press, 2014.

Boseley, Sarah. "Andrew Wakefield Struck Off Register by General Medical Council." *The Guardian*. May 24, 2010.

Bugnyar, T., S. A. Reber, and C. Buckner. "Ravens Attribute Visual Access to Unseen Competitors." *Nature Communications* 7 (2016): 10506.

Cavazuti, Lisa, Christine Romo, Cynthia McFadden, and Rich Schapiro. " 'Zone Rouge': An Army of Children Toils in African Mines." NBC News. November 18, 2019.

Deer, Brian. "How the Case against the MMR Vaccine Was Fixed." *British Medical Journal* 342 (2011): c5347.

———. "How the Vaccine Crisis Was Meant to Make Money." *British Medical Journal* 342 (2011): c5258.

———. "MMR Doctor Fixed Data on Autism." *The Sunday Times* (London). February 8, 2009.

Del Vicario, M., et al. "The Spreading of Misinformation Online." *Proceedings of the National Academy of Sciences* 113 (2016): 554–59.

Editors of the *British Medical Journal*. "BMJ Declares MMR Study 'an Elaborate

Fraud'—Autism Claims Likened to "'Piltdown Man' Hoax." Press release. June 26, 2012.

Editors of *The Lancet*. "Retraction—Ileal-Lymphoid-Nodular Hyperplasia, Non-specific Colitis, and Pervasive Developmental Disorder in Children." *The Lancet* 375 (2010): 445.

Fanelli, Uriel. "La teoria della montagna di merda." *Niente Stronzate* [No Bullshit]. March 26, 2010. https://nientestronzate.wordpress.com/2010/03/26/la-teoria-della-montagna-di-merda/.

Friggeri, Adrien, L. A. Adamic, D. Eckles, and J. Cheng. "Rumor Cascades." *Proceedings of the Eighth International AAAI Conference on Weblogs and Social Media*. May 16, 2014. Pages 101–10.

Gino, Francesca. "There's a Word for Using Truthful Facts to Deceive: Paltering." *Harvard Business Review*. October 5, 2015.

Godlee, F., J. Smith, and H. Marcovitch. "Wakefield's Article Linking MMR Vaccine and Autism Was Fraudulent." *British Medical Journal* 342 (2011): c7452.

Grice, Paul. *Studies in the Way of Words*. Cambridge, Mass.: Harvard University Press, 1991.

Groening, Matt. *The Simpsons*.

Honda, H., Y. Shimizu, and M. Rutter. "No Effect of MMR Withdrawal on the Incidence of Autism: A Total Population Study." *Journal of Child Psychology and Psychiatry* 46 (2005): 572–79.

Lo, N. C., and P. J. Hotez. "Public Health and Economic Consequences of Vaccine Hesitancy for Measles in the United States." *JAMA Pediatrics* 171 (2017): 887–92.

Madsen, K. M., A. Hviid, M. Vestergaard, D. Schendel, J. Wohlfahrt, P. Thorsen, J. Olsen, and M. Melbye. "A Population-Based Study of Measles, Mumps, and Rubella Vaccination and Autism." *The New England Journal of Medicine* 347 (2002): 1477–82.

Mäkelä, A., J. P. Nuorti, and H. Peltola. "Neurologic Disorders after Measles-Mumps-Rubella Vaccination." *Pediatrics* 110 (2002): 957–63.

Murch, S. H., A. Anthony, D. H. Casson, M. Malik, M. Berelowitz, A. P. Dhillon, M. A. Thompson, A. Valentine, S. E. Davies, and J. A. Walker-Smith. "Retraction of an Interpretation." *The Lancet* 363 (2004): 750.

Salmon, D. A., M. Z. Dudley, J. M. Glanz, and S. B. Omer. "Vaccine Hesitancy: Causes, Consequences, and a Call to Action." *Vaccine* 33 (2015): D66–D71.

Schauer, Frederick, and Richard Zeckhauser. "Paltering." In *Deception: From Ancient Empires to Internet Dating*, edited by Brooke Harrington, 38–54. Stanford, Calif.: Stanford University Press, 2009.

Sun, Lena H. "Anti-Vaccine Activists Spark a State's Worst Measles Outbreak in Decades." *The Washington Post*. May 5, 2017.

Swift, Jonathan. "Political Lying." *The Examiner*. September 11, 1710.

Taylor, B., E. Miller, C. P. Farrington, M. C. Petropoulos, I. Favot-Mayaud, J. Li, and P. A. Waight. "Autism and Measles, Mumps, and Rubella Vaccine: No Epidemiological Evidence for a Causal Association." *The Lancet* 353 (1999): 2026–29.

Taylor, L. E., A. L. Swerdfeger, and G. D. Eslick. "Vaccines Are Not Associated with Autism: An Evidence-Based Meta-analysis of Case-Control and Cohort Studies." *Vaccine* 32 (2014): 3623–29.
Wakefield, A. J., S. H. Murch, A. Anthony, J. Linnell, D. M. Casson, M. Malik, . . . and A. Valentine. "RETRACTED: Ileal-Lymphoid-Nodular Hyperplasia, Non-specific Colitis, and Pervasive Developmental Disorder in Children." *The Lancet* 351 (1998): 637–41.

第 2 章　媒体、信息和错误信息

Blair, A. "Reading Strategies for Coping with Information Overload, ca. 1550–1700." *Journal of the History of Ideas* 64 (2003): 11–28.
Blom, J. N., and K. R. Hansen. "Click Bait: Forward-Reference as Lure in Online News Headlines." *Journal of Pragmatics* 76 (2015): 87–100.
Brant, Sebastian. Ca. 1500. Quoted in John H. Lienhard. "What People Said about Books in 1498." Lecture presented at the Indiana Library Federation Annual Conference, Indianapolis. April 7, 1998. http://www.uh.edu/engines/indiana.htm.
BuzzSumo (blog). "We Analyzed 100 Million Headlines. Here's What We Learned (New Research)." Rayson, Steve. June 26, 2017. http://buzzsumo.com/blog/most-shared-headlines-study.
Carey, James W. "A Cultural Approach to Communication." In *Communication as Culture: Essays on Media and Society*. Revised edition. New York: Routledge, 2009, 11–28.
Conger, Kate. "Twitter Will Ban All Political Ads, C.E.O. Jack Dorsey Says." *The New York Times*. October 30, 2019.
de Strata, Filipo. 1474. Quoted in Jeremy Norman. "Scribe Filipo de Strata's Polemic against Printing." Jeremy Norman's History of Information. Accessed February 19, 2020. http://www.historyofinformation.com/expanded.php?id=4741.
Dodda, Tejeswi Pratima, and Rakesh Dubbudu. *Countering Misinformation in India: Solutions & Strategies*. Factly Media & Research and The Internet and Mobile Association of India, 2019. https://2nafqn3o0l6kwfofi3ydj9li-wpengine.netdna-ssl.com/wp-content/uploads//2019/02/Countering-Misinformation-Fake-News-In-India.pdf.
Donath, Judith. "Why Fake News Stories Thrive Online." *CNN*. November 20, 2016. http://www.cnn.com/2016/11/20/opinions/fake-news-stories-thrive-donath/index.html.
Fleishman, Glenn. "FCC Chair Ajit Pai Admits Millions of Russian and Fake Comments Distorted Net Neutrality Repeal." *Fortune*. December 5, 2018. http://fortune.com/2018/12/05/fcc-fraud-comments-chair-admits/.
Garber, Megan. "Common Knowledge: Communal Information in a Fragmented World." *Columbia Journalism Review*. September 8, 2009. https://archives.cjr.org/the_news_frontier/common_knowledge.php.
Goldman, Russell. "Reading Fake News, Pakistani Minister Directs Nuclear Threat at Israel." *The New York Times*. December 24, 2016.
Grimaldi, James V. "New York Attorney General's Probe into Fake FCC Com-

ments Deepens." *The Wall Street Journal.* October 16, 2018. https://www
.wsj.com/articles/new-york-attorney-general-probes-fake-comments-on
-net-neutrality-1539729977.

Guess, Andrew M., Brendan Nyhan, and Jason Reifler. "Exposure to Untrustworthy Websites in the 2016 U.S. Election." *Nature Human Behaviour* (in press). http://www.dartmouth.edu/~nyhan/fake-news-2016.pdf.

Hearing Before the United States Senate Committee on the Judiciary Subcommittee on Crime and Terrorism: Testimony of Colin Stretch, General Counsel, Facebook. October 31, 2017. 115th Congress. https://www.judiciary.senate.gov/imo/media/doc/10-31-17%20Stretch%20Testimony.pdf.

Hitlin, Paul, Kenneth Olmstead, and Skye Toor. "Public Comments to the Federal Communications Commission about Net Neutrality Contain Many Inaccuracies and Duplicates." Pew Research Center. November 29, 2017. https://www.pewinternet.org/2017/11/29/public-comments-to-the
-federal-communications-commission-about-net-neutrality-contain-many
-inaccuracies-and-duplicates/.

Ingraham, Nathan. "Facebook Removed over 1.5 Billion Fake Accounts in the Last Six Months." *Engadget.* November 15, 2018. https://www.engadget.com/2018/11/15/facebook-transparency-report-fake-account-removal/.

Kasparov, Garry (@kasparov63). "The point of modern propaganda isn't only to misinform or push an agenda. It is to exhaust your critical thinking, to annihilate truth." Twitter, December 13, 2016, 2:08 P.M. https://twitter.com/kasparov63/status/808750564284702720?lang=en.

Martin, G. J., and A. Yurukoglu. "Bias in Cable News: Persuasion and Polarization." *American Economic Review* 107 (2017): 2565–99.

Nicas, Jack. "How YouTube Drives People into the Internet's Darkest Corners." *The Wall Street Journal.* February 7, 2018.

Paul, Christopher, and Miriam Matthews. *The Russian "Firehose of Falsehood" Propaganda Model: Why It Might Work and Options to Counter It.* Santa Monica, Calif.: RAND Corporation, 2016. https://www.rand.org/pubs/perspectives/PE198.html.

Postman, Neil. "Bullshit and the Art of Crap-Detection." Paper presented at the National Convention for the Teachers of English, Washington, D.C., November 28, 1969.

Qin, B., D. Strömberg, and Y. Wu. "Why Does China Allow Freer Social Media? Protests versus Surveillance and Propaganda." *Journal of Economic Perspectives* 31 (2017): 117–40.

Rely on Common Sense (blog). "Our Democracy Has Been Hacked." Jenna Abrams. November 8, 2017. https://jennabrams.wordpress.com/2017/11/08/our-democracy-has-been-hacked/.

Ritchie, Hannah. "Read All about It: The Biggest Fake News Stories of 2016." CNBC. December 30, 2016. https://www.cnbc.com/2016/12/30/read-all
-about-it-the-biggest-fake-news-stories-of-2016.html.

Roberts, David. "Donald Trump and the Rise of Tribal Epistemology." *Vox.* May 19, 2017. https://www.vox.com/policy-and-politics/2017/3/22/14762030/donald-trump-tribal-epistemology.

Rose-Stockwell, Tobias. "This Is How Your Fear and Outrage Are Being Sold for Profit." *Medium*. July 14, 2017. https://medium.com/@tobiasrose/the-enemy-in-our-feeds-e86511488de.

Shahbaz, Adrian. "Fake News, Data Collection, and the Challenge to Democracy." In *Freedom on the Net 2018*. Washington, D.C.: Freedom House, 2018. https://freedomhouse.org/report/freedom-net/freedom-net-2018/rise-digital-authoritarianism.

Silverman, Craig, Lauren Strapagiel, Hamza Shaban, Ellie Hall, and Jeremy Singer-Vine. "Hyperpartisan Facebook Pages Are Publishing False and Misleading Information at an Alarming Rate." *BuzzFeed*. October 20, 2016. https://www.buzzfeednews.com/article/craigsilverman/partisan-fb-pages-analysis.

Somaiya, Ravi. "The Junk Cycle." *Columbia Journalism Review*. Fall 2019.

Sonnad, Nikhil. "How a Bot Made 1 Million Comments against Net Neutrality Look Genuine." *Quartz*. November 28, 2017. https://qz.com/1138697/net-neutrality-a-spambot-made-over-a-million-anti-net-neutrality-comments-to-the-fcc/.

"Study: 70% of Facebook Users Only Read the Headline of Science Stories before Commenting." *The Science Post*. March 5, 2018. http://thesciencepost.com/study-70-of-facebook-commenters-only-read-the-headline/.

Subramanian, Samanth. "Inside the Macedonian Fake-News Complex." *Wired*. February 15, 2017. https://www.wired.com/2017/02/veles-macedonia-fake-news/.

Szathmary, Eörs, and John Maynard Smith. *The Major Transitions in Evolution*. Oxford; New York: Oxford University Press, 1995.

Tufekci, Zeynep. "YouTube, the Great Radicalizer." *The New York Times*. March 10, 2018.

Vance, Ashlee. "This Tech Bubble Is Different." *Bloomberg Businessweek*. April 14, 2011. https://www.bloomberg.com/news/articles/2011-04-14/this-tech-bubble-is-different.

Wiseman, Cale Guthrie. "Hyper-Partisan Content Is Still the Best Performing on Facebook." *Fast Company*. February 1, 2018. https://www.fastcompany.com/40525289/hyper-partisan-content-is-still-the-best-performing-on-facebook.

The Wrap. "Here's a Completely Fake Pro-Trump Twitter Account Created by Russian Trolls." Sean Burch. November 3, 2017. https://www.thewrap.com/fake-pro-trump-twitter-troll-russian-jenna-abrams/.

第 3 章　胡扯的本质

Biddle, Sam. "Troubling Study Says Artificial Intelligence Can Predict Who Will Be Criminals Based on Facial Features." *The Intercept*. November 18, 2016.

Cohen, G. A. "Deeper into Bullshit." In *Contours of Agency: Essays on Themes from Harry Frankfurt*, edited by Sarah Buss and Lee Overton, 321–39. Cambridge, MA: MIT Press, 2002.

Crews, Frederick. *Freud: The Making of an Illusion*. New York: Profile Books, 2017.

Emerging Technology from the arXiv. "Neural Network Learns to Identify Criminals by Their Faces." *MIT Technology Review.* November 22, 2016.

Gunnell, J. J., and S. J. Ceci. "When Emotionality Trumps Reason: A Study of Individual Processing Style and Juror Bias." *Behavioral Sciences & the Law* 28 (2010): 850–77.

Latour, Bruno. *Pandora's Hope: Essays on the Reality of Science.* Cambridge, Mass.: Harvard University Press, 1999.

———. *Science in Action.* Cambridge, Mass.: Harvard University Press, 1987.

Littrell, S., E. F. Risko, and J. A. Fugelsang. "The Bullshitting Frequency Scale: Development and Psychometric Properties." 2019. PsyArXiv preprint: 10.31234/osf.io/dxzqh.

Lombroso, Cesare. *L'Uomo Delinquente.* 1876.

Smagorinsky, P., E. A. Daigle, C. O'Donnell-Allen, and S. Bynum. "Bullshit in Academic Writing: A Protocol Analysis of a High School Senior's Process of Interpreting Much Ado about Nothing." *Research in the Teaching of English* 44 (2010): 368–405.

Sullivan, Ben. "A New Program Judges if You're a Criminal from Your Facial Features." *Vice.* November 18, 2016.

Turpin, M. H., et al. "Bullshit Makes the Art Grow Profounder." *Judgment and Decision Making* 14 (2019): 658–70.

Wu, X., and X. Zhang. "Automated Inference on Criminality Using Face Images." 2016. arXiv: 1611.04135.

第 4 章　因果关系

Adamczyk, Alicia. "Build the Skill of Delayed Gratification." *Lifehacker.* February 7, 2018. https://twocents.lifehacker.com/build-the-skill-of-delayed-gratification-1822800199.

Banks, Emily, et al. "Tobacco Smoking and All-Cause Mortality in a Large Australian Cohort Study: Findings from a Mature Epidemic with Current Low Smoking Prevalence." *BMC Medicine* 13 (2015): 38.

Beck, A. L., M. Heyman, C. Chao, and J. Wojcicki. "Full Fat Milk Consumption Protects against Severe Childhood Obesity in Latinos." *Preventive Medicine Reports* 8 (2017): 1–5.

Begley, Sharon. "Does Exercise Prevent Cancer?" *Stat.* May 16, 2016. https://www.statnews.com/2016/05/16/exercise-prevent-cancer/.

Beil, Laura. "The Brain May Clean Out Alzheimer's Plaques during Sleep." *Science News.* July 15, 2018. https://www.sciencenews.org/article/sleep-brain-alzheimers-plaques-protein.

Benes, Ross. "This Chart Shows Which College Football Teams Have the Most Success per Dollar." *SB Nation.* March 24, 2016. https://www.sbnation.com/college-football/2016/3/24/11283338/ncaa-football-teams-costs-spending-expenses.

Bourne, P. A., A. Hudson-Davis, C. Sharpe-Pryce, I. Solan, and S. Nelson. "Suicide and Marriage Rates: A Multivariate Analysis of National Data from 1970–2013 in Jamaica." *International Journal of Emergency Mental Health and Human Resilience* 17 (2015): 502–8.

Davis. Josh. "How (and Why) to Master the Habit of Delaying Gratification." *Fast Company*. January 17, 2017. https://www.fastcompany.com/3067188/how-and-why-to-master-the-habit-of-delaying-gratification.

Doctorow, Cory. "Correlation between Autism Diagnosis and Organic Food Sales." *Boing Boing*. January 1, 2013. https://boingboing.net/2013/01/01/correlation-between-autism-dia.html.

Doll, R., R. Peto, J. Boreham, and I. Sutherland. "Mortality in Relation to Smoking: 50 Years' Observations on Male British Doctors." *British Medical Journal* 328 (2004): 1519.

Esposito, Lisa. "Health Buzz: Exercise Cuts Cancer Risk, Huge Study Finds." *U.S. News & World Report*. May 16, 2016. https://health.usnews.com/wellness/articles/2016-05-16/exercise-cuts-cancer-risk-huge-study-finds.

Fisher, Sir Ronald A. *Smoking. The Cancer Controversy: Some Attempts to Assess the Evidence*. Edinburgh and London: Oliver and Boyd, 1959.

Gajanan, Mahita. "The Cost of Raising a Child Jumps to $233,610." *Money*. January 9, 2017. http://time.com/money/4629700/child-raising-cost-department-of-agriculture-report/.

Geller, E. S., N. W. Russ, and M. G. Altomari. "Naturalistic Observations of Beer Drinking among College Students." *Journal of Applied Behavior Analysis* 19 (1986): 391–96.

"The Great American Smoke Out." Mike Pence for Congress website. 2000. http://web.archive.org/web/20010415085348/http://mikepence.com/smoke.html.

Haber, N., E. R. Smith, E. Moscoe, K. Andrews, R. Audy, W. Bell, . . . and E. A. Suarez. "Causal Language and Strength of Inference in Academic and Media Articles Shared in Social Media (CLAIMS): A Systematic Review." *PLOS One* 13 (2018): e0196346.

Hasday, J. D., K. D. Fairchild, and C. Shanholtz. "The Role of Fever in the Infected Host." *Microbes and Infection* 2 (2000): 1891–904.

Healy, Melissa. "Exercising Drives Down Risk for 13 Cancers, Research Shows." *Los Angeles Times*. May 16, 2016. http://www.latimes.com/science/sciencenow/la-sci-sn-exercising-cancer-20160516-story.html.

Lefkowitz, E. S., R. Wesche, and C. E. Leavitt. "Never Been Kissed: Correlates of Lifetime Kissing Status in U.S. University Students." *Archives of Sexual Behavior* 47 (2018): 1283–93.

Mackie, John. *The Cement of the Universe: A Study of Causation*. Oxford: Oxford University Press, 1980.

McCandless, David. "Out of Your Hands." Knowledge Is Beautiful. 2015. https://informationisbeautiful.net/visualizations/out-of-your-hands/.

Moore, S. C., I.-M. Lee, E. Weiderpass, P. T. Campbell, J. N. Sampson, C. M. Kitahara, S. K. Keadle et al. "Leisure-Time Physical Activity and Risk of 26 Types of Cancer in 1.44 Million Adults." *JAMA Internal Medicine* 176 (2016): 816–25.

Mumford, Stephen, and Rani Lill Anjum. *Causation: A Very Short Introduction*. Oxford: Oxford University Press, 2013.

Park, Alice. "Exercise Can Lower Risk of Some Cancers by 20%." *Time*. May 16, 2016. http://time.com/4330041/reduce-cancer-risk-exercise/.

Passy, Jacob. "Another Adverse Effect of High Home Prices: Fewer Babies." MarketWatch. June 9, 2018. https://www.marketwatch.com/story/another-adverse-effect-of-high-home-prices-fewer-babies-2018-06-06.

Schaffer, Jonathan. "The Metaphysics of Causation." Stanford Encyclopedia of Philosophy. 2016. https://plato.stanford.edu/entries/causation-metaphysics/.

Shoda, Y., W. Mischel, and P. K. Peake. "Predicting Adolescent Cognitive and Self-regulatory Competencies from Preschool Delay of Gratification: Identifying Diagnostic Conditions." *Developmental Psychology* 26 (1990): 978.

Sies, Helmut. "A New Parameter for Sex Education." *Nature* 332 (1988): 495.

Sumner, P., S. Vivian-Griffiths, J. Boivin, A. Williams, C. A. Venetis, A. Davies et al. "The Association between Exaggeration in Health Related Science News and Academic Press Releases: Retrospective Observational Study." *British Medical Journal* 349 (2014): g7015.

Tucker, Jeff. "Birth Rates Dropped Most in Counties Where Home Values Grew Most." Zillow. June 6, 2018. https://www.zillow.com/research/birth-rates-home-values-20165/.

Vigen, Tyler. "Spurious Correlations." 2015. http://www.tylervigen.com/spurious-correlations.

Watts, T. W., G. J. Duncan, and H. Quan. "Revisiting the Marshmallow Test: A Conceptual Replication Investigating Links between Early Delay of Gratification and Later Outcomes." *Psychological Science* 29 (2018): 1159–77.

Zoldan, Ari. "40-Year-Old Stanford Study Reveals the 1 Quality Your Children Need to Succeed in Life." *Inc.* February 1, 2018.

第 5 章　数字与胡扯

Binder, John. "2,139 DACA Recipients Convicted or Accused of Crimes against Americans." *Breitbart*. September 5, 2017. http://www.breitbart.com/big-government/2017/09/05/2139-daca-recipients-convicted-or-accused-of-crimes-against-americans/.

Bogaert, A. F., and D. R. McCreary. "Masculinity and the Distortion of Self-Reported Height in Men." *Sex Roles* 65 (2011): 548.

Campbell, D. T. "Assessing the Impact of Planned Social Change." *Evaluation and Program Planning* 2 (1979): 67–90.

Camper, English. "How Much Pappy Van Winkle Is Left after 23 Years in a Barrel?" Alcademics. January 15, 2014. http://www.alcademics.com/2014/01/how-much-pappy-van-winkle-is-left-after-23-years-in-a-barrel-.html.

Center for Science in the Public Interest. "Caffeine Chart." December 2016. https://cspinet.org/eating-healthy/ingredients-of-concern/caffeine-chart.

Centers for Disease Control and Prevention. "Disease Burden of Influenza." 2018. https://www.cdc.gov/flu/about/disease/burden.htm.

Cimbala, John M., and Yunus A. Çengel. "Dimensional Analysis and Modeling," Section 7-2: "Dimensional Homogeneity." In *Essential of Fluid Mechanics: Fundamentals and Applications*. New York: McGraw-Hill, 2006.

Drozdeck, Steven, and Lyn Fisher. *The Trust Equation*. Logan, Utah: Financial Forum Publishing, 2005.

Ellenberg, Jordan. *How Not to Be Wrong: The Power of Mathematical Thinking.* New York: Penguin Press, 2014.

Garfield, Eugene. "I Had a Dream . . . about Uncitedness." *The Scientist.* July 1998.

Goodhart, Charles. "Problems of Monetary Management: The U.K. Experience." In *Inflation, Depression, and Economic Policy in the West,* edited by Anthony S. Courakis, 111–46. Lanham, MD: Rowman & Littlefield.

Gordon, Dr. Deborah. *2015 Flu Season.* https://www.drdeborahmd.com/2015-flu-season.

Hamilton, D. P. "Publishing by—and for?—the Numbers." *Science* 250 (1990): 1331–32.

———. "Research Papers: Who's Uncited Now?" *Science* 251 (1991): 25.

Heathcote, Elizabeth. "Does the Happiness Formula Really Add Up?" *Independent.* June 20, 2010. https://www.independent.co.uk/life-style/health-and-families/features/does-the-happiness-formula-really-add-up-2004279.html.

Hines, Nick. "The Amount of Scotch Lost to the Angel's Share Every Year Is Staggering." *Vinepair.* April 11, 2017. https://vinepair.com/articles/what-is-angels-share-scotch/.

Howell, Elizabeth. "How Many Stars Are in the Universe?" *Space.com.* May 18, 2017. https://www.space.com/26078-how-many-stars-are-there.html.

International Whaling Commission. "Population (Abundance) Estimates." 2018. https://iwc.int/estimate.

Jago, Arthur G. "Can It Really Be True That Half of Academic Papers Are Never Read?" *Chronicle of Higher Education.* June 1, 2018.

Jefferson, T., C. Di Pietrantonj, A. Rivetti, G. A. Bawazeer, L. A. Al-Ansary, and E. Ferroni. "Vaccines for Preventing Influenza in Healthy Adults." *Cochrane Library* (2010). https://doi.org/10.1002/14651858.CD001269.pub6.

The Keyword (blog). "Our Latest Quality Improvements for Search." Ben Gomes. Google. April 25, 2017. https://blog.google/products/search/our-latest-quality-improvements-search/.

Kutner, Max. "How to Game the College Rankings." *Boston.* August 26, 2014.

"*The Lancet*: Alcohol Is Associated with 2.8 Million Deaths Each Year Worldwide." Press release. American Association for the Advancement of Science. August 23, 2018. https://www.eurekalert.org/pub_releases/2018-08/tl-tla082218.php.

Molinari, N. A. M., I. R. Ortega-Sanchez, M. L. Messonnier, W. W. Thompson, P. M. Wortley, E. Weintraub, and C. B. Bridges. "The Annual Impact of Seasonal Influenza in the US: Measuring Disease Burden and Costs." *Vaccine* 25 (2007): 5086–96.

National Highway Traffic Safety Administration. "Seat Belts." 2016. https://www.nhtsa.gov/risky-driving/seat-belts.

National Safety Council. "NSC Motor Vehicle Fatality Estimates." 2017. https://www.nsc.org/portals/0/documents/newsdocuments/2017/12-month-estimates.pdf.

NCD Risk Factor Collaboration. "A Century of Trends in Adult Human Height." *eLife* 5 (2016): e13410.

Pease, C. M., and J. J. Bull. *Think Critically*. Ebook. Biology for Business, Law and Liberal Arts (Bio301d) course, University of Idaho. https://bio301d.com/scientific-decision-making/.

Reuter, P. "The (Continued) Vitality of Mythical Numbers." *The Public Interest* 75 (1984): 135.

Silversin, J., and G. Kaplan. "Engaged Physicians Transform Care." Presented at the 29th Annual National Forum on Quality Improvement in Health Care. Slides at http://app.ihi.org/FacultyDocuments/Events/Event-2930/Presentation-15687/Document-12690/Presentation_Q6_Engaged_Physicians_Silversin.pdf.

Spiegelhalter, David. "The Risks of Alcohol (Again)." *Medium*. August 24, 2018. https://medium.com/wintoncentre/the-risks-of-alcohol-again-2ae8cb006a4a.

Tainer, H. A., et al. "Science, Citation, and Funding." *Science* 251 (1991): 1408–11.

Tefft, B. C., A. F. Williams, and J. G. Grabowski. "Teen Driver Risk in Relation to Age and Number of Passengers, United States, 2007–2010." *Traffic Injury Prevention* 14 (2013): 283–92.

Todd W. Schneider (blog). "Taxi, Uber, and Lyft Usage in New York City." Schneider, Todd. April 5, 2016. http://toddwschneider.com/posts/taxi-uber-lyft-usage-new-york-city/.

"Truthiness." Dictionary.com. http://www.dictionary.com/browse/truthiness.

"Use this Equation to Determine, Diagnose, and Repair Trust." *First Round Review*. 2018. http://firstround.com/review/use-this-equation-to-determine-diagnose-and-repair-trust/.

Van Noorden, Richard. "The Science That's Never Been Cited." *Nature* 552 (2017): 162–64.

Vann, M. G. "Of Rats, Rice, and Race: The Great Hanoi Rat Massacre, an Episode in French Colonial History." *French Colonial History* 4 (2003): 191–203.

Welsh, Ashley. "There's 'No Safe Level of Alcohol,' Major New Study Concludes." CBS News. August 23, 2018. https://www.cbsnews.com/news/alcohol-and-health-no-safe-level-of-drinking-major-new-study-concludes/.

West, Jevin. "How to Improve the Use of Metrics: Learn from Game Theory." *Nature* 465 (2010): 871–72.

第 6 章　选择偏倚

Aldana, S. G. "Financial Impact of Health Promotion Programs: A Comprehensive Review of the Literature." *American Journal of Health Promotion* 15 (2001): 296–320.

Baicker, K., D. Cutler, and Z. Song. "Workplace Wellness Programs Can Generate Savings." *Health Affairs* 29 (2010): 304–11.

Carroll, Aaron E. "Workplace Wellness Programs Don't Work Well. Why Some Studies Show Otherwise." *The New York Times*. August 6, 2018.

Chapman, L. S. "Meta-Evaluation of Worksite Health Promotion Economic Return Studies: 2005 Update." *American Journal of Health Promotion* 19 (2005): 1–11.

"Class Size Distributions Interactive Report." Office of Institutional Research and Analysis, Marquette University. 2019. https://www.marquette.edu/oira/class-size-dash.shtml.

"Digital Are the Channels of Choice for Today's Auto Insurance Shopper; Digital Leaders Setting the Pace for Premium Growth, Says J.D. Power Study." Press release. J.D. Power. April 29, 2016. http://www.jdpower.com/press-releases/2016-us-insurance-shopping-study.

Ellenberg, Jordan. *How Not to Be Wrong: The Power of Mathematical Thinking*. New York: Penguin Press, 2014.

"Every Single Auto Insurance Ad." Truth in Advertising. March 26, 2014. https://www.truthinadvertising.org/every-single-auto-insurance-ad/.

Feld, S. L. "Why Your Friends Have More Friends Than You Do." *American Journal of Sociology* 96 (1991): 1464–477.

Frakt, Austin, and Aaron E. Carroll. "Do Workplace Wellness Programs Work? Usually Not." *The New York Times*. September 11, 2014.

Henrich, J., S. J. Heine, and A. Norenzayan. "The Weirdest People in the World?" *Behavioral and Brain Sciences* 33 (2010): 61–83.

Hernán, M. A., S. Hernández-Díaz, and J. M. Robins. "A Structural Approach to Selection Bias." *Epidemiology* 15 (2004): 615–25.

Jackson, Kirabo (@KiraboJackson). "A difference in average SAT scores among admitted students IS NOT evidence of preferential treatment or lower standards for any group." Twitter, August 3, 2017, 6:47 p.m. https://twitter.com/KiraboJackson/status/893241923791663104.

Jones, D., D. Molitor, and J. Reif. "What Do Workplace Wellness Programs Do? Evidence from the Illinois Workplace Wellness Study." Working paper no. 24229, National Bureau of Economic Research. January 2018, revised June 2018. http://www.nber.org/workplacewellness/s/IL_Wellness_Study_1.pdf.

Kenny, Dianna Theadora. "Music to Die For: How Genre Affects Popular Musicians' Life Expectancy." *The Conversation*. March 22, 2015. https://theconversation.com/music-to-die-for-how-genre-affects-popular-musicians-life-expectancy-36660.

Kenny, Dianna, and Anthony Asher. "Life Expectancy and Cause of Death in Popular Musicians: Is the Popular Musician Lifestyle the Road to Ruin?" *Medical Problems of Performing Artists* 31 (2016): 37–44.

Morse, Robert, and Eric Books. "A More Detailed Look at the Ranking Factors." *U.S. News & World Report*. September 8, 2019. https://www.usnews.com/education/best-colleges/articles/ranking-criteria-and-weights.

Moyer, Justin Wm. "Over Half of Dead Hip-Hop Artists Were Murdered, Study Finds." *The Washington Post*. March 25, 2015.

Norvig, Peter. "How Computers Learn." Vienna Gödel Lecture. 2015. https://www.youtube.com/watch?v=T1O3ikmTEdA; discussion: Bernhardsson, Erik. "Norvig's Claim That Programming Competitions Correlate Negatively with Being Good on the Job." April 4, 2015. https://erikbern.com/2015/04/07/norvigs-claim-that-programming-competitions-correlate-negatively-with-being-good-on-the-job.html.

"SF1.1: Family Size and Household Composition." Social Policy Division, Directorate of Employment, Labour and Social Affairs, OECD Family Database. June 12, 2016. https://www.oecd.org/els/family/SF_1_1_Family_size_and_composition.pdf.

Stephens-Davidowitz, Seth. *Everybody Lies: Big Data, New Data, and What the Internet Can Tell Us About Who We Really Are*. New York: HarperCollins, 2017.

Ugander, J., B. Karrer, L. Backstrom, and C. Marlow. "The Anatomy of the Facebook Social Graph." 2011. arXiv: 1111.4503.

"U.S. Survey Research: Collecting Survey Data." Pew Research Center. December 2019. http://www.pewresearch.org/methods/u-s-survey-research/collecting-survey-data/.

第 7 章　数据可视化

Alden, Lori. "Statistics Can Be Misleading." Econoclass.com. 2008. http://www.econoclass.com/misleadingstats.html.

Antoniazzi, Alberto. "Rock'n'Roll Metro Map." https://society6.com/product/rocknroll-metro-map_print.

Brendan Nyhan (blog). "The Use and Abuse of Bar Graphs." Nyhan, Brendan. May 19, 2011. https://www.brendan-nyhan.com/blog/2011/05/the-use-and-abuse-of-bar-graphs.html.

Bump, Philip. "Why This National Review Global Temperature Graph Is So Misleading." *The Washington Post*. December 14, 2015. https://www.washingtonpost.com/news/the-fix/wp/2015/12/14/why-the-national-reviews-global-temperature-graph-is-so-misleading.

Chan, Christine. "Gun Deaths in Florida." Data visualization. Reuters. February 16, 2014.

———(@ChristineHHChan). "@john_self My inspiration for the graphic: http://www.visualisingdata.com/blog/wp-content/uploads/2013/04/IRAQ.jpg . . ." Twitter, April 25, 2014, 12:31 a.m. https://web.archive.org/web/20180604180503/https://twitter.com/ChristineHHChan/status/455971685783441408.

Ciolli, Joe. "Facebook's Earnings Disaster Erased $120 Billion in Market Value—The Biggest Wipeout in US Stock-Market History." *Business Insider*. July 26, 2018. https://www.businessinsider.com/facebook-stock-price-earnings-report-market-value-on-pace-for-record-drop-2018-7.

Clarke, Conor. "Daily Chart: Tax the Rich to Pay for Healthcare?" *The Atlantic*. July 13, 2009. https://www.theatlantic.com/daily-dish/archive/2009/07/daily-chart-tax-the-rich-to-pay-for-health-care/198869/.

Clinton, Hillary (@hillaryclinton). Instagram, April 12, 2016. http://www.instagram.com/p/BEHAc8vEPjV/.

Deisher, T. A., N. V. Doan, K. Koyama, and S. Bwabye. "Epidemiologic and Molecular Relationship between Vaccine Manufacture and Autism Spectrum Disorder Prevalence." *Issues in Law and Medicine* 30 (2015): 47–70.

Donahoo, Daniel. "The Periodic Table of Periodic Tables." *Wired*. March 29, 2010. https://www.wired.com/2010/03/the-periodic-table-of-periodic-tables/.

Engel, Pamela. "This Chart Shows an Alarming Rise in Florida Gun Deaths After 'Stand Your Ground' Was Enacted." *Business Insider*. February 18, 2014.

Environmental Protection Agency. "Estimated Animal Agriculture Nitrogen and Phosphorus from Manure." 2013. https://www.epa.gov/nutrient-policy-data/estimated-animal-agriculture-nitrogen-and-phosphorus-manure.

Geiger, A. W., and Gretchen Livingston. "8 Facts about Love and Marriage in America." Pew Research Center. February 13, 2019. http://www.pewresearch.org/fact-tank/2018/02/13/8-facts-about-love-and-marriage/.

Goo, Sarah Kehaulani. "The Art and Science of the Scatterplot." Pew Research Center. September 16, 2015. https://www.pewresearch.org/fact-tank/2015/09/16/the-art-and-science-of-the-scatterplot/.

Hayward, Steven. "The Only Global Warming Chart You Need from Now On." *Powerline*. October 21, 2015. http://www.powerlineblog.com/archives/2015/10/the-only-global-warming-chart-you-need-from-now-on.php.

Lorch, Mark. "The Underground Map of the Elements." September 3, 2013. https://www.theguardian.com/science/blog/2013/sep/03/underground-map-elements-periodic-table.

Mason, Betsy. "Why Scientists Need to Be Better at Data Visualization." *Knowable Magazine*. November 12, 2019. https://www.knowablemagazine.org/article/mind/2019/science-data-visualization.

Max Woolf's Blog. "A Thoughtful Analysis of the Most Poorly-Designed Chart Ever." Woolf, Max. January 20, 2014. http://minimaxir.com/2014/01/more-language-more-problems/.

National Center for Health Statistics. "Birth Rates for Females by Age Group: United States." Centers for Disease Control and Prevention. 2020. https://data.cdc.gov/NCHS/NCHS-Birth-Rates-for-Females-by-Age-Group-United-S/yt7u-eiyg.

Pelletier, F., and D. W. Coltman. "Will Human Influences on Evolutionary Dynamics in the Wild Pervade the Anthropocene?" *BMC Biology* 16 (2018): 7. https://bmcbiol.biomedcentral.com/articles/10.1186/s12915-017-0476-1.

Potter, Andrew. "How a Snowstorm Exposed Quebec's Real Problem: Social Malaise." *Maclean's*. March 20, 2017.

Random Axis (blog). "A Subway Map of Maps That Use Subway Maps as a Metaphor." Andy Proehl. October 16, 2012. http://randomaxis.blogspot.com/2012/10/a-subway-map-of-maps-that-use-subway.html.

Robinson-Garcia, N., R. Costas, K. Isett, J. Melkers, and D. Hicks. "The Unbearable Emptiness of Tweeting—about Journal Articles." *PLOS One* 12 (2017): e0183551.

Scarr, Simon. "Iraq's Deadly Toll." Data visualization. *South China Morning Post*. December 17, 2011. https://www.scmp.com/infographics/article/1284683/iraqs-bloody-toll.

Science-Based Medicine (blog). "'Aborted Fetal Tissue' and Vaccines: Combining Pseudoscience and Religion to Demonize Vaccines.'" David Gorski. August 17, 2015. https://sciencebasedmedicine.org/aborted-fetal-tissue-and-vaccines-combining-pseudoscience-and-religion-to-demonize-vaccines-2/.

Swanson, N. L., A. Leu, J. Abrahamson, and B. Wallet. "Genetically Engineered Crops, Glyphosate and the Deterioration of Health in the United States of America." *Journal of Organic Systems* 9 (2014): 6–37.

Trilling, Bernie, and Charles Fadel. *21st Century Skills: Learning for Life in Our Times.* San Francisco: Wiley, 2009. Via van der Zee, Tim (@Research_Tim). "There are bad visualizations, and then there's the 'bicycle of education.'" Twitter, May 31, 2016, 5:26 P.M. https://twitter.com/Research_Tim/status/737757291437527040.

Tufte, Edward. *The Visual Display of Quantitative Information.* Cheshire, Conn.: Cheshire Press, 1983.

Venturi, Robert, Denise Scott Brown, and Steven Izenour. *Learning from Las Vegas.* Cambridge, Mass.: MIT Press, 1972.

Woods, Christopher J. "The Periodic Table of the London Underground." The Chemogenesis Web Book: Internet Database of Periodic Tables. 2015. https://www.meta-synthesis.com/webbook/35_pt/pt_database.php?PT_id=685.

Zaveri, Mihir. "Monsanto Weedkiller Roundup Was 'Substantial Factor' in Causing Man's Cancer, Jury Says." *The New York Times.* March 19, 2019.

第 8 章 大数据与胡扯

"Advances in AI Are Used to Spot Signs of Sexuality." *The Economist.* September 9, 2017.

Anderson, Chris. "The End of Theory: The Data Deluge Makes the Scientific Method Obsolete." *Wired.* June 23, 2008.

Babbage, Charles. *Passages from the Life of a Philosopher.* London: Longman and Co., 1864.

Bloudoff-Indelicato, Mollie. "Have Bad Handwriting? The U.S. Postal Service Has Your Back." *Smithsonian.* December 23, 2015.

Bradley, Tony. "Facebook AI Creates Its Own Language in Creepy Preview of Our Potential Future." *Forbes.* July 31, 2017.

Domonoske, Camila. "Elon Musk Warns Governors: Artificial Intelligence Poses 'Existential Risk.'" National Public Radio. July 17, 2017.

Emery, David. "Did Facebook Shut Down an AI Experiment Because Chatbots Developed Their Own Language?" *Snopes.com.* August 1, 2017.

Ginsberg, J., et al. "Detecting Influenza Epidemics Using Search Engine Query Data." *Nature* 457 (2009): 1012–14.

LaFrance, Adrienne. "An Artificial Intelligence Developed Its Own Non-Human Language." *The Atlantic.* June 15, 2017.

Lazer, David, and Brian Kennedy. "What We Can Learn from the Epic Failure of Google Flu Trends." *Wired.* October 1, 2015.

Leuner, John. "A Replication Study: Machine Learning Models Are Capable of Predicting Sexual Orientation from Facial Images." Unpublished master's thesis. 2018. arXiv: 1902.10739v1.

Levin, Sam. "New AI Can Tell Whether You Are Gay or Straight from a Photograph." *The Guardian*. September 7, 2017.
Markoff, John. "Brain-Like Computers, Learning from Experience." *The New York Times*. December 28, 2013.
———. "Microsoft Finds Cancer Clues in Search Queries." *The New York Times*. June 8, 2016.
Naughton, John. "Google and the Flu: How Big Data Will Help Us Make Gigantic Mistakes." *The Guardian*. April 5, 2014.
"New Navy Device Learns by Doing." *The New York Times*. July 8, 1958.
Pritchard, Duncan. *Epistemology*. New York: Palgrave Macmillan, 2016.
Ribeiro, M. T., S. Singh, and C. Guestrin. "'Why Should I Trust You?' Explaining the Predictions of any Classifier." Proceedings of the 22nd ACM SIGKDD International Conference on Knowledge Discovery and Data Mining, San Francisco, August 2016.
Salzberg, Steven. "Why Google Flu Is a Failure." *Forbes*. March 23, 2014.
Wang, Y., and M. Kosinski. "Deep Neural Networks Are More Accurate Than Humans at Detecting Sexual Orientation from Facial Images." *Journal of Personality and Social Psychology* 114 (2018): 246–57.
Weinberger, David. "Our Machines Now Have Knowledge We'll Never Understand." *Wired*. April 18, 2017.
Wilson, Mark. "AI Is Inventing Languages Humans Can't Understand. Should We Stop It?" *Fast Company*. July 14, 2017.
Zech, J. R., M. A. Badgeley, M. Liu, A. B. Costa, J. J. Titano, and E. K. Oermann. "Variable Generalization Performance of a Deep Learning Model to Detect Pneumonia in Chest Radiographs: A Cross-Sectional Study." *PLOS Medicine* 15 (2018): e1002683.

第9章 科学的易感性

Angwin, Julia, Jeff Larson, Surya Mattu, and Lauren Kirchner. "Machine Bias." *ProPublica*. May 23, 2016.
Bacon, Francis. Preface to the *Instauratio Magna*. In *Famous Prefaces*. The Harvard Classics, vol. 39. New York: Little, Brown, 1909.
Balsamo, Michael, Jonathan J. Cooper, and Gillian Flaccus. "Earlier Search for California Serial Killer Led to Wrong Man." Associated Press. April 28, 2018.
Begley, C. G., and Ellis, L. M. "Raise Standards for Preclinical Cancer Research." *Nature* 483 (2012): 531–33.
Booth, Robert. "Police Face Calls to End Use of Facial Recognition Software." *The Guardian*. July 3, 2019.
Camerer, C. F., A. Dreber, E. Forsell, T-H. Ho, J. Huber, M. Johannesson, M. Kirchler et al. "Evaluating Replicability of Laboratory Experiments in Economics." *Science* 351 (2016): 1433–36.
Dastin, J. "Amazon Scraps Secret AI Recruiting Tool That Showed Bias against Women." Reuters. October 9, 2018.
Davenas, E., F. Beauvais, J. Amara, M. Oberbaum, B. Robinzon, A. Miadonnai,

A. Tedeschi et al. "Human Basophil Degranulation Triggered by Very Dilute Antiserum against IgE." *Nature* 333 (1988): 816–18.

Dumas-Mallet, E., A. Smith, T. Boraud, and F. Gonon. "Poor Replication Validity of Biomedical Association Studies Reported by Newspapers." *PLOS One* 12 (2017): e0172650.

Fanelli, D. "Negative Results Are Disappearing from Most Disciplines and Countries." *Scientometrics* 90 (2012): 891–904.

Fleischmann, Martin, Stanley Pons, and Marvin Hawkins. "Electrochemically Induced Nuclear Fusion of Deuterium." *Journal of Electroanalytical Chemistry* 261 (1989): 301–8.

Hignett, Katherine. "Scott Kelly: NASA Twins Study Confirms Astronaut's DNA Actually Changed in Space." *Newsweek*. March 9, 2018.

Ioannidis, John P. A. "Why Most Published Research Findings Are False." *PLOS Medicine,* August 30, 2005.

Kelly, Scott (@StationCDRKelly). "What? My DNA changed by 7%! Who knew? I just learned about it in this article. This could be good news! I no longer have to call @ShuttleCDRKelly my identical twin brother anymore." Twitter, March 10, 2018, 6:47 p.m. https://twitter.com/StationCDRKelly/status/972620001340346368.

Kitcher, Philip. *The Advancement of Science: Science without Legend, Objectivity without Illusions*. New York: Oxford University Press, 1995.

Koren, Marina. "How Did Astronaut DNA Become 'Fake News'?" *The Atlantic*. March 16, 2018.

Lapp, Joseph (@JosephTLapp). "How to read a news report about a scientific finding. I wrote this in response to a friend who posted news of a study concluding canola oil is bad for us. (Note: my point is independent of the truth about canola oil.)" Twitter, December 9, 2017, 8:51 p.m. https://twitter.com/JosephTLapp/status/939673813272363008.

Leung, P. T. M, E. M. Macdonald, M. B. Stanbrook, I. A. Dhalla, and D. N. Juurlink. "A 1980 Letter on the Risk of Opioid Addiction." *The New England Journal of Medicine* 376 (2017): 2194–95.

Lippincott, E. R., R. R. Stromberg, W. H. Grant, and G. L. Cessac. "Polywater." *Science* 164 (1969): 1482–87.

Manthorpe, Rowland, and Alexander J. Martin. "81% of 'Suspects' Flagged by Met's Police Facial Recognition Technology Innocent, Independent Report Says." *Sky News*. July 4, 2019.

McCool, John H. "Opinion: Why I Published in a Predatory Journal." *The Scientist*. April 6, 2017.

Merton, R. K. "Priorities in Scientific Discovery: A Chapter in the Sociology of Science." *American Sociological Review* 22 (1957): 635–59.

"Mortgage Algorithms Perpetuate Racial Bias in Lending, Study Finds." Press release. University of California, Berkeley. November 13, 2018.

"NASA Twins Study Confirms Preliminary Findings." Press release. National Aeronautics and Space Administration. January 31, 2018. https://www.nasa.gov/feature/nasa-twins-study-confirms-preliminary-findings.

NORC General Social Survey. 2017. Data compiled by the Pew Research Center.

Open Science Collaboration. "Estimating the Reproducibility of Psychological Science." *Science* 349 (2015): aac4716.

Pauling, L., and R. B. Corey. "A Proposed Structure for the Nucleic Acids." *Proceedings of the National Academy of Sciences* 39 (1953): 84–97.

Pauling, Linus. *Vitamin C and the Common Cold*. 1st edition. San Francisco: W. H. Freeman, 1970.

Porter, J. and H. Jick. "Addiction Rare in Patients Treated with Narcotics." *The New England Journal of Medicine* 302 (1980): 123.

Prior, Ryan. "A 'No-Brainer Nobel Prize': Hungarian Scientists May Have Found a Fifth Force of Nature." *CNN*. November 23, 2019.

Scutti, Susan. "Astronaut's DNA No Longer Matches That of His Identical Twin, NASA Finds." *CNN*. March 15, 2018.

Shen, C., and B.-C. Björk. "'Predatory' Open Access: A Longitudinal Study of Article Volumes and Market Characteristics." *BMC Medicine* 13 (2015): 230.

Simmons, J. P., L. D. Nelson, and U. Simonsohn. "False-Positive Psychology: Undisclosed Flexibility in Data Collection and Analysis Allows Presenting Anything as Significant." *Psychological Science* 22 (2011): 1359–66.

Stapel, Diedrich. *Faking Science: A True Story of Academic Fraud*. Translation by Nicholas J. L. Brown of Dutch edition *Ontsporing* (*Derailed*). Amsterdam: Prometheus Books, 2012. https://errorstatistics.files.wordpress.com/2014/12/fakingscience-20141214.pdf.

Stump, Scott, and Marguerite Ward. "After Year in Space, Astronaut Scott Kelly No Longer Has Same DNA as Identical Twin." *Today*. March 15, 2018.

Sumner, P., S. Vivian-Griffiths, J. Boivin, A. Williams, C. A. Venetis et al. "The Association between Exaggeration in Health Related Science News and Academic Press Releases: Retrospective Observational Study." *British Medical Journal* 349 (2014): g7015.

Sumner, P., S. Vivian-Griffiths, J. Boivin, A. Williams, L. Bott et al. "Exaggerations and Caveats in Press Releases and Health-Related Science News." *PLOS One* 11 (2016): e0168217.

Than, Ker. "'God Particle' Found? 'Historic Milestone' from Higgs Boson Hunters." *National Geographic*. July 4, 2012. https://news.nationalgeographic.com/news/2012/07/120704-god-particle-higgs-boson-new-cern-science/.

Turner, E. H., A. M. Matthews, E. Linardatos, R. A. Tell, and R. Rosenthal. "Selective Publication of Antidepressant Trials and Its Influence on Apparent Efficacy." *The New England Journal of Medicine* 358 (2008): 252–60.

van Nostrand, M., J. Riemenschneider, and L. Nicodemob. "Uromycitisis Poisoning Results in Lower Urinary Tract Infection and Acute Renal Failure: Case Report." *Urology & Nephrology Open Access Journal* 4 (2017): 00132.

Vinson, J. A., B. R. Burnham, and M. V. Nagendran. "Retracted: Randomized, Double-Blind, Placebo-Controlled, Linear Dose, Crossover Study to Evaluate the Efficacy and Safety of a Green Coffee Bean Extract in Overweight Subjects." *Diabetes, Metabolic Syndrome and Obesity: Targets and Therapy* 5 (2012): 21–27.

第 10 章 辨别胡扯

Allen, Ron. "Survey Finds Foreign Students Aren't Applying to American Colleges." NBC News. March 25, 2017. https://www.nbcnews.com/nightly-news/survey-finds-foreign-students-aren-t-applying-american-colleges-n738411.

Baysinger, Tim. " 'Roseanne' Could Have Earned $60 Million in Ad Revenue Next Season." *The Wrap*. 2018. https://www.thewrap.com/roseanne-60-million-ad-revenue-channing-dungey-barr-valerie-jarrett/.

Bump, Philip. "Fox News Wonders Whether We Should Cancel Food Stamps Because 0.09% of Spending Is Fraudulent." *The Washington Post*. December 28, 2016.

"FBI Releases 2015 Crime Statistics." Press release. FBI. September 26, 2016. https://www.fbi.gov/news/pressrel/press-releases/fbi-releases-2015-crime-statistics.

"Food Stamp Fraud at All-Time High: Is It Time to End the Program?" Fox News. December 27, 2016. Archived at https://web.archive.org/web/20161228144917/http://insider.foxnews.com/2016/12/27/food-stamp-fraud-all-time-high; "UPDATE: Fox & Friends Corrects Report about Food Stamp Fraud." Fox News. December 27, 2016. http://insider.foxnews.com/2016/12/27/food-stamp-fraud-all-time-high.

Galbi, Douglas A. "Long Term Trends in Personal Given Name Frequencies in the UK." July 20, 2002. https://www.galbithink.org/names.htm.

"The Goop Medicine Bag." Goop. https://shop.goop.com/shop/products/the-goop-medicine-bag?country=USA; "8 Crystals for Better Energy." Goop. https://goop.com/wellness/spirituality/the-8-essential-crystals/.

"How Many People in the UK Share Your Name?" *The Press* (York, United Kingdom). February 10, 2017. http://www.yorkpress.co.uk/news/15085294.How_many_people_in_the_UK_share_your_name_/.

Koblin, John. "After Racist Tweet, Roseanne Barr's Show Is Canceled by ABC." *The New York Times*. May 29, 2018. https://www.nytimes.com/2018/05/29/business/media/roseanne-barr-offensive-tweets.html.

Lee, Bruce Y. "This Is How Disgusting Airport Security Trays Are." *Forbes*. September 5, 2018.

Parker, Laura. "We Made Plastic. We Depend On It. Now We're Drowning in It." *National Geographic*. June 2018. Pages 40–69.

Postman, N. "Bullshit and the Art of Crap-Detection." Paper presented at the Annual Convention of the National Council of Teachers of English, Washington, D.C., November 28, 1969. *College English* 17: 2008.

Sauter, Michael, Samuel Stebbins, and Thomas C. Frohlich. "The Most Dangerous Cities in America." *24/7 Wall St*. January 13, 2016. https://247wallst.com/special-report/2016/09/27/25-most-dangerous-cities-in-america/.

Schmader, T., J. Whitehead, and V. H. Wysocki. "A Linguistic Comparison of Letters of Recommendation for Male and Female Chemistry and Biochemistry Job Applicants." *Sex Roles* 57 (2007): 509–14.

Stopera, Dave. "12 Reasons Why Sam, the Cat with Eyebrows, Should Be Your

New Favorite Cat." *BuzzFeed*. January 29, 2013. https://www.buzzfeed.com/daves4/12-reasons-why-sam-the-cat-with-eyebrows-should.

"Style Rituals: Meet Colleen [McCann]." 2015. http://www.stylerituals.com/about-avenue/.

Weinstein, Lawrence, and John A. Adam. *Guesstimation*. Princeton, N.J.: Princeton University Press, 2008.

Wemple, Erik. "Agriculture Department Seeks Correction from Fox News on Food-Stamp Fraud Report." *The Washington Post*. December 29, 2016.

Wittes, Benjamin (@benjaminwittes). "Information is like candy obtained in public. Ask yourself this question: if this were candy and I were walking down the street, would I eat this? And would I give it to my kids and friends?" Twitter, June 16, 2019, 8:45 A.M. https://twitter.com/benjaminwittes/status/1140238942698135559.

第 11 章 驳斥胡扯

Austin, John Langshaw. *How to Do Things with Words*. Oxford: Clarendon Press, 1975.

Bennett, C. M., A. A. Baird, M. B. Miller, and G. L. Wolford. "Neural Correlates of Interspecies Perspective Taking in the Post-mortem Atlantic Salmon: An Argument for Multiple Comparisons Correction." Poster, Organization for Human Brain Mapping Annual Meeting, San Francisco, June 15, 2009, *NeuroImage* 47 (2009), Suppl. 1: S125.

Bergstrom, Carl T., and Lee Alan Dugatkin. *Evolution*. 2nd edition. New York: W. W. Norton and Co., 2012, 2016.

Eklund, A., T. E. Nichols, and H. Knutsson. "Cluster Failure: Why fMRI Inferences for Spatial Extent Have Inflated False-Positive Rates." *Proceedings of the National Academy of Sciences* 113 (2016): 7900–7905.

Hendren, Jon (@fart). "the big reason twitter is popular is becuase its the same thing as yelling back at the tv except they might actually see it." Twitter, July 12, 2019, 10:10 P.M. https://twitter.com/fart/status/1149863534471200769.

Lippmann, Walter. *Liberty and the News*. Mineola, N.Y.: Dover, 1919, 2010.

Markovich, Matt. "$74 Million Later, Mercer Mess Is 2 Seconds Faster." *KOMO News*. October 17, 2016. https://komonews.com/news/local/mercer-mess.

Rice, Kenneth. "Sprint Research Runs into a Credibility Gap." *Nature* 432 (2004): 147. https://doi.org/10.1038/432147b.

Ryan, John. "Driving in Downtown Seattle? You May Soon Have to Pay a Toll." *KUOW*. April 4, 2018. https://kuow.org/stories/driving-downtown-seattle-you-may-soon-have-pay-toll/.

Tatem, A. J., C. A. Guerra, P. M. Atkinson, and S. I. Hay. "Athletics: Momentous Sprint at the 2156 Olympics?" *Nature* 431 (2004): 525.

Yanofsky, David. "The Chart Tim Cook Doesn't Want You to See." *Quartz*. September 10, 2013. https://qz.com/122921/the-chart-tim-cook-doesnt-want-you-to-see/.